- 국　　명 : 베트남 사회주의 공화국
　　　　　　Nước Cộng hòa Xã hội Chủ nghĩa Việt Nam
- 위　　치 : 동남아시아의 중심부에 위치
　　　　　　북쪽은 중국, 서쪽은 라오스·캄보디아와 접해 있음
- 면　　적 : 331,698 km² (한반도의 1.5배)
- 인　　구 : 9500만 명 (2016년 UN 추정치)
- 수　　도 : 하노이 (Hà Nội, 인구 721만 명)
- 지　　형 : S자형
- 기　　후 : 북부 – 아열대 기후 (봄, 여름, 가을, 겨울)
　　　　　　남부 – 열대몬순 기후[우계(5월~9월), 건계(10월~4월)]
- 종족 구성 : 베트남족(dân tộc Kinh 82.6%) 외 53개의 소수 종족
- 시　　차 : 한국 표준시 – 2시간 (UTC+07:00)
- 언　　어 : 베트남어

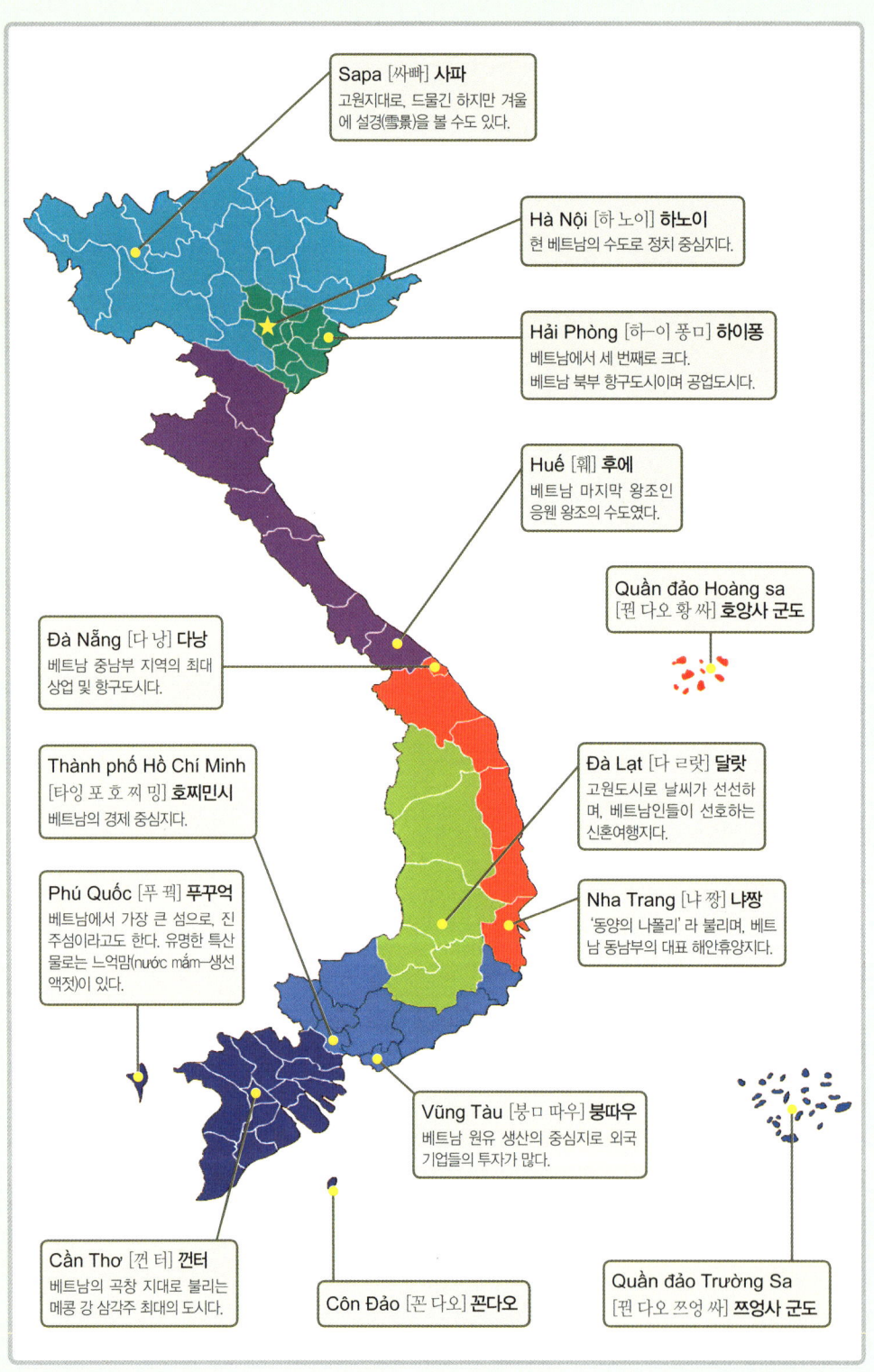

BẢNG CHỮ CÁI TIẾNG VIỆT
[방 쯔 까-이 띠엥 비엣] 베트남어 알파벳

A [a] 아	**Ă** [á] 아	**Â** [ớ] 어
áo [아오] 옷	ăn [안] 먹다	ấm [엄] 주전자
B [bê] 베	**C** [xê] 쎄	**D** [dê] 제
bướm [브엄] 나비	cá [까] 물고기	dê [제/예] 염소
Đ [đê] 데	**E** [e] 애	**Ê** [ê] 에
đu đủ [두 두] 파파야	én [앤] 제비	ếch [에익/엑] 개구리
G [giê] 졔	**H** [hát] 핫	**I** [i ngắn] 이 응안
gấu [거우] 곰	hoa [화] 꽃	in [인] 인쇄하다
K [ca] 까	**L** [e-lờ] 애-ㄹ러	**M** [em-mờ] 앰-머
kẹo [깨오] 사탕	lá [ㄹ라] 나뭇잎	mèo [매오] 고양이

N [en-nờ] 앤−너	O [o] 오	Ô [ô] 오
nơ [너] 리본	ong [옹미] 꿀벌	ô [오] 우산
Ơ [ơ] 어	P [pê] 뻬	Q [quy] 뀌
ớt [엇] 고추	pin [삔] 건전지	quần [꿘/원] 바지
R [e-rờ] 애−러	S [ét-sì] 앳−씨	T [tê] 떼
rùa [주어/루어] 거북이	sữa [쓰어] 우유	túi [뚜이] 가방
U [u] 우	Ư [ư] 으	V [vê] 베
ủi [우이] 다리미질하다	ưng [응] 매(조류)	voi [보이] 코끼리
X [ích-xì] 익−씨	Y [y dài] 이 자−이	
xe [쌔] 자동차	y tá [이 따] 간호사	

베트남어 발음부터 단어 ★ 기본 문법 ★ 회화까지

이것이 독학 베트남어 첫걸음이다!

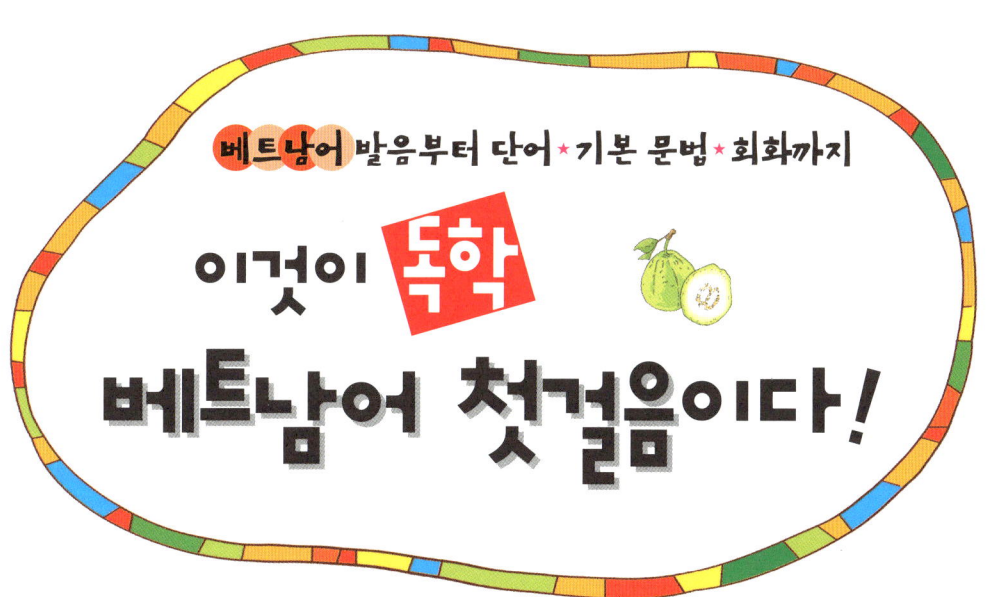

이것이 독학 베트남어 첫걸음이다!

베트남어 발음부터 단어 ★ 기본 문법 ★ 회화까지

최영란 · Nguyễn Thị Hương Sen (응웬티후옹센) 공저

머리말

1992년 한국과 베트남이 수교를 맺은 이래로, 한국과 베트남은 양방향 FTA를 체결하는 등 전략적 동반자로 성장하였습니다. 현재 베트남의 안정적이고 급속한 경제 성장은 많은 한국 기업들이 진출, 투자하는 데 매력적으로 작용하고 있으며, 베트남 사람들도 결혼·유학·노동 등 다양한 이유로 한국을 찾고 있습니다. 이처럼 양 국가 간의 왕래가 점점 더 잦아지고, 친밀한 관계가 나날이 발전해 가는 시점에서 서로 간의 이해가 절실하게 필요합니다. 베트남어를 통해 베트남과 베트남 사람들을 이해하고, 나아가 베트남에서 새로운 성공을 찾으십시오. 베트남에서의 많은 기회가 여러분들을 기다리고 있습니다.

이 책은 기초부터 탄탄하게, 독학으로 베트남어를 정복할 수 있도록 여러분만의 베트남어 선생님이 되어 줄 것입니다. 자, 이제 베트남만의 독특한 문화와 베트남 사람들의 훈훈한 마음씨까지도 느낄 수 있는 30일 간의 베트남어 여행, 함께 떠나봅시다.

1. 알파벳부터 실용회화까지
독학 베트남어 학습자들을 배려하여 알파벳은 물론 회화 부분까지 원어민 발음과 최대한 흡사하게 발음 표기를 하였으며, 당장 베트남에 가서 사용할 수 있을 정도로 일상생활과 밀접한 내용을 위주로 회화를 구성했습니다.

2. 다양하고 실용적인 단어
회화마다 새로 등장하는 단어들을 발음과 함께 정리하였고, 학습자들의 어휘력과 이해를 돕기 위해 주제별 그림 단어도 추가하였습니다.

3. 쉽고 자세한 문법 설명
베트남어의 어순이 한국어와 달라 어렵다고 느낄 수 있는 문법을 자세한 설명과 예문을 통해 학습자들이 좀 더 쉽게 학습하고 활용할 수 있도록 하였습니다. 또한 평가 테스트를 통해 기본 표현과 응용 회화를 어느 정도 이해하고 있는지 스스로 평가할 수 있도록 구성하였습니다.

4. MP3 파일로 회화 연습
원어민 음성 녹음 파일을 통해, 학습자가 직접 베트남에 있는 것처럼 생생하게 회화 연습을 할 수 있도록 하였습니다.

5. 베트남어와 더불어 베트남 문화 이해
학습자들의 흥미를 유발하고 베트남에 대한 관심과 이해도를 높이고자, 베트남의 관광 명소를 비롯한 화폐·전통 의상 등 다양한 베트남 문화를 소개했습니다.

이 책의 구성

베트남어 발음부터 기본 문법, 단어, 회화까지 한 번에!

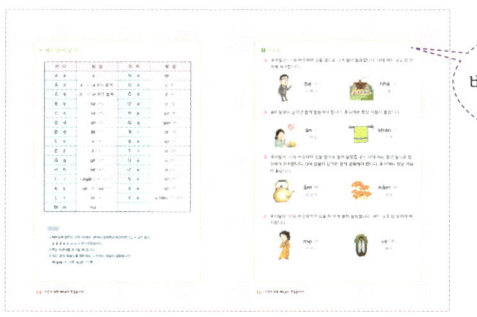

베트남어 문자와 발음

베트남어의 기본인 알파벳·성조·모음·자음의
개념과 발음법까지 정확하게 익혀 보자.

기본 표현과 문법

기본 표현의 문장을 통해 기본 문법을 익히자!
친절한 해설이 있으니까 혼자서도 OK~

응용 회화

기본 표현을 응용한 회화로
실생활에서 쓰는 말투를 배워 보자!

주제별 그림 단어

다양한 주제별 그림 단어로
쉽고 재미있게 어휘를 익히자!

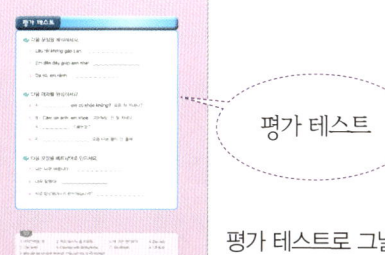

평가 테스트

평가 테스트로 그날 배운 내용을 복습하고
작문 연습도 해 보자!

차 례

Part 1 베트남어 문자 · 9
* 베트남어 · 10
* 베트남어의 성조 · 12
* 베트남어의 문자 · 14
* 모음과 자음 · 15

Part 2 베트남어 첫걸음 · 31

Ngày 01 **Xin chào cô!** 선생님, 안녕하세요. · 32
신체, 얼굴 · 40

Ngày 02 **Các bạn tên là gì?** 너희들은 이름이 뭐니? · 42
가족 · 50

Ngày 03 **Dạo này em có khỏe không?** 요즘 잘 지내니? · 52
집 · 60

Ngày 04 **Bạn là người nước nào?** 너는 어느 나라 사람이니? · 62
욕실 · 70

Ngày 05 **Dạo này bạn làm gì?** 요즘 너 뭐하니? · 72
거실 · 79

Ngày 06 **Anh trai của em sống ở Hàn Quốc.** 우리 형은 한국에 살아요. · 80
주방 · 88

Ngày 07 **Công việc của em thế nào?** 일은 어떠니? · 90
방 · 97

Ngày 08 **Cái đó là tranh hồ Hoàn Kiếm.** 그것은 호안끼엠 호수 그림이야. · 98
옷과 액세서리 · 106

Ngày 09 **Anh học tiếng Việt để làm gì?** 뭐하실려고 베트남어를 배우세요? · 108
색깔 · 116

Ngày 10 **Năm nay cháu mấy tuổi?** 올해 넌 몇 살이니? **117**
수 · 124

Ngày 11 **Hôm nay là ngày mấy?** 오늘이 며칠이니? **126**
월 · 134

Ngày 12 **Bạn thường làm gì vào buổi sáng?** 너는 아침에 보통 뭘 하니? **137**
요일 · 145

Ngày 13 **Bây giờ là mấy giờ?** 지금 몇 시니? **146**
직업 · 154

Ngày 14 **Mỗi ngày anh làm việc mấy tiếng?** 매일 몇 시간 일하세요? **157**
위치표현 전치사 · 166

Ngày 15 **Ngày mai thời tiết thế nào?** 내일 날씨 어때요? **168**
과일 · 176

Ngày 16 **Anh thích mùa đông.** 나는 겨울을 좋아해. **178**
계절 · 186

Ngày 17 **Em đã bao giờ đi đảo Jeju chưa?** 제주도에 가본 적 있니? **187**
베트남 음식 · 195

Ngày 18 **Anh cần gì ạ?** 뭐가 필요하세요? **196**
패스트푸드 · 203

Ngày 19 **A lô!** 여보세요. **204**
해산물 · 210

Ngày 20 **Đây là tòa nhà cao nhất ở Thành phố Hồ Chí Minh.**
이건 호찌민시에서 가장 높은 건물이에요. **213**
꽃 · 222

Ngày 21 **Sở thích của em là gì?** 너의 취미는 뭐니? **224**
운동 · 232

Ngày 22   **Tôi muốn thuê một phòng đôi.** 2인실에 투숙하고 싶습니다. • 234
일상 활동 • 242

Ngày 23   **Anh đã đi An Giang lần nào chưa?** 안장에 가본 적 있습니까? • 244
채소 • 252

Ngày 24   **Cho em hỏi đường.** 길 좀 묻겠습니다. • 255
교통수단 • 264

Ngày 25   **Khu đi quốc tế ở đâu?** 국제선 출발 구역은 어디에 있습니까? • 267
동물 • 276

Ngày 26   **Cổ chân tôi rất đau.** 발목이 너무 아파요. • 279
질병 • 286

Ngày 27   **Tôi muốn xem nhà để thuê.** 임대할 집을 보고 싶습니다. • 289
도시 • 296

Ngày 28   **Công ty chúng tôi nổi tiếng với tua đi Huế bằng xe lửa.**
저희 회사는 기차로 후에에 가는 여행 패키지로 유명합니다. • 298
풍경 • 306

Ngày 29   **Tôi muốn lập tài khoản tiết kiệm tiền Đô.**
저는 달러 적금 통장을 개설하고 싶어요. • 309
반의어 • 316

Ngày 30   **Món nào được khách ưa thích hơn?**
손님들이 어떤 음식을 더 선호합니까? • 319
동의어 • 326

Part 1
베트남어 문자

★ 베트남어

★ 성조

★ 문자

★ 모음과 자음

● 베트남어

베트남은 총 인구 9천 190만 명(2015년 3월 기준) 중 82.6%를 차지하는 Kinh(낑)족 혹은 Việt(비엣)족과 나머지 53개 소수 종족으로 구성되어 있습니다. 소수 종족들 중 자신들의 고유 언어를 지니는 종족도 많지만, 우리가 흔히 말하는 베트남어는 낑족의 언어입니다. 베트남어는 크게 수도인 하노이(Hà Nội)를 중심으로 하는 북부 방언, 중부의 옛 도읍지 후에(Huế)를 중심으로 하는 중부 방언, 남부의 호찌민시(Thành phố Hồ Chí Minh)를 중심으로 하는 남부 방언으로 나눌 수 있는데, 일반적으로 언어 교육에 필요한 책은 북부 방언을 표준으로 삼고 있습니다.

베트남어는 상형언어인 중국어와 달리 남아어족(南亞語族)에 속합니다. 베트남은 중국의 천여 년간의 지배와 유학(儒學)의 영향을 받았으며, 과거 문자가 없던 시절에는 중국의 한자를 오랫동안 사용했으며, 10세기 이후에는 한국의 이두문자처럼 한자에 기반을 둔 '쯔놈(Chữ Nôm)'을 만들어 사용했습니다. 그 결과 베트남어는 한자의 영향을 많이 받았으며, 어휘에서 한자어가 차지하는 비율도 60~70%로 아주 높습니다. 이러한 한자어가 존재하는 것은 베트남어의 독특한 특징이며, 한자어에 기원을 둔 베트남어 발음은 한국의 한자어 발음과 비슷한 경우가 많습니다.

한자	한국어 발음	베트남어 발음
空氣	공기	không khí [콩ㅁ 키]
河馬	하마	hà mã [하 마]
寄宿舍	기숙사	ký túc xá [끼 뚝ㅂ 싸]

오늘날의 베트남 문자는 17세기(1651년)에 서양의 선교사들이 베트남어를 소리 나는 대로 로마자 표기를 하면서 완성된 것입니다. 로마자와 쯔놈을 혼용으로 사용하다가 점점 로마자가 오늘날의 베트남 문자로 정착되고 국어(Chữ Quốc Ngữ)로 인정받았으며 더 이상 쯔놈은 사용하지 않습니다.

베트남어는 단음절어로, 각 음절이 독립적으로 발음되며, 음절과 음절 사이는 띄어 씁니다. 한국어처럼 연음 현상이 적용되지 않기 때문에 한 음절씩 끊어서, 써져 있는 대로 충실히 발음합니다. 한 음절은 모음, 자음 + 모음, 모음 + (끝)자음, 자음 + 모음 + (끝)자음으로 이루어지며, 여기에 음의 고저, 장단을 나타내는 성조가 표시됩니다.

베트남어는 6개의 성조가 있으며, 동일한 음절이라 하더라도 성조가 달라지면 그 의미 또한 완전히 달라지기 때문에 성조를 정확히 발음할 수 있도록 주의해야 합니다.

mua	사다
múa	춤(추다)
mùa	계절

베트남어의 어순은 주어 + 서술어 + 목적어로 영어와 비슷합니다. 한국어와 비교했을 때 수식어의 위치는 반대이며, 동사 활용이 없습니다. 경어법이 간단하고, 호칭만으로도 예의를 표할 수 있습니다.

● 베트남어의 성조 (Thanh điệu)

베트남어에는 6개의 성조가 있습니다. 성조는 thanh[타잉] 또는 dấu[저우]라고 하며, 같은 발음이라고 해도 성조가 다르면 그 의미도 달라지기 때문에 매우 중요합니다.

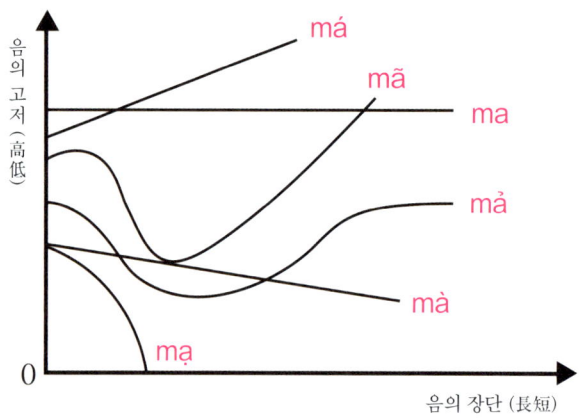

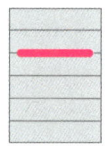

Thanh ngang[타잉 응앙] / **không dấu**[콩ㅁ 저우] : 모음 위에 아무런 표시도 하지 않습니다. 고음으로 시작하여 그대로 유지됩니다.

ma [마] 귀신

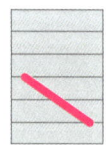

Thanh huyền[타잉 휘엔] / **dấu huyền**[저우 휘엔] : 모음 위에 내려가는 표시 (\)를 합니다. 중음에서 시작하여 한숨을 쉬는 것처럼 점차적으로 길게 내립니다.

mà [마] 그러나

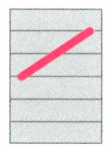

Thanh sắc[타잉 싹] / **dấu sắc**[저우 싹] : 모음 위에 올라가는 표시 (/)를 합니다. 중음에서 약간 높은 음에서 시작하여 점차적으로 길게 올립니다. 이때 끝나는 음은 **thanh ngang**의 음보다도 높습니다.

má [마] 어머니

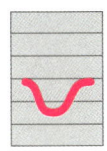 **Thanh hỏi**[타잉 호이] / **dấu hỏi**[저우 호이] : 모음 위에 물음표 표시(ˀ)를 합니다. 중음에서 시작하여 부드럽게 내리다가 천천히 처음 시작한 음까지 올립니다.

mả [마] 무덤

 **Thanh ngã**[타잉 응아] / **dấu ngã**[저우 응아] : 모음 위에 물결 표시(~)를 합니다. 약간 높은 음에서 시작하여 빠르게 내려 잠시 멈춘 후 급격히 높입니다. 이때 끝나는 음은 thanh ngang의 음보다는 높지만 thanh sắc의 끝나는 음보다는 낮습니다.

mã [마] 말(馬)

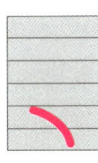 **Thanh nặng**[타잉 낭] / **dấu nặng**[저우 낭] : 모음 아래 점을 찍어 표시(.)를 합니다. 중음에서 시작하여 급격히 내려 끊습니다.

mạ [마] 모

베트남어 문자 (Bảng chữ cái tiếng Việt)

문자	발음	문자	발음
A a	a [아]	N n	nờ [너]
Ă ă	á [아] (a 보다 짧게)	O o	o [오]
Â â	ớ [어] (ơ 보다 짧게)	Ô ô	ô [오]
B b	bờ [버]	Ơ ơ	ơ [어]
C c	cờ [꺼]	P p	pờ [뻐]
D d	dờ [저]	Q q	quờ [꿔]
Đ đ	đờ [더]	R r	rờ [저]
E e	e [애]	S s	sờ [써]
Ê ê	ê [에]	T t	tờ [떠]
G g	gờ [거]	U u	u [우]
H h	hờ [허]	Ư ư	ư [으]
I i	i [이]	V v	vờ [버]
K k	cờ [꺼] / ka [까]	X x	xờ [써]
L l	lờ [르러]	Y y	y [이]
M m	mờ [머]		

참고

1) 베트남어 문자는 모두 29개로, 영어의 알파벳과 비교하면, f, j, w, z가 없고, ă, â, đ, ê, ô, ơ, ư가 추가되었습니다.
2) P는 외래어를 표기할 때 씁니다.
3) Q는 항상 모음 u를 동반하고, u 뒤에는 모음이 결합됩니다.
   예 quà [꽈] 선물, quýt [꿧] 귤

모음과 자음 (Nguyên âm và phụ âm)

모음 (Nguyên âm)

베트남어의 모음은 11개의 단(單)모음과 3개의 이중모음으로 구성되어 있습니다. 11개의 단모음은 **a, ă, â, e, ê, i(y), o, ô, ơ, u, ư** 입니다.

장(長) 모음		단(短) 모음	
a [아]	ơ [어]	ă 짧은 [아]	â 짧은 [어]

모음의 발음 방법은 혀의 높낮이와 앞뒤 위치, 입술 모양 등으로 구분하여 나타낼 수 있습니다.

혀의 위치	앞	뒤	
		입술을 평평하게	입술을 둥글게
높음	i	ư	u
중간	ê	ơ / â	ô
낮음	e	a / ă	o

1 단모음

a : 우리말의 '아'와 비슷하며 입을 옆으로 크게 벌려 발음합니다. 이때 혀는 낮고 입 안쪽에 위치합니다.

 **ba** [바]
아버지

 **nhà** [냐]
집

ă : a와 발음이 같지만 짧게 발음해야 합니다. ă 뒤에는 항상 자음이 붙습니다.

 **ăn** [안]
먹다

 **khăn** [칸]
수건

â : 우리말의 '어'와 비슷하며 입을 옆으로 벌려 발음합니다. 이때 혀는 중간 높이로 입 안쪽에 위치합니다. ơ와 발음이 같지만 짧게 발음해야 합니다. â 뒤에는 항상 자음이 붙습니다.

 **ấm** [엄]
주전자

 **nấm** [넘]
버섯

e : 우리말의 '애'와 비슷하지만 입을 더 작게 벌려 발음합니다. 혀는 낮고 입 앞쪽에 위치합니다.

 **mẹ** [매]
어머니

 **ve** [배]
매미

ê : 우리말의 '에'와 비슷하지만 입을 더 작게 벌려 발음합니다. 혀는 중간 높이로 입 앞쪽에 위치합니다.

 **dê** [제 / 예]
염소

 **bê** [베]
송아지

i(=y) : 우리말의 '이'와 비슷하게 발음합니다. 혀는 높고 입 앞쪽에 위치합니다. 복모음에서의 i는 짧게 발음하고 y는 길게 발음하지만, 단모음에서는 그 차이가 없습니다.

 **mì** [미]
라면

 **y tá** [이 따]
간호사

o : 우리말에는 없는 발음으로 입을 크고 동그랗게 벌리고 '오'를 발음합니다. 이때 혀는 낮고 입 안쪽에 위치합니다. 발음을 표기할 때는 편의상 '오'로 하지만 실제로는 '오'와 '어'의 중간 발음입니다.

 **chó** [쪼]
개

 **ho** [호]
기침하다

ô : 우리말의 '오'와 비슷하며 입술을 동그랗게 모아 발음합니다. 이때 혀는 중간 높이로 입 안쪽에 위치합니다.

 **ô** [오]
우산

 **tôm** [똠]
새우

ơ : 우리말의 '어'와 비슷하며 입을 옆으로 벌려 발음합니다. â와 발음이 같지만 길게 발음해야 합니다.

 **ớt** [엇]
고추

 **thơm** [텀]
파인애플

u : 우리말의 '우'와 비슷하며 입술을 동그랗게 모아 발음합니다. 이때 혀는 높고 입 안쪽에 위치합니다.

 **bút** [붓]
펜

 **tù** [뚜]
감옥

ư : 우리말의 '으'와 비슷하며 입술을 평평하게 하여 발음합니다. 이때 혀는 높고 입 안쪽에 위치합니다.

 **nữ** [느]
여자

 **sư** [쓰]
스님

2 이중모음

베트남어에는 -ia(-iê-), -ua(-uô-), -ưa(-ươ-) 3개의 이중모음이 있습니다.

ia : 끝모음으로 쓰이며, '이아'가 아닌 '이어'로 발음합니다.

 thìa [티어]
숟가락

 bia [비어]
맥주

끝자음이 오면 iê로 바뀌며 '이에'로 발음합니다.

 biển [비엔]
바다

 kiến [끼엔]
개미

ua : 끝모음으로 쓰이며, '우아'가 아닌 '우어'로 발음합니다. 단, 첫 자음이 q인 경우에는 항상 모음 u를 동반하기 때문에 q 뒤의 ua 는 이중모음으로 간주하지 않습니다.

 đũa [두어]
젓가락

 cua [꾸어]
꽃게

끝자음이 오면 uô로 바뀌며 '우오'로 발음합니다.

 uống [우옹]
마시다

 chuồn chuồn
[쭈온 쭈온] 잠자리

ưa : 끝모음으로 쓰이며, '으아'가 아닌 '으어'로 발음합니다.

 mưa
[므어] 비

 cửa
[끄어] 문

끝자음이 오면 ươ로 바뀌며 '으어'로 발음합니다.

 trường
[쯔엉] 학교

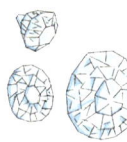 kim cương
[낌 끄엉] 다이아몬드

3 i와 y의 장음과 단음

앞에서 i는 짧은 '이', y는 긴 '이'라고 배웠는데 i와 y가 단독으로 쓰일 때는 음의 차이 없이 '이'로 발음합니다. 하지만 아래의 경우에는 음의 길이에 확연한 차이가 있으며, 음의 길이에 따라 그 의미도 전혀 달라지므로 발음에 주의해야 합니다.

ai / ay : ai와 ay는 모두 '아이'로 발음하는데 ai의 경우에는 '아'를 길게 발음하여 상대적으로 i가 짧게 들리도록 하며, ay의 경우에는 '아'를 짧게 발음합니다. 그렇다고 y의 '이'를 길게 발음하지는 않습니다. 단, ai를 포함하는 단어 중 성조가 nặng(.)인 경우는 짧게 발음합니다.

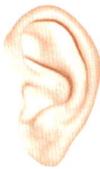 **tai** [따-이] 귀

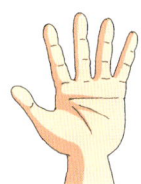 **tay** [따이] 손

ơi / ây : ây와 ơi는 모두 '어이'로 발음하는데 â는 짧게, ơ는 길게 소리를 냅니다. i 앞의 음은 길게 발음해야 하므로 짧은 소리인 â는 쓸 수가 없으며, 마찬가지로 y 앞의 음은 짧게 발음해야 하므로 긴 소리인 ơ는 쓸 수 없습니다.

 **mới** [머-이] 새로운

 **mây** [머이] 구름

ui / uy : ui와 uy는 모두 '우이'로 발음하는데 ui의 경우에는 '우'를 길게 발음하여 상대적으로 i가 짧게 들리도록 하며, uy의 경우에는 '우'를 짧게 발음하고, y를 재빨리 소리를 내 '위'라고 발음합니다.

 **túi** [뚜이] 가방

 **xe buýt** [쌔 뷧] 버스

자음 (Phụ âm)

1 단자음

b : 입술을 다물었다가 천천히 떼면서 우리말의 'ㅂ'과 비슷하게 발음합니다.

 ba [바]
아버지, 숫자 3

 bé [배]
아기

c : 우리말의 'ㄲ'과 비슷하지만 좀 더 약하고 짧게 발음합니다.

 cơm [껌]
밥

 cáo [까오]
여우

d : 우리말의 'ㅈ'과 비슷하며, 남부에서는 'ㅇ'으로 발음합니다.

 dao [자오 / 야오]
칼

 dù [주/유]
우산

đ : 혀를 입천장에 댔다가 떼면서 우리말의 'ㄷ'과 비슷하게 발음합니다.

 đu đủ
[두 두] 파파야

 đảo [다오]
섬

g : 목구멍으로 우리말의 'ㄱ'과 비슷하게 발음합니다.

 gấu [거우]
곰

 gà [가]
닭

gh : g와 동일하지만, e, ê, i 모음과만 결합합니다.

 **ghế** [게]
의자

 **ghe** [개]
보트

h : 목구멍으로 우리말의 'ㅎ'과 비슷하게 발음합니다.

 **hoa** [화]
꽃

 **hồ** [호]
호수

k : c와 동일하게 우리말의 'ㄲ'과 비슷하지만 좀 더 약하고 짧게 발음합니다.

 **kẹo** [깨오]
사탕

 **kem** [깸]
아이스크림

l : 혀끝을 윗잇몸에 붙였다가 떼면서 영어의 'L'이나 우리말의 'ㄹ'과 비슷하게 발음합니다.
(*발음 표기 시 R(ㄹ) 발음과 구분하기 위해 편의상 'ㄹ'을 추가하였습니다.)

 **lá** [ㄹ라]
나뭇잎

 **lê** [ㄹ레]
배(과일)

m : 입술을 다물었다가 천천히 떼면서 우리말의 'ㅁ'과 비슷하게 발음합니다.

 **miệng**
[미엥] 입

 **mèo** [매오]
고양이

Part 1 베트남어 문자 | 23

n : 혀끝을 윗잇몸에 붙였다가 떼면서 우리말의 'ㄴ'과 비슷하게 발음합니다.

 **nơ** [너]
리본

 **núi** [누이]
산

p : 아래위 입술을 다물었다가 떼면서 우리말의 'ㅃ'과 비슷하게 발음합니다.

 **pin** [삔]
건전지

q : c와 k처럼 우리말의 'ㄲ'과 비슷하지만 좀 더 약하고 짧게 발음합니다. 항상 모음 u 와 결합하여 '꾸'로 시작하며 뒤에 있는 모음을 이어서 발음합니다. 남부에서는 묵음 으로 발음하지 않습니다.

 **quà** [꽈/와]
선물

 **quạt** [꾣/왓]
부채

r : 우리말의 'ㅈ'과 비슷하며, 남부에서는 영어의 'r' 발음처럼 혀를 입천장에 대지 않고 약간 뗀 상태에서 동그랗게 말아 'ㄹ'을 발음합니다.

 **răng** [장/랑]
이, 치아

 **rượu** [즈어우/르어우] 술

s : 혀끝을 윗잇몸과 마찰시켜 우리말의 'ㅆ'과 비슷하게 발음합니다.

 **sữa** [쓰어]
우유

 **sao** [싸오]
별

t : 혀를 입천장에 붙였다가 떼면서 우리말의 'ㄸ'과 비슷하게 발음하지만 좀 더 약하고 짧습니다.

 **túi** [뚜이]
가방

 **tiền** [띠엔]
돈

v : 윗니를 아랫입술에 살짝 댔다가 떼면서 영어의 'v'와 비슷하게 'ㅂ' 발음을 합니다.

 **voi** [보이]
코끼리

 **váy** [바이]
치마

x : s발음처럼 우리말의 'ㅆ'과 비슷하게 발음하지만 좀 더 약하고 짧습니다.

 **xuân** [쒼]
봄

 **xu** [쑤]
동전

2 복자음

ch : 우리말의 'ㅉ'과 비슷하게 발음하지만 좀 더 약하게 짧습니다.

 **chuối**
[쭈오이] 바나나

 **chim** [찜]
새

gi : 우리말의 '지'와 비슷하게 발음합니다. 이때 gi를 하나의 자음으로 간주해야 하며 g를 'ㄱ'으로 발음하지 않도록 주의합니다. 남부에서는 '이'로 발음합니다.

giấy [져이/여이] 종이

giày [쟈이/야이] 신발

kh : 'ㅎ'음을 섞어 입김을 강하게 내뱉으면서 우리말의 'ㅋ'와 비슷하게 발음합니다.

khỉ [키] 원숭이

khế [케] 스타푸르트

ng : 비음으로 우리말의 '응'과 비슷하게 발음합니다.

ngô [응오] 옥수수

ngà [응아] 상아

ngh : ng와 동일하지만, e, ê, i 모음과만 결합합니다.

nghe [응애] 듣다

nghỉ [응이] 쉬다

nh : 혀끝을 윗잇몸에 붙였다가 떼면서 비음을 섞어 우리말의 '니'와 비슷하게 발음합니다.

nhà [냐] 집

nho [뇨] 포도

(*ng, ngh, nh를 포함하는 단어 발음 표기 시 비음임을 나타내기 위해 편의상 굵게 표기하였습니다.)

ph : 우리말의 'ㅍ'과 비슷하지만, 영어의 'f'처럼 윗니를 아랫입술에 살짝 댔다가 떼면서 공기와 마찰시켜 소리를 냅니다.

phở [퍼]
쌀국수

phim [핌]
영화

th : 혀를 입천장에 붙였다가 떼면서 강하게 내뱉어 우리말의 'ㅌ'과 비슷하게 발음합니다.

thỏ [토]
토끼

thư [트]
편지

tr : ch와 동일하게 우리말의 'ㅉ'과 비슷하게 발음합니다. 남부에서는 혀끝을 말아 입천장에 붙였다가 떼면서 마찰시키는 소리를 냅니다.

trà [짜]
차

tre [째]
대나무

주의

- c, k, q는 모두 우리말의 'ㄲ'과 비슷하게 발음합니다. 하지만 뒤에 결합되는 모음에 차이가 있습니다.
  * 모음 i(y), e, ê 앞에는 k를 씁니다.
  * c는 모음 i(y), e, ê를 제외하고 나머지 모음과 결합됩니다.
- 자음 g는 모음 i, e, ê와 결합할 수 없습니다. 이때는 g가 아닌 gh로 표기합니다. 마찬가지로 자음 ng는 모음 i, e, ê와 결합할 수 없습니다. 이때는 ng가 아닌 ngh로 표기합니다. 이는 복자음 gi와 구별을 하기 위함입니다.
- 복자음의 경우 두 개 또는 세 개의 자음으로 표기되지만 각각의 자음을 따로 소리내지 않고 하나의 음으로 발음한다는 점을 주의해야 합니다.

3 끝자음

베트남어의 자음 중 끝자음으로 쓰이는 자음은 8개입니다.

c : 우리말의 'ㄱ' 받침으로 발음합니다.

nhạc [냑]
음악

thác [탁]
폭포

m : 우리말의 'ㅁ' 받침으로 발음합니다.

tám [땀]
숫자 8

ôm [옴]
안다

n : 우리말의 'ㄴ' 받침으로 발음합니다.

ăn [안]
먹다

chăn [짠]
이불

p : 우리말의 'ㅂ' 받침으로 발음합니다.

hộp [홉]
상자, 박스

cọp [꼽]
호랑이

t : 우리말의 'ㅅ' 받침으로 발음합니다.

bốt [봇]
장화

thớt [텃]
도마

ng : 우리말의 'ㅇ' 받침으로 발음합니다.

 **trăng** [짱]
달

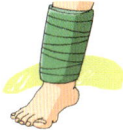 **xương** [쓰엉] 뼈

ch : 우리말의 '익'으로 발음합니다. 다만 받침이기 때문에 앞의 모음에 붙여 빨리 발음합니다. 앞에 모음은 a, ê, i만 결합할 수 있습니다. ach [아익], êch [에익] ich [익]으로 외워두면 쉽게 발음할 수 있습니다. 남부에서는 우리말의 'ㄱ' 받침으로 발음하는데, 혀끝을 윗니의 안쪽에 위치시킵니다.

 **sách** [싸익/싹]
책

 **ếch** [에익/엑]
개구리

 **xích** [씩]
쇠사슬

nh : 우리말의 '잉'으로 발음합니다. ch와 마찬가지로 받침이기 때문에 앞의 모음에 붙여 빨리 발음하며 앞에 모음은 a, ê, i만 결합할 수 있습니다. anh [아잉], ênh [에잉], inh [잉]으로 외워두면 쉽게 발음할 수 있습니다. 남부에서는 우리말의 'ㄴ' 받침으로 발음하는데, 혀끝을 윗니의 안쪽에 위치시킵니다.

 **bánh**
[바잉/반] 빵

 **bệnh**
[베잉/벤] 질병

 **xinh** [씽]
예쁜, 귀여운

> **주의**

c와 ng의 경우 앞에 입술을 둥글게 하고 발음해야 하는 모음 u, o, ô가 오면 입을 다물며 발음해야 합니다. 그렇기 때문에 uc은 '욱ㅂ', oc은 '옥ㅂ', ôc은 '옥ㅂ'으로 발음하며 ung는 '웅ㅁ', ong는 '옹ㅁ', ông는 '옹ㅁ'으로 발음합니다. 발음이 끝난 상태에는 입이 다물어져 있어야 한다는 것에 주의합니다.

	c	ng
u	cúc [꾹ㅂ] 국화	bụng [붕ㅁ] 배 (신체 부위)
o	học [혹ㅂ] 공부하다	bóng [봉ㅁ] 공
ô	cốc [꼭ㅂ] 컵	ông [옹ㅁ] 할아버지

Part 2
베트남어 첫걸음

Ngày 01   Xin chào cô!

기본표현!!

A   **Xin chào cô!**   선생님(여), 안녕하세요!
씬   짜오   꼬

Em là Chae Hwa ạ!   저는 채화입니다.
앰 르라   채   화   아

B   **Chào Chae Hwa.**   안녕, 채화.
짜오   채   화

A   **Em rất vui được gặp cô ạ.**   만나서 반갑습니다.
앰 젓 부이 드억 갑 꼬 아

새 단어

- **xin** [씬] 공손한 표현
- **cô** [꼬] 선생님 (여), 고모, 아가씨
- **là** [르라] ~이다
- **rất** [젓] 매우
- **được** [드억] ~하게 되다 (수동)
- **chào** [짜오] 안녕
- **em** [앰] 저(자신을 낮추는 말), 동생
- **ạ** [아] 공손한 표현
- **vui** [부이] 기쁜
- **gặp** [갑] 만나다

Ngày 01

해설

◆ 베트남어를 처음 접하는 이들에게 "베트남어에는 6성이 있어요."라고 말하면, 중국어도 4성이 있어서 어려운데, 베트남어는 도대체 얼마나 더 어렵겠느냐며 공부를 시작하기도 전에 겁부터 먹는다. 베트남어 성조를 익히기 위해서는 분명 무수한 노력과 시간을 투자해야 하지만 학습자의 그 노력을 배신하지는 않을 것이다. 이 책으로 공부할 때도 한글발음 표기만을 보고 읽는 것이 아니라 성조에 신경 써서 읽어야 한다. 왜냐하면 성조를 달리하면 내가 하고자 하는 말이 아닌, 전혀 다른 의미의 말이 되기 때문이다.

베트남어 학습에서 성조가 차지하는 비중이 매우 높기 때문에 성조만 확실히 학습한다면 아주 재미있는 언어 공부가 될 것이다. 자, 이제 노래하듯 베트남어를 시작해 봅시다!

◆ **chào**

'안녕하세요'라는 표현으로 만날 때와 헤어질 때, 아침부터 밤까지 시간에 상관없이 사용한다. 〈(1인칭) + chào + 2인칭대명사 또는 이름〉의 형태가 가장 일반적이다. 상대방과 나이가 비슷한 친구 사이이거나 상대방보다 나이가 많은 경우에는 1인칭 주어를 생략하지만, 상대방보다 나이가 어린 경우에는 1인칭 주어를 생략하지 않는 것이 좀 더 예의 바르고 친근한 표현이다.

Em chào anh. [앰 짜오 아잉] 오빠/형 안녕하세요.
Chào cháu. [짜오 짜우] (조카에게) 안녕.
Chào chị Hương. [짜오 찌 흐엉] 흐엉 언니/누나 안녕하세요.

◆ **공손한 표현**

xin은 원래 '요청하다', '요구하다'의 의미인데, 인사할 때는 문장의 맨 앞에 써서 공손한 표현을 나타낸다. 비슷한 역할을 하는 표현으로 ạ가 있는데, 특별한 의미 없이 문장 끝에 써서 예의를 나타낸다. xin과 ạ는 단독으로 또는 함께 쓰인다.

(Em) chào cô. [(앰) 짜오 꼬] 선생님, 안녕하세요.
=**(Em) xin chào cô.** [(앰) 씬 짜오 꼬]
=**(Em) chào cô ạ.** [(앰) 짜오 꼬 아]
=**(Em) xin chào cô ạ.** [(앰) 씬 짜오 꼬 아]

◆ cô

cô는 인칭대명사로, '고모', '선생님(여)', '아가씨'의 의미를 지니는데 문맥에 따라 구분한다. 앞의 기본 표현에서는 대화 상대가 자신을 em이라 지칭하고 있기 때문에 선생님과 학생의 대화임을 알 수 있다.

Em rất vui được gặp cô. [앰 젓 부이 드억 갑 꼬]
(학생이) 선생님 만나서 반갑습니다.

Cháu chào cô. [짜우 짜오 꼬] (조카가) 고모 안녕하세요.

Cô muốn gặp ai? [꼬 무온 갑 아–이] (아가씨는) 누구를 만나고 싶으세요?

◆ là

명사 앞에 사용하여 '~이다'라는 의미다. 〈주어 + là + 명사〉의 어순으로 사용된다.

Tôi là Eun Ju. [또이 라 은 주] 나는 은주입니다.

Đây là nhà tôi. [더이 라 냐 또이] 여기는 우리 집이다.

◆ rất vui được gặp + 2인칭

처음 만나서 반가움, 기쁨을 나타내는 관용 표현으로 '만나서 반갑습니다.'라는 의미다. rất은 '매우'라는 부사로 형용사 앞에 사용하고, được은 〈được + 동사〉로 쓰여 '~하게 되다(수동태)'의 의미다.

Rất vui được gặp em. [젓 부이 드억 갑 앰] 만나서 반가워.

Em rất vui được gặp anh ạ. [앰 젓 부이 드억 갑 아잉 아] 만나서 반갑습니다.

비슷한 표현으로는 〈Rất hân hạnh được gặp / biết + 2인칭〉이 있으며, '만나게/알게 되어 영광입니다.'라는 의미다.

Rất hân hạnh được gặp thầy. [젓 헌 하잉 드억 갑 터이]
선생님(남)을 만나게 되어 영광입니다.

Rất hân hạnh được biết bạn. [젓 헌 하잉 드억 비엣 반]
너를 알게 돼 영광이야.

2차 학습

A Chào Sơn! 안녕, 썬!
짜오 썬

Rất vui được gặp bạn. 만나서 반가워.
젓 부이 드억 갑 반

B Chào Min Young! 안녕, 민영!
짜오 민 영

Mình cũng rất vui được gặp bạn. 나도 만나서 반가워.
밍 꿍ㅁ 젓 부이 드억 갑 반

A Mình về đây. 나 갈게.
밍 베 더이

Tạm biệt bạn. 안녕.
땀 비엣 반

B Chào bạn. 안녕.
짜오 반

Hẹn gặp lại sau! 또 만나자!
핸 갑 라이 싸우

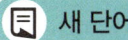 새 단어

- bạn [반] 친구, 너
- cũng [꿍ㅁ] 또한, 역시
- đây [더이] 이것, 이분, 여기
- hẹn [핸] 약속하다
- sau [싸우] 뒤, 후
- mình [밍] 나 (친구 사이)
- về [베] 돌아오다, 돌아가다
- tạm biệt [땀 비엣] 안녕 (헤어질 때)
- lại [라이] 또, 다시

해설

◆ **cũng**

〈주어 + cũng + 동사/형용사〉로 쓰여, 앞에 언급한 행동, 성질 등이 동일하거나 유사함을 나타낸다. '주어도 역시 ~하다' 라는 의미다.

Mình cũng vui. [밍 꿍ㅁ 부이] 나도 즐거워.

Tôi cũng học tiếng Việt. [또이 꿍ㅁ 혹ㅂ 띠엥 비엣] 나도 베트남어를 공부한다.

◆ **về**

'돌아가다', '돌아오다'의 의미로 원래의 장소로 다시 되돌아오는 경우에 쓴다. 보통은 집에서 출발하기 때문에 귀가하는 경우에 '가다' 라는 동사 đi [디]가 아닌 về를 쓴다.

Tôi về nhà. [또이 베 냐] 나는 집에 간다.

Anh về công ty. [아잉 베 꽁ㅁ 띠] 나는 회사로 돌아간다.

◆ **đây**

'이것', '이분', '여기' 라는 뜻의 지시대명사이지만 문장의 끝에 써서 강조의 의미를 나타낸다. 이때 인칭대명사는 항상 1인칭(화자)이다.

Tôi đây. [또이 더이] 나야.

Đây là trường anh. [더이 르라 쯔엉 아잉] 여기는 우리 학교다.

Đây là bố mình. [더이 르라 보 밍] 이분은 우리 아버지다.

Đây là cái bàn. [더이 르라 까-이 반] 이것은 책상이다.

◆ **Tạm biệt**

'잠깐 이별'이라는 뜻으로 헤어질 때 사용하는 말이다. 간단하게 chào(안녕)로 작별 인사를 대신할 수도 있다.

Tạm biệt em. [땀 비엣 앰] 안녕! (잘 가!)

= Chào em. [짜오 앰]

◆ **Hẹn gặp lại sau**

hẹn gặp lại는 '다시 만날 것을 약속하다' 라는 관용 표현이다. sau는 '뒤', '후' 라는 의미로 '나중에', '다음에'로 이해할 수 있으며, 이 문장에서 sau를 생략해도 된다.

Ngày 01

알아두기

인칭대명사

베트남어의 경우 남녀, 연령, 직업, 친분 관계 등에 따라 인칭대명사가 달라진다. 대화를 할 때 보통 호칭을 생략하지 않기 때문에 베트남어 학습에서 인칭대명사는 매우 중요하다.

① **1인칭 단수대명사**

tôi [또이]	나
tớ [떠]	나 (친구 사이)
mình [밍]	자기 자신, 나 (친구 사이)

② **2인칭 단수 대명사**

ông [옹ㅁ]	할아버지, 공식석상에서는 남성을 칭함
bà [바]	할머니, 공식석상에서는 여성을 칭함
bác [박]	큰아버지, 큰어머니, 아저씨, 아주머니 (화자의 부모님보다 나이가 많은 남성 또는 여성)
cô [꼬]	고모, 선생님(여), 아가씨, 아주머니(화자의 어머니 나이 정도 되는 여성)
chú [쭈]	작은아버지, 아저씨 (화자의 아버지보다 나이가 적은 남성)
cậu [꺼우]	삼촌 (화자의 아버지보다 나이가 적은 남성), 너 (친구 사이)
dì [지]	이모, 아주머니(화자의 어머니 나이 정도 되는 여성)
thầy [터이]	선생님(남)
anh [아잉]	형, 오빠 (화자보다 나이가 조금 많은 남성)
chị [찌]	누나, 언니 (화자보다 나이가 조금 많은 여성)
em [앰]	동생 (화자보다 나이가 조금 어린 남성 또는 여성)
cháu [짜우]	손자, 조카 (화자의 손자나 조카 나이 정도 되는 사람)
bạn [반]	너 (친구 사이)
bố [보]	아버지

mẹ [매]	어머니
con [꼰]	자녀, 아이

◆ 2인칭 단수 대명사에서 bạn/cậu(너)를 제외하고는 나이와 성별에 따라 1인칭으로 쓸 수 있다. 예를 들어, 나보다 나이 많은 형 anh과 대화할 때, '나'를 지칭하는 tôi 대신 em을 사용한다. 마찬가지로 화자가 상대방보다 나이가 많은 여성인 경우에는 tôi 대신 chị를 쓴다.

Tôi rất vui được gặp anh. [또이 젓 부이 드억 갑 아잉]
나는 형/오빠를 만나서 반갑습니다.
→ Em rất vui được gặp anh. [앰 젓 부이 드억 갑 아잉]

Tôi về nhà. [또이 베 냐] 나는 집에 간다.
→ Chị về nhà. [찌 베 냐]

◆ 베트남어에서는 인칭대명사의 사용이 필수적인데 나이에 따라서도 인칭대명사가 달라지기 때문에 처음 만났을 때 나이를 묻는 경우가 많다. 이는 대화를 좀 더 편하고 친근하게 하기 위함이고, 결례를 범하는 행동이 아니므로 이 점에 유의한다.

베트남의 지역 구분

베트남은 남북으로 약 2000km 가량 길게 뻗어 있으며, 북부(Bắc Bộ[박 보]), 중부(Trung Bộ[쭝 보]), 남부(Nam Bộ[남 보])로 나뉜다. 이러한 구분은 지리적 거리와 긴 전쟁으로 인한 역사적 요인에 의한 것으로 각각의 지역은 지리와 문화면에서 서로 다른 특색을 지닌다.
수도인 하노이(Hà Nội)는 국가 정치의 중심지로 중국과 접해 있으며 사계절이 있고 산간 지역에는 소수종족들이 거주한다. 중부 지역은 가로 폭이 좁으며 라오스와 접해 있고, 다른 한쪽은 바다이다. 지형이 험하고, 태풍도 잦으며 여름에는 기온이 상승해서 생활하기에 매우 힘들다. 호찌민 시를 포함한 남부는 경제 중심지이다. 동남부 지역에는 공업 단지들이 밀집해 있으며 공업화 추세에 따라 빠르게 발전하고 있다. 서남부 지역은 넓은 평야로 가장 큰 농업 지역이다. 이곳은 강을 따라 길게 발달해 있으며, 베트남의 곡창지대라 불린다.

평가 테스트

💬 다음 문장을 베트남어로 만드세요.

1. 선생님(여), 안녕하세요.
   _____

2. 저는 민아(Min A)입니다. (공손한 표현)
   _____

3. 만나서 반갑습니다. (할아버지)
   _____

💬 다음 대화를 완성하세요.

4. A : _____ 나 갈게.
   B : Chào bạn. 안녕.

5. A : Rất vui được gặp bạn. 만나서 반가워.
   B : _____ 나도 만나서 반가워.

6. A : Tạm biệt bạn. 안녕. (헤어질 때)
   B : _____ 또 만나자.

정답

1. Xin chào cô ạ.
2. Em là Min A ạ.
3. Cháu rất vui được gặp ông ạ.
4. Mình về đây.
5. Mình cũng rất vui được gặp bạn.
6. Hẹn gặp lại sau.

Cơ thể 신체

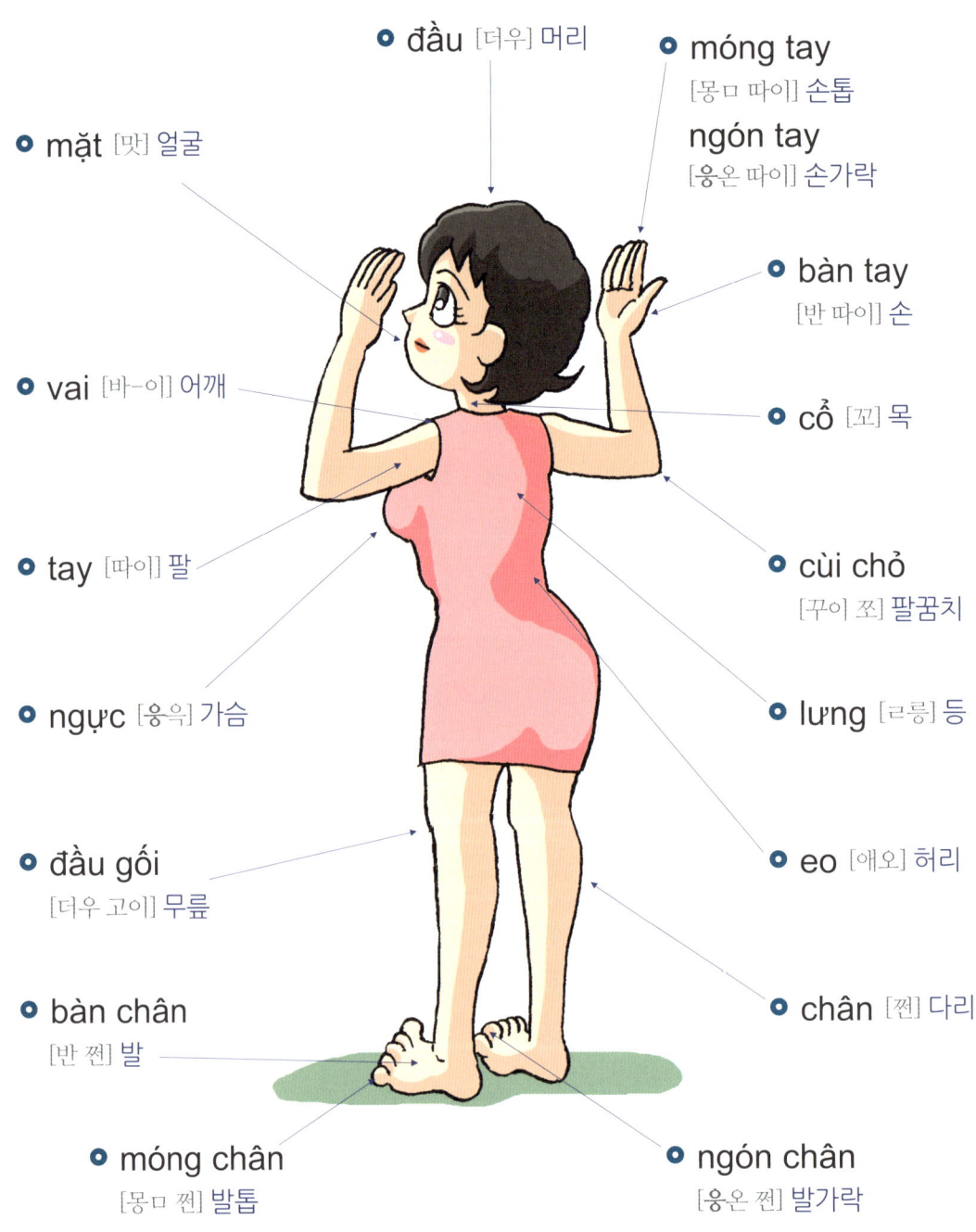

mặt 얼굴

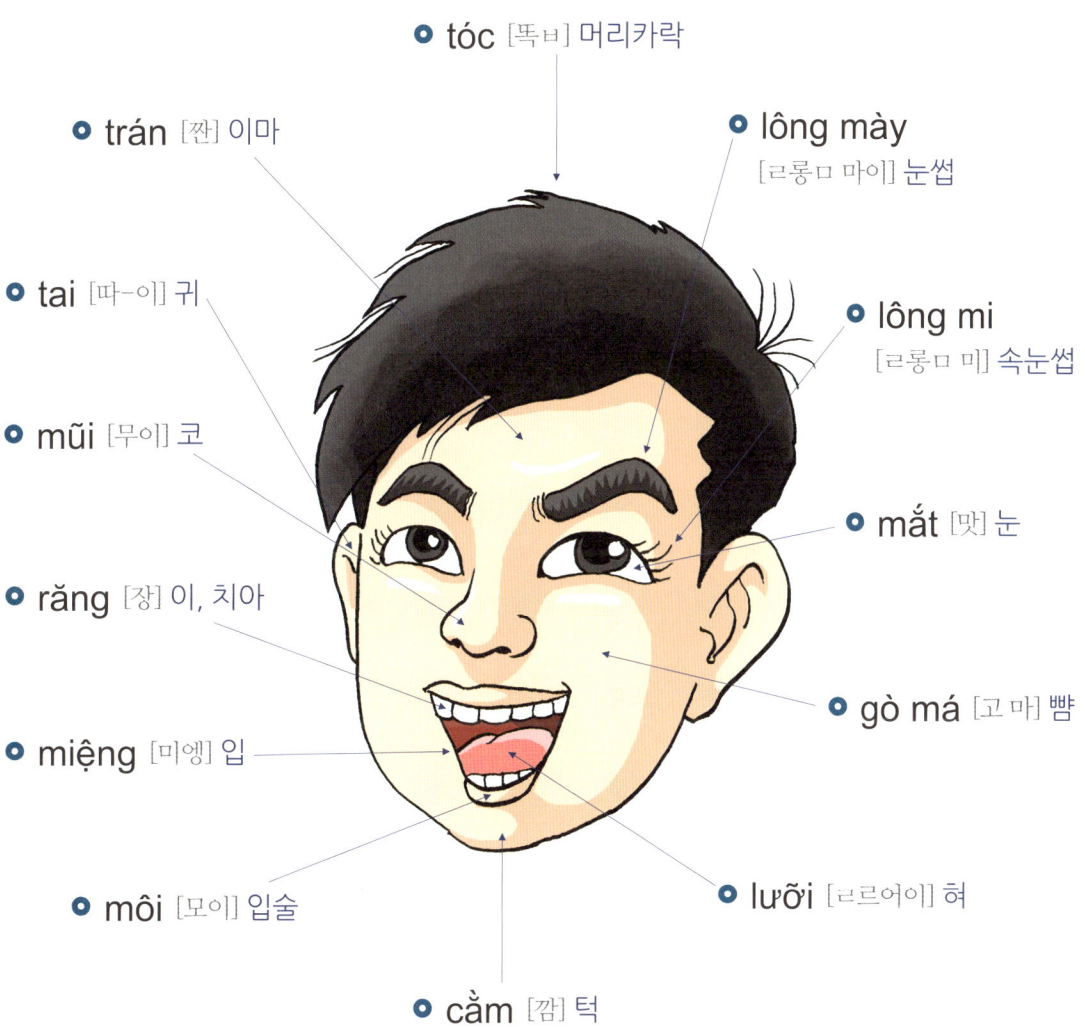

- tóc [똑ㅂ] 머리카락
- lông mày [르롱ㅁ 마이] 눈썹
- trán [짠] 이마
- lông mi [르롱ㅁ 미] 속눈썹
- tai [따-이] 귀
- mắt [맛] 눈
- mũi [무이] 코
- răng [장] 이, 치아
- gò má [고 마] 뺨
- miệng [미엥] 입
- lưỡi [르어이] 혀
- môi [모이] 입술
- cằm [깜] 턱

Các bạn tên là gì?

기본표현!!

A Tôi tên là Hương Lan. 내 이름은 흐엉란이야.
또이 뗀 라 흐엉 란

Bạn tên là Min Su phải không? 네 이름은 민수지?
반 뗀 라 민 수 파-이 콩ㅁ

B Không phải, tôi là Jun Ho. 아니, 나는 준호야.
콩ㅁ 파-이 또이 라 준 호

A Ồ, xin lỗi bạn. 어머, 미안해.
오 씬 르로이 반

B Không sao. 괜찮아.
콩ㅁ 싸오

새 단어

- tôi [또이] 나, 저(인칭대명사)
- phải [파-이] 옳은
- Ồ [오] 감탄사
- không sao [콩ㅁ 싸오] 괜찮습니다
- tên [뗀] 이름
- không [콩ㅁ] 아니다(부정)
- xin lỗi [씬 르로이] 미안합니다, 실례합니다

Ngày 02

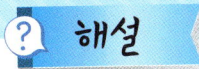

◆ phải không

어떤 사실이나 예상하고 있는 것을 좀 더 명확하게 확인하려는 목적을 가지고 있다. 원래 phải는 '옳다', '맞다'의 의미이고, không은 '아니다'라는 부정의 의미를 지닌 단어인데, phải không을 붙여 평서문 뒤에 써서 부가의문문을 만들 수 있다. 대답은 Phải (긍정) / Không (phải) (부정)로 한다.

평서문 Em tên là Su Ji. [앰 뗀 르라 수 지] 너의 이름은 수지다.

부가의문문 Em tên là Su Ji phải không? [앰 뗀 르라 수 지 파-이 콩ㅁ]
너의 이름은 수지, 맞지?

(긍정) Phải, em tên là Su Ji. [파-이, 앰 뗀 르라 수 지]
맞아요, 제 이름은 수지예요.

(부정) Không (phải), em tên là Min Ji. [콩ㅁ (파-이) 앰 뗀 르라 민 지]
아니요, 제 이름은 민지예요.

★ 공손한 대답을 하고자 할 때는 dạ[자]를 추가한다.
dạ의 의미는 베트남의 북부와 남부 지방에서 다소 차이가 있다. 남부에서는 dạ를 북부의 긍정 대답에 해당하는 vâng과 동일하게 쓴다. 또한 지역과 상관없이 공손함을 나타내기도 한다. 이 경우에는 dạ 뒤에 긍정의 의미를 지닌 vâng과 부정의 의미인 không을 함께 써서 Dạ, vâng. [자, 벙] 또는 Dạ, không. [자, 콩ㅁ]으로 표현한다. Dạ, phải. 또는 Dạ, không phải.도 같은 맥락이다.

Em là sinh viên, phải không? [앰 르라 씽 비엔, 파-이 콩ㅁ] 너는 대학생이지?

→ Dạ, phải. Em là sinh viên. [자, 파-이. 앰 르라 씽 비엔]
맞아요. 저는 대학생이에요.

→ Dạ, không (phải). Em là học sinh. [자, 콩ㅁ (파-이). 앰 르라 혹ㅂ 씽]
아니요. 저는 학생입니다.

♦ **xin lỗi**

lỗi는 '잘못' 이라는 뜻인데, 상대방에게 잘못을 범했을 때 '죄송합니다', '잘못했습니다', '사과하겠습니다' 의 의미로 xin lỗi를 쓴다. 이에 대한 대답은 không sao(괜찮습니다)이다. 또한 상대방에게 결례가 되는 행동을 하기 전에 '실례합니다' 의 의미로도 쓰인다.

A : Xin lỗi mẹ. [씬 르로이 매] 엄마, 죄송해요.

B : Không sao. [콩ㅁ 싸오] 괜찮아.

A : Xin lỗi, ông là người nước nào? [씬 르로이, 옹ㅁ 라 응어이 느억 나오]
실례합니다, 당신은 어느 나라 사람입니까?

B : Tôi là người Việt Nam. [또이 라 응어이 비엣 남] 나는 베트남 사람입니다.

Áo dài 아오자이

Áo dài[아오 자-이]는 베트남을 상징하는 것들 중 하나다. 바지와 함께 입기는 하지만, 상의가 무릎 아래까지 내려오기 때문에 '상의가 길다(Áo dài)' 라는 명칭을 갖게 되었다. Áo dài는 허리선까지 양 옆이 트여 있어서 바지가 보이는 것이 특색이다. 특히 여성의 Áo dài는 사람마다 체형에 꼭 맞게 제작하므로 여성의 아름다움을 느낄 수 있다. 또한 Áo dài는 베트남 사람들의 일상과 아주 밀접하다. 중고등 학생들은 등교할 때 교복처럼 입기도 하고, 선생님이나 공무원들도 중요한 행사가 있을 때 격식을 차린 의복으로 선택하기도 한다. 특히 독창적으로 디자인한 예복(결혼식)용 Áo dài는 베트남 사람들을 비롯하여 전 세계에 멋진 인상을 남긴다.

2차 학습

2차학습!!

A Mình tên là Xuân Thảo. 내 이름은 쑤언타오야.
밍   뗀 라 쒼   타오

Xin lỗi, các bạn tên là gì? 실례지만, 너희들은 이름이 뭐니?
씬 르로이 깍 반   뗀 라 지

B Mình là Min Young. 나는 민영이야.
밍   라 민   영

C Em tên là Yoko. 내 이름은 요꼬예요.
앰 뗀 라 요꼬

A Chào Min Young và Yoko. 민영과 요꼬, 안녕.
짜오 민   영   바 요꼬

Mời các bạn ngồi. 모두 앉아.
머-이 깍 반 응오이

B Cảm ơn Thảo. 고마워, 타오.
깜   언 타오

A Không có chi. 천만에.
콩 ㅁ 꼬 찌

새 단어

- **các** [깍] ~들 (복수)
- **và** [바] ~과/~와
- **ngồi** [응오이] 앉다
- **không có chi** [콩 ㅁ 꼬 찌] 천만에요
- **gì** [지] 무엇 (의문사)
- **mời** [머-이] 초대하다. ~하세요
- **cảm ơn** [깜 언] 감사합니다

? 해설

◆ **이름 묻고 답하기**

이름을 물을 때는 gì(무엇) 의문사를 활용하여 〈주어 + tên + là + gì?/tên + 주어 + là + gì?〉의 형태로 쓴다. 이에 답할 때는 〈주어 + tên + là + 이름/tên + 주어 + là + 이름〉의 형태로, 주어를 1인칭으로 바꾸고 gì의 위치에 이름을 넣어주면 된다.

우리는 이름을 말할 때 '내 이름은 ~야.' 라고 하거나 '나는 ~야.' 라고 말하기도 하는데 베트남에서도 마찬가지다. '이름' 이라는 tên을 생략하고 〈주어 + là + 이름〉으로 말하면 '나는 ~야' 라는 표현이 된다.

A : Anh tên là gì? [아잉 뗀 르라 지] 당신(오빠/형)은 이름이 무엇입니까?
  = Tên anh là gì? [뗀 아잉 르라 지]
B : Tôi tên là Min Ho. [또이 뗀 르라 민 호] 내 이름은 민호입니다.
  = Tên tôi là Min Ho. [뗀 또이 르라 민 호]
  = Tôi là Min Ho. [또이 르라 민 호] 나는 민호야.

★ B에서 Tôi 대신 Anh을 써도 된다. Tôi는 일반적인 1인칭이기 때문에 상대방과의 상하 관계나 나이, 친밀도 등이 아예 나타나지 않으며, 2인칭 대명사인 Anh을 1인칭으로 사용하는 경우는 상대방과 좀 더 친밀한 느낌을 주게 된다. 우리도 흔하진 않지만 더러 자신을 '오빠는/언니는' 으로 지칭하는 경우가 있는데, 베트남은 이런 표현이 아주 보편적이다. 2인칭 대명사를 1인칭으로 잘 활용한다면 베트남어를 보다 더 자연스럽게 구사할 수 있다.

Anh tên là gì? [아잉 뗀 르라 지] 당신은 이름이 무엇입니까?
Anh tên là Min Ho. [아잉 뗀 르라 민 호] 내 이름은 민호입니다.

◆ **A và B**

연결사로, 유사한 행동이나 속성을 연결하는데 쓴다. '~와/~과', '그리고' 로 해석한다.

Em gặp anh Tuấn và chị Lan. [앰 갑 아잉 뚠 바 찌 르란]
나는 뚜언 형과 란 누나를 만난다.
Em đọc sách và nghe nhạc. [앰 독ㅂ 싸익 바 응애 냑]
나는 책을 읽고 음악을 듣는다.

Ngày 02

◆ **mời**

'초대하다'라는 동사인데, 〈Mời + 2인칭 대명사 + 동사〉의 형태로 mời를 문장 맨 앞에 쓰면 '~하세요'라는 상대방에게 권유하는 표현이 된다. 존경의 의미를 갖는 xin과 함께 써서 좀 더 공손하고 예의바르게 상대방에게 요청, 제안할 수 있다.

Tôi đã mời anh Trung dự đám cưới. [또이 다 머-이 아잉 쭝 즈 담 끄어이]
나는 쭝 오빠를 결혼식에 참석하라고 초대했다.

Mời anh phát biểu. [머-이 아잉 팟 비에우] 발표해 주세요.

Xin mời ông dùng trà. [씬 머-이 옹ㅁ 중ㅁ 짜] 할아버지, 차 드세요.

◆ **감사 표현**

'고맙다', '감사하다'라는 표현은 cảm ơn 또는 cám ơn [깜 언]이라고 한다. cảm ơn만 단독으로 써도 되지만, 〈(주어) + cảm ơn + 고마움의 대상〉을 함께 써 주는 것이 더 좋다. 이에 대한 대답으로 Không có chi 또는 Không có gì[콩ㅁ 꼬 지], Có gì đâu[꼬 지 더우] 등이 있다.

A : Cảm ơn em. [깜 언 앰] 고마워.
B : Không có chi. [콩ㅁ 꼬 찌] 천만에.

A : Em cảm ơn cô. [앰 깜 언 꼬] 선생님 감사합니다.
B : Không có gì. [콩ㅁ 꼬 지] 천만에.

A : Xin cảm ơn. [씬 깜 언] 감사합니다.
B : Có gì đâu. [꼬 지 더우] 천만에.

알아두기

베트남 사람의 이름

베트남 사람의 이름은 성(họ[호]) – 중간 이름(tên đệm[뗀 뎀] / chữ lót[쯔 르롯]) – 이름(tên[뗀])으로 구성된다. 성(姓)은 매우 다양하지만 대표적으로 Nguyễn[응웬], Trần[쩐], Lê[르레], Lý[르리], Võ[보], Ngô[응오] 등이 있다.

Nguyễn Văn Thuận[응웬 반 튑], Trần Thị Mai[쩐 티 마-이]와 같이 중간 이름이 남성을 나타내는 Văn[반], 여성을 나타내는 Thị[티]처럼 한 글자일 수도 있고, Nguyễn Hoàn Xuân Thảo[응웬 환 쒼 타오], Ngô Bảo Ngọc Kim Chi[응오 바오 응옥ㅂ 낌 찌]처럼 중간 이름과 이름이 여러 글자일 수도 있다. 또한 Phạm Duy[팜 쥐]처럼 중간 이름이 아예 없을 수도 있다.

옛날에는 이름을 지을 때 한자어에 어원을 둔 글자를 많이 사용하였지만, 요즘에는 Lê Vy[르레 비]처럼 발음이 예쁘거나 Nguyễn Thị Xuân Tươi[응웬 티 쒼 뜨어이]처럼 특이한 단어를 사용하기도 한다.

베트남 사람들은 평소 이름을 부를 때는 성(họ)을 빼고 이름(tên)의 끝 글자를 많이 부른다. 그러나 격식을 갖춰야 하는 자리나 정중하게 소개할 때, 공식석상에서 호명할 때는 이름 전체를 부른다. 예를 들어

    Nguyễn [응웬] 성 Văn [반] 중간 이름 Sách [싸익] 이름

    부를 때 : anh Sách [아잉 싸익], chú Sách [쭈 싸익],
              ông Nguyễn Văn Sách [옹ㅁ 응웬 반 싸익]

    Lê [르레] 성 Vy [비] 이름

    부를 때 : chị / cô Vy [찌/꼬 비], bà Lê Vy [바 르레 비]

상대방을 부를 때는 이름 앞에 나이와 관계에 따라 cô[꼬], chú[쭈], anh[아잉], chị[찌], em[앰] 등과 같이 가족이나 친족 내에서 사용하는 인칭대명사를 쓴다. 직장과 사회생활에서도 마찬가지인데, 이는 언제나 사람들과의 관계 속에서 서로를 친밀하게 대하는 베트남 사람들의 문화적 특징이라 할 수 있다. 때로는 직장 내의 직명을 활용하여 부르기도 한다.

예) Bác sĩ Phùng Đăng Khoa [박 씨 풍ㅁ 당 콰] 풍당코아 의사선생님

    Bác sĩ (Đăng) Khoa [박 씨 (당) 콰] (당)코아 의사선생님

    Giáo sư Bùi Khánh Thế [쟈오 쓰 부이 카잉 테] 부이카잉테 교수님
    Giáo sư Thế [쟈오 쓰 테] 테 교수님

    Luật sư Hoàng Nguyễn Hạ Quyên [르우엇 쓰 황 응웬 하 꿔엔]
    호아응웬하꿔엔 변호사

    Luật sư Quyên [르우엇 쓰 꿔엔] 위꿔엔 변호사

평가 테스트

💬 빈칸에 알맞은 말을 넣으세요.

1. _____, các bạn tên là gì? 실례지만 너희들은 이름이 뭐니?

2. _____ các bạn ngồi. 모두 앉아.

3. Bạn tên là Min Su _____? 네 이름은 민수지?

💬 다음 대화를 완성하세요.

4. A : _____ 감사합니다.
   B : Không có chi. 천만에요.

5. A : Xin lỗi. 죄송합니다.
   B : _____ 괜찮습니다.

💬 다음 문장을 베트남어로 만드세요.

6. 내 이름은 쑤언 타오(Xuân Thảo)야. _____

7. 아니, 나는 준호(Jun Ho)야. _____

8. 민영(Min Young)과 요꼬(Yoko), 안녕. _____

정답

1. Xin lỗi   2. Mời   3. phải không   4. Cám ơn. / Cảm ơn.
5. Không sao.   6. Tôi tên là Xuân Thảo. / Tên tôi là Xuân Thảo. / Tôi là Xuân Thảo.
7. Không phải, mình là Jun Ho.   8. Chào Min Young và Yoko.

Gia đình 가족

- ông [옹ㅁ] 할아버지
- bà [바] 할머니

- bố / cha / ba [보/짜/바] 아버지
- mẹ / má [매/마] 어머니
- chồng [쫑ㅁ] 남편
- vợ [버] 아내
- con rể [꼰 제] 사위
- con dâu [꼰 저우] 며느리

- bố / ba chồng [보/바 쫑ㅁ] 시아버지
- mẹ / má chồng [매/마 쫑ㅁ] 시어머니
- bố / ba vợ [보/바 버] 장인
- mẹ / má vợ [매/마 버] 장모

- **em (trai) vợ** [앰 (짜-이) 버] 처남
- **em (gái) vợ** [앰 (가-이) 버] 처제
- **chị chồng** [찌 쫑ㅁ] 시누이
- **anh rể / em rể** [아잉 제/앰 제] 매부
- **chị dâu / em dâu** [찌 저우/앰 저우] 올케

- **anh trai** [아잉 짜-이] 형, 오빠
- **chị gái** [찌 가-이] 누나, 언니
- **em trai** [앰 짜-이] 남동생
- **em gái** [앰 가-이] 여동생

- **con trai** [꼰 짜-이] 아들
- **con gái** [꼰 가-이] 딸
- **em họ (trai)** [앰 호 (짜-이)] 사촌(남)
- **em họ (gái)** [앰 호 (가-이)] 사촌(여)

Ngày 03

Dạo này em có khỏe không?

기본표현!!

A Lâu rồi không gặp Lan. 오랜만이야, 란.
　　르러우 조이　콩ㅁ　갑　르란

　　Dạo này em có khỏe không? 요즘 잘 지내니?
　　자오 나이 앰 꼬 쾌　　콩ㅁ

B Cám ơn anh, em khỏe. 고마워요. 저는 잘 지내요.
　　깜　언 아잉　앰　쾌

　　Còn anh? 오빠는요?
　　꼰　아잉

A Dạo này anh không khỏe. 난 요즘 몸이 안 좋아.
　　자오 나이 아잉 콩ㅁ　쾌

- - - - - - - - - - -

A Bây giờ em có rảnh không?
　　버이 져 앰 꼬 자잉 콩ㅁ
　　지금 한가하니?

B Dạ có, em rảnh. 네, 전 한가해요.
　　자 꼬　앰 자잉

새 단어

- lâu [르러우] 오랫동안
- dạo này [자오 나이] 요즘
- khỏe [쾌] 건강한
- rảnh [자잉] 한가한
- rồi [조이] 이미(완료)
- có [꼬] 있다
- bây giờ [버이 져] 지금
- dạ [자] 네

Ngày 03

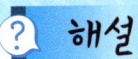 해설

◆ **Lâu rồi không gặp Lan.**
이와 비슷한 표현으로는 **Lâu quá không gặp** [러러우 꽈 콩ㅁ 갑] / **Đã lâu không gặp** [다 러러우 콩ㅁ 갑] / **Lâu lắm không gặp** [러러우 람 콩ㅁ 갑] 등이 있는데, 모두 '오랫동안 만나지 못했다' 라는 뜻이다.

★ **rồi**
〈동사/형용사 + rồi〉는 '이미 ~했다'라는 과거 완료를 나타낸다. 이 문장 lâu rồi không gặp Lan에서 lâu rồi는 '(이미) 오래되었다'라는 표현이 된다.

Em ăn rồi. [앰 안 조이] 저는 이미 먹었습니다.
Ông Tuấn khỏe rồi. [옹ㅁ 뚠 쾌 조이]
뚜언 할아버지는 건강해졌다.(과거에 아팠다가 호전됨)

★ **Không**
동사나 형용사 앞에 써서 부정을 나타낸다.

Em gặp chị Hương. [앰 갑 찌 흐엉] 나는 흐엉 누나를 만난다.
→ **Em không gặp chị Hương.** [앰 콩ㅁ 갑 찌 흐엉]
나는 흐엉 누나를 만나지 않는다.
Em rảnh. [앰 자잉] 나는 한가하다.
→ **Em không rảnh.** [앰 콩ㅁ 자잉] 나는 한가하지 않다.

◆ **còn**
연결사로 '그런데', '그리고' 라는 뜻이다. 화제를 전환할 때 사용하기도 하는데, 앞서 질문한 것이나 다른 주체에게 동일하게 질문할 때도 쓴다.

A : **Anh tên là gì?** [아잉 뗀 라 지] 당신의 이름은 무엇입니까?
B : **Tên tôi là Huy.** [뗀 또이 라 휘] 내 이름은 휘입니다.
　　Còn chị? [꼰 찌] 그런데 당신은요?
A : **Tôi là Su Ji.** [또이 라 수 지] 나는 수지입니다.

★ 이 대화문은 서로 이름을 묻고 답하는 내용이다. 때문에 Còn chị 뒤에는 **tên là gì?**가 생략되어 있다고 보면 된다.

기본 표현에서는 잘 지내는지 안부를 묻는 상황이므로 Còn anh? 뒤에는 '오빠는 잘 지내세요?' 라는 **anh có khỏe không?**이 생략되어 있다.

◆ **dạo này, bây giờ**

시간을 나타내는 부사는 보통 문장의 맨 앞에 쓴다.

Dạo này em khỏe. [자오 나이 앰 쾌] 요즘 저는 건강합니다.
Bây giờ tôi bận. [버이 져 또이 번] 지금 나는 바쁘다.

문법코너

có ~ không 의문문

의문문에는 의문사가 있는 의문문, 부가의문문 등 여러 가지가 있다. 그중 가장 기본적이고 활용도가 높은 것이 바로 có ~ không을 활용하는 의문문이다. '있다' 라는 동사 có와 부정을 나타내는 không을 한 문장에 사용하여 의문문을 만든다. 〈주어 + có + 동사/형용사 + không?〉의 형태로, '~합니까?' 라는 뜻이다.

Anh khỏe. [아잉 쾌] 형은 건강하다.
→ Anh có khỏe không? [아잉 꼬 쾌 콩ㅁ] 형은 건강합니까?

Bạn uống cà phê. [반 우옹 까 페] 너는 커피를 마신다.
→ Bạn có uống cà phê không? [반 꼬 우옹 까 페 콩ㅁ] 너 커피 마시니?

Ngày 03

1 일반 회화에서 có ~ không? 의문문을 만들 때 có를 생략하는 경우가 있다. 단, có가 '있다'(동사)의 의미로 쓰인 경우에는 〈có + 명사〉로 쓴다.

Anh có gặp chị Lan không? [아잉 꼬 갑 찌 르란 콩ㅁ]
형은 란 누나를 만나세요?

= Anh gặp chị Lan không? [아잉 갑 찌 르란 콩ㅁ] (có가 생략됨.)

Chị có cà phê Việt Nam. [찌 꼬 까 페 비엣 남] 언니는 베트남 커피를 가지고 있다.
→ Chị có cà phê Việt Nam không? [찌 꼬 까 페 비엣 남 콩ㅁ]
 언니는 베트남 커피를 가지고 있어요?
 (이때의 có는 동사 '있다'의 의미를 지니고 있으므로 삭제할 수 없다.)

2 có ~ không 의문문에 대한 대답
긍정은 có, 부정은 không으로 대답한다. 위의 예문을 활용해 보자.

Anh có gặp chị Lan không? [아잉 꼬 갑 찌 르란 콩ㅁ]
형은 란 누나를 만나세요?

→ (긍정) Có, anh gặp chị Lan. [꼬, 아잉 갑 찌 르란] 응, 나는 란 누나를 만나.
 (부정) Không, anh không gặp chị Lan. [콩ㅁ, 아잉 콩ㅁ 갑 찌 르란]
  아니, 나는 란 누나를 만나지 않아.

Chị có cà phê Việt Nam không? [찌 꼬 까 페 비엣 남 콩ㅁ]
언니는 베트남 커피가 있어요?

→ (긍정) Có, chị có cà phê Việt Nam. [꼬, 찌 꼬 까 페 비엣 남]
  응, 나는 베트남 커피를 가지고 있어.
 (부정) Không, chị không có cà phê Việt Nam.
  [콩ㅁ, 찌 콩ㅁ 꼬 까 페 비엣 남] 아니, 나는 베트남 커피가 없어.

2차 학습!!

A Anh Trung ơi! 쭝 오빠!
아잉 쭝ㅁ 어-이

Bây giờ anh có thời gian không? 지금 한가하세요?
버이 져 아잉 꼬 터-이 쟌 콩ㅁ

B Không, anh rất bận. 아니, 너무 바빠.
콩ㅁ 아잉 젓 번

Còn em? 너는?
꼰 앰

A Em rảnh ạ. 저는 한가해요.
앰 자잉 아

B Tốt quá! 너무 잘됐다!
똣 꽈

Em đến đây giúp anh nhé!
앰 덴 더이 줍 아잉 내
이리 와서 나 좀 도와줘!

📑 새 단어

- ơi [어-이] ~야(부를 때)
- bận [번] 바쁜
- quá [꽈] 너무
- giúp [줍] 돕다
- thời gian [터-이 쟌] 시간
- tốt [똣] 좋은, 잘하는
- đến [덴] 오다, 도착하다
- nhé [내] 권유, 제의를 나타냄

Ngày 03

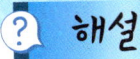

◆ ơi

'~야' 하고 상대방을 친근하게 부를 때 사용한다. ơi 앞에 2인칭 대명사나 부르는 대상의 이름이 온다. ơi로 불렀을 때, 부른 사람이 나보다 나이가 어리면 ơi라고 대답하기도 한다.

Chị ơi! [찌 어-이] 언니! / **Su Ji ơi!** [수 지 어-이] 수지야!

Mẹ ơi! [매 어-이] 엄마!

→ **Ơi!** [어-이] 응!

★ 공식적인 자리에서나 예의를 갖춰야 할 때는 ơi가 아닌 thưa[트어]를 쓴다.

Thưa ông! [트어 옹ㅁ] 할아버지!

Thưa cô! [트어 꼬] 선생님(여)!

Thưa thầy! [트어 터이] 선생님(남)!

◆ có thời gian

직역하면 '시간이 있다'는 뜻인데, 한가한 rảnh[자잉] / rỗi[조이]의 의미로 쓰인다. '시간 있냐'는 질문은 다음과 같이 표현할 수 있다.

Chị có thời gian không? [찌 꼬 터-이 쟌 콩ㅁ] 시간 있으세요?

= **Chị có rảnh không?** [찌 꼬 자잉 콩ㅁ] 한가하세요?

= **Chị có rỗi không?** [찌 꼬 조이 콩ㅁ] 한가하세요?

= **Chị có bận không?** [찌 꼬 번 콩ㅁ] 바쁘세요?

◆ rất / quá / lắm

'매우', '몹시', '대단히'라는 의미로 정도를 나타내며 형용사와 결합하여 사용한다. rất[젓]은 형용사 앞에, lắm[람]은 형용사 뒤에, quá[꽈]는 형용사 앞과 뒤에 모두 쓸 수 있다.

rất + 형용사
형용사 + quá (또는 quá + 형용사)
형용사 + lắm

rất은 감정이 배제되어 있는 상황이고, quá는 말하는 시점에서의 감탄을 나타낸다. lắm은 감탄의 성격을 지닌 일반 평서문에 사용되며 rất과 quá에 비해 정도가 다소 약하다. quá를 앞에 쓰는 경우에는 '지나치게', '과도하게' 또는 비아냥거리는 의미를 내포하고 있으므로 사용에 주의한다.

Dạo này em rất bận. [자오 나이 앰 젓 번] 요즘 나는 너무 바쁘다.
Em vui quá! [앰 부이 꽈] 너무 즐거워요!
Chị Hương hát hay lắm. [찌 흐엉 핫 하이 ㄹ람] 흐엉 언니는 노래를 매우 잘한다.

★ rất, quá, lắm은 형용사가 아닌 감정을 나타내는 동사와도 결합할 수 있다.
예) muốn[무온] 원하다, thích[틱] 좋아하다, nhớ[녀] 그리워하다, yêu[이에우] 사랑하다

Tôi rất muốn đi Việt Nam. [또이 젓 무온 디 비엣 남]
나는 베트남에 너무 가고 싶다.
Thích quá! [틱 꽈] 너무 좋아요!
Em nhớ bố mẹ lắm. [앰 녀 보 매 ㄹ람] 저는 부모님이 무척 그리워요.

◆ **nhé**

문장 끝에 붙여 제의나 권유할 때 쓴다. 이때 주어 자리에는 1인칭 복수, 2인칭 단수나 2인칭 복수가 올 수 있다. 주어 자리에 1인칭 단수가 오는 경우도 있는데, 이는 친근감을 나타내는 표현이다. 이처럼 주어에 따라 약간 다르게 해석한다.

Tôi mua nhé. [또이 무어 내] 내가 살게. (친근감)
Em về nhé. [앰 베 내] 저 갈게요. (친근감) / 잘 가. (권유)
Chúng ta uống cà phê nhé. [쭝 따 우옹 까 페 내] 우리 커피 마시자. (제의)

평가 테스트

🗨️ 다음 문장을 해석하세요.

1. Lâu rồi không gặp Lan. _____

2. Em đến đây giúp anh nhé! _____

3. Dạ có, em rảnh. _____

🗨️ 다음 대화를 완성하세요.

4. A : _____ em có khỏe không?   요즘 잘 지내니?

5. B : Cám ơn anh, em khoẻ.   고마워요, 전 잘 지내요.

   A : _____   오빠는요?

6. A : _____   난 요즘 몸이 안 좋아.

🗨️ 다음 문장을 베트남어로 만드세요.

7. 나는 너무 바쁩니다. _____

8. 너무 잘됐다! _____

9. 지금 당신은(누나) 한가하십니까? _____

정답

1. 오랜만이네, 란.   2. 이리 와서 나 좀 도와줘.   3. 네, 저는 한가해요.   4. Dạo này
5. Còn anh?   6. Dạo này anh không khỏe.   7. Tôi rất bận.   8. Tốt quá!
9. Bây giờ chị có rảnh không? / Bây giờ chị có rỗi không?

Nhà cửa 집

- **mái nhà** [마-이 냐] 지붕
- **cửa sổ** [끄어 쏘] 창문
- **cửa** [끄어] 문
- **tường** [뜨엉] 벽
- **chuông cửa** [쭈옹 끄어] 초인종
- **hộp thư** [홉 트] 우편함
- **cầu thang** [꺼우 탕] 계단
- **phòng tầng hầm** [퐁ㅁ 떵 험] 지하실

- phòng [퐁ㅁ] 방

- phòng ngủ
  [퐁ㅁ 웅우] 침실

- phòng tắm
  [퐁ㅁ 땀] 욕실

- phòng khách
  [퐁ㅁ 카익] 거실

- phòng bếp
  [퐁ㅁ 벱] 부엌

- phòng vệ sinh
  [퐁ㅁ 베 씽] 화장실

- vườn [브언] 정원, 안뜰

- chỗ đậu xe/nơi để xe
  [쪼 더우 쌔/너-이 데 쌔] 차고

Ngày 04

Bạn là người nước nào?

기본표현!!

A Mình là người Việt Nam. 나는 베트남 사람이야.
밍 라 응어이 비엣 남

Bạn là người nước nào? 너는 어느 나라 사람이니?
반 라 응어이 느억 나오

B Mình là người Hàn Quốc. 나는 한국 사람이야.
밍 라 응어이 한 꾁

A Chị cũng là người Việt Nam phải không?
찌 꿍 라 응어이 비엣 남 파이 콩
누나도 베트남 사람이죠?

C Không, tôi không phải là người Việt Nam.
콩 또이 콩 파이 라 응어이 비엣 남
아니, 나는 베트남 사람이 아니야.

Tôi là người Thái Lan.
또이 라 응어이 타-이 란
나는 태국 사람이야.

📖 새 단어

- **người** [응어이] 사람
- **nước** [느억] 나라, 물
- **Hàn Quốc** [한 꾁] 한국
- **Thái Lan** [타-이 란] 태국
- **Việt Nam** [비엣 남] 베트남
- **nào** [나오] 어느(의문사)
- **chị** [찌] 누나, 언니

Ngày 04

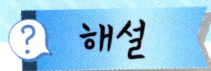

◆ 국적 묻고 답하기

국적을 물을 때는 의문사 nào(어느)를 활용한다. 〈주어 + là + người nước nào?〉라는 표현을 쓰는데, 우리말에서는 수식어가 앞에 붙는 반면 베트남어는 거의 대부분 뒤에 붙는다. 따라서 우리말 어순으로는 '어느 + 나라 + 사람'이지만 베트남어로는 '사람 + 나라 + 어느' 순이다.

대답할 때는 nước nào 대신 나라 이름을 넣으면 된다. 우리가 '어느 나라 사람이세요?'라고 물었을 때 '한국 나라 사람입니다.'라고 하지 않고 '한국 사람입니다'라고 대답하는 것과 일맥상통한다.

> A : Chị là người nước nào? [찌 라 응어이 느억 나오]
> 언니는 어느 나라 사람입니까?
>
> B : Chị là người Hàn Quốc. [찌 라 응어이 한 꿕]
> 나는 한국 사람입니다.

◆ Tôi không phải là người Việt Nam.

일반적으로 부정문을 만들기 위해서는 không을 사용하여 〈không + 동사/형용사〉로 쓴다. 그러나 là 동사는 특별하다. là를 부정할 때는 không이 아닌 không phải를 쓴다.

> Em vui. [앰 부이] 나는 즐겁다.
> → Em không vui. [앰 콩ㅁ 부이] 나는 즐겁지 않다.
>
> Chị gặp em Min A. [찌 갑 앰 민 아] 나는 민아를 만난다.
> → Chị không gặp em Min A. [찌 콩ㅁ 갑 앰 민 아] 나는 민아를 만나지 않는다.
>
> Tôi là sinh viên. [또이 라 씽 비엔] 나는 대학생입니다. (평서문)
> → Tôi không là sinh viên. [또이 콩ㅁ 라 씽 비엔] (✕)
>   Tôi không phải là sinh viên. [또이 콩ㅁ 파-이 라 씽 비엔] (○)
>   나는 대학생이 아닙니다. (부정문)

★ là 동사가 있는 문장 의문문 만들기

평서문을 의문사 없이 의문문으로 만드는 경우 có ~ không?을 활용하는데 là 동사를 포함한 평서문의 경우에는 có phải là ~ không?을 활용한다. 이에 긍정적인 대답은 phải 또는 vâng, 부정적인 대답은 không 또는 không phải로 한다.

Anh là người Việt Nam. [아잉 라 응어이 비엣 남] 당신은 베트남 사람이다.

→ Anh có phải là người Việt Nam không?
[아잉 꼬 파-이 라 응어이 비엣 남 콩ㅁ] 당신은 베트남 사람입니까?

→ (긍정) Vâng / Phải, tôi là người Việt Nam.
[벙/파-이, 또이 라 응어이 비엣 남] 네, 저는 베트남 사람입니다.

→ (부정) Không (phải), tôi không phải là người Việt Nam.
Tôi là người Hàn Quốc.
[콩ㅁ (파-이), 또이 콩ㅁ 파-이 라 응어이 비엣 남. 또이 라 응어이 한 꿕]
아니요, 저는 베트남 사람이 아닙니다. 저는 한국 사람입니다.

Hồ Chí Minh 호찌민

호찌민 주석은 베트남 사람들에게 존경하는 지도자로 추앙 받고 있다. 그는 1890년 5월 19일 베트남 북부 Nghệ An[응에 안]성에서 태어났으며, 실명은 Nguyễn Sinh Sắc[응웬 씽 싹]이다. 베트남 사람들은 그를 Hồ[호] 주석이라는 호칭 대신 경건함과 친근함을 담아 Bác Hồ[박 호: 호 아저씨], Cụ Hồ[꾸 호: 호 할아버지]라고 부른다. 호찌민은 소박하기로 유명하며, 민족 해방과 혁명을 위해 일생을 바쳤다. 그는 1969년 9월 2일 타계하였는데, 화장하여 언덕에 뿌려달라는 유언과 달리 수도 Hà Nội[하 노이]의 Ba Đình[바 딩] 광장에 안치되어 있다.

2차 학습

A Anh là người miền Trung phải không?
아잉 라 응어이 미엔 쯩ㅁ 파-이 콩ㅁ
당신은 중부 사람이 맞아요?

B Vâng, tôi là người miền Trung. 네, 저는 중부 사람입니다.
병 또이 라 응어이 미엔 쯩ㅁ

- - - - - - - - - - -

A Tôi là người Hà Nội. 나는 하노이 사람입니다.
또이 라 응어이 하 노이

Còn anh từ đâu đến? 그런데 당신은 어디서 오셨습니까?
꼰 아잉 뜨 더우 덴

B Tôi là người Thành phố Hồ Chí Minh.
또이 라 응어이 타잉 포 호 찌 밍
나는 호찌민시 사람입니다.

A Vợ tôi cũng là người Thành phố Hồ Chí Minh.
버 또이 꿍ㅁ 라 응어이 타잉 포 호 찌 밍
제 아내도 호찌민시 사람이에요.

B Thế à? 그렇습니까?
테 아

새 단어

- **miền Trung** [미엔 쯩ㅁ] 중부
- **Hà Nội** [하 노이] 하노이
- **đâu** [더우] 어디(의문사)
- **Thành phố Hồ Chí Minh** [타잉 포 호 찌 밍] 호찌민시
- **thế** [테] 그러하다
- **vâng** [병] 네(긍정 대답)
- **từ** [뜨] ~부터
- **vợ** [버] 부인, 아내
- **à** [아] 의문을 나타냄

해설

◆ **vâng**

'네' 라는 긍정 대답으로 공손한 표현이며 앞에 dạ를 붙여서 쓰기도 한다. 손아랫사람에게는 ừ[으]라고 답한다.

A : Em có phải là người Anh không? [앰 꼬 파-이 라 응어이 아잉 콩ㅁ]
너는 영국 사람이니?

B : (Dạ) Vâng, em là người Anh. [(자) 벙, 앰 라 응어이 아잉]
네, 저는 영국 사람입니다.

A : Cô tên là Lan phải không ạ? [꼬 뗀 라 란 파-이 콩ㅁ 아]
선생님 성함이 란 맞죠?

B : Ừ, cô tên là Lan. [으, 꼬 뗀 라 란] 응, 내 이름은 란이야.

◆ **từ đâu đến?**

직역하면 '어디에서 오셨어요?'로 출신을 묻는 표현이다. 국적이나 출신 지역을 묻는 표현으로 이해할 수도 있다. 국적을 물을 때는 người nước nào?와 바꾸어 쓸 수 있다. 대답할 때는 '어디'라는 장소를 묻는 의문사 대신 장소를 넣거나 người + 국가 이름/지역을 넣기도 한다.

Anh từ đâu đến? [아잉 뜨 더우 덴] 당신은 어디에서 오셨어요?
= Anh là người nước nào? [아잉 라 응어이 느억 나오]
당신은 어느 나라 사람입니까? (국적을 묻는 표현)

→ (대답) Anh từ Hàn Quốc đến. [아잉 뜨 한 꿕 덴] 나는 한국에서 왔습니다.
= Anh là người Hàn Quốc. [아잉 라 응어이 한 꿕]
나는 한국 사람입니다.

Chị từ đâu đến? [찌 뜨 더우 덴] 당신은 어디에서 오셨어요? (출신 지역을 묻는 표현)
→ (대답) Chị từ Busan đến. [찌 뜨 부산 덴] 나는 부산에서 왔습니다.
= Chị là người Busan. [찌 라 응어이 부산] 나는 부산 사람입니다.

Ngày 04

◆ **Thế à**

'그래요?', '그렇습니까?', '그렇군요.' 라는 표현으로 놀람을 나타내거나 몰랐던 사실을 알게 되었을 때 사용하는 표현이다. à는 문장 끝에 써서 의문문을 만드는 표현이긴 하지만 thế à 의 경우에는 굳이 대답하지 않아도 된다.

A : **Tôi học tiếng Việt.** [또이 혹ㅂ 띠엥 비엣] 나는 베트남어를 공부합니다.
B : **Thế à.** [테 아] 그렇군요.

A : **Anh sắp kết hôn.** [아잉 쌉 껫 혼] 나 곧 결혼해.
B : **Thế à?** [테 아] 그래요?

알아두기

나라 이름

베트남	Việt Nam [비엣 남]
한국	Hàn Quốc [한 꿕]
대만	Đài Loan [다-이 르롼]
독일	Đức [득]
라오스	Lào [르라오]
러시아	Nga [응아]
미국	Mỹ [미], Hoa Kỳ [화 끼]
북한	Bắc Hàn [박 한], Bắc Triều Tiên [박 찌에우 띠엔]
스페인	Tây Ban Nha [떠이 반 냐]
아랍	Ả Rập [아 접]
영국	Anh [아잉]
오스트레일리아	Úc [욱ㅂ]

이탈리아	Ý [이]
인도	Ấn Độ [언 도]
일본	Nhật Bản [녓 반]
중국	Trung Quốc [쭝ㅁ 꿕]
태국	Thái Lan [타-이 르란]
프랑스	Pháp [팝]
필리핀	Phi-líp-pin [피 르립 삔]

◆ **나라 이름 표기**

첫 문자는 반드시 대문자로 표기한다. 특히 나라 이름 영국(Anh)은 오빠/형을 지칭하는 인칭대명사 anh과 표기가 동일하기 때문에 주의한다.

Tôi là người Anh. [또이 르라 응어이 아잉] 나는 영국 사람입니다.
Chào anh Min Su. [짜오 아잉 민 수] 민수 형/오빠, 안녕하세요.

위의 'Tôi là người Anh.'처럼 특정한 나라의 국민임을 나타낼 때는 〈người(사람) + 나라 이름〉으로 쓰고, 그 나라의 언어를 지칭할 때는 〈tiếng[띠엥] + 나라 이름〉으로 쓴다. 여기서 tiếng은 '소리', '언어'라는 뜻이다.

Ấn Độ [언 도] 인도
người Ấn Độ [응어이 언 도] 인도 사람
tiếng Ấn Độ [띠엥 언 도] 인도어

하노이(Hà Nội)와 호찌민시(Thành phố Hồ Chí Minh)

Hà Nội는 베트남의 수도로, 북부에 위치한다. 베트남 남부에 있는 Thành phố Hồ Chí Minh의 옛 이름은 Sài Gòn[싸-이 곤]이며 1976년에 국가 주석의 이름을 따서 호찌민시로 바뀌었다. 그렇기 때문에 호찌민시를 일컬을 때는 반드시 '도시'라는 의미의 thành phố를 붙여야 한다. 표기는 TP. HCM으로 쓰기도 한다.

평가 테스트

💬 빈칸에 알맞은 말을 넣으세요.

1. Chị là người Việt Nam _____? 당신은 베트남 사람이죠?

2. _____, tôi là người miền Trung. 네, 저는 중부 사람입니다.

3. Anh _____? 당신은 어디에서 오셨습니까?

4. Vợ tôi _____ người thành phố Hồ Chí Minh.
   제 아내도 호찌민시 사람이에요.

💬 다음 문장을 베트남어로 만드세요.

5. 그렇습니까? _____

6. 나는 한국 사람입니다. _____

7. 너는 어느 나라 사람이니? _____

8. 나는 베트남 사람이 아닙니다. _____

정답

1. phải không   2. Vâng   3. từ đâu đến   4. cũng là
5. Thế à?   6. Tôi / Mình là người Hàn Quốc.   7. Bạn là người nước nào?
8. Tôi không phải là người Việt Nam.

Phòng tắm 욕실

- **gương** [그엉] 거울

- **bồn rửa mặt**
  [본 즈어 맛] 세면대

- **bồn cầu** [본 꺼우] 변기

- **giấy vệ sinh**
  [져이 베 씽] 화장지

- **vòi sen** [보이 쌘] 샤워기

- **bồn nước xả cầu**
  [본 느억 싸 꺼우]
  수세식 화장실의 수조

- **bồn tắm** [본 땀] 욕조

- **dầu gội đầu**
  [저우 고이 더우] 샴푸

- **dầu xả dưỡng tóc**
  [저우 싸 즈엉 똑] 린스

- **xà bông** [싸 봉ㅁ] 비누

- **bông tắm** [봉ㅁ 땀] 스펀지

- **máy sấy tóc**
  [마이 써이 똑ㅂ] 헤어드라이어

- **kem / thuốc đánh răng**
  [깸 / 투옥 다잉 장] 치약

- **bàn chải đánh răng / bót đánh răng**
  [반 짜-이 다잉 장 / 봇 다잉 장] 칫솔

- **khăn tắm**
  [칸 땀] 수건

- **áo choàng tắm**
  [아오 쫭 땀] 가운

- **thảm (tấm trải) phòng tắm**
  [탐 (떰 짜-이) 퐁ㅁ 땀] 목욕실 깔개

Ngày 05 — Dạo này bạn làm gì?

기본표현!!

A Chào Mai! 안녕, 마이!
짜오 마-이

B Đã lâu không gặp bạn. 오랜만이야.
다 러우 콩 갑 반

Dạo này bạn làm gì? 요즘 너 뭐하니?
자오 나이 반 르람 지

A Mình làm ở ngân hàng Đông Hoa. 나는 동화은행에서 일해.
밍 르람 어 응언 항 동 화

Còn Mai bây giờ làm gì? 그런데 마이, 너는 지금 무슨 일해?
꼰 마-이 버이 저 르람 지

B Mình đang học tiếng Anh. 나는 영어를 공부하고 있어.
밍 당 혹ㅂ 띠엥 아잉

Mình sẽ đi du học ở Mỹ. 나는 미국에 유학 갈 거야.
밍 쌔 디 주 혹ㅂ 어 미

새 단어

- đã [다] ~했다 (과거)
- gì [지] 무엇 (의문사)
- ngân hàng [응언 항] 은행
- học [혹ㅂ] 공부하다
- sẽ [쌔] ~할 것이다 (미래)
- du học [주 혹ㅂ] 유학
- làm [르람] ~하다, 일하다
- ở [어] ~에/~에서 (장소)
- đang [당] ~하고 있다 (현재 진행)
- tiếng Anh [띠엥 아잉] 영어
- đi [디] 가다
- Mỹ [미] 미국

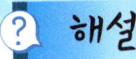

Ngày 05

◆ đã

동사/형용사 앞에 사용하여 과거시제를 나타낸다. 현재 진행은 đang[당], 미래시제는 sẽ[쌔]를 쓴다.

đã	과거 (~했다)
đang	현재 진행 (~하고 있다, ~ 하는 중이다)
sẽ	미래 (~할 것이다)

Tôi đã học tiếng Việt. [또이 다 혹ㅂ 띠엥 비엣] 나는 베트남어를 공부했다.
Tôi đang học tiếng Việt. [또이 당 혹ㅂ 띠엥 비엣] 나는 베트남어를 공부하고 있다.
Tôi sẽ học tiếng Việt. [또이 쌔 혹ㅂ 띠엥 비엣] 나는 베트남어를 공부할 것이다.

★ 문장 내에 시간을 표현하는 단어가 있는 경우에는 생략할 수 있다.

Hôm qua, tôi đã đi ngân hàng. [홈 꽈, 또이 다 디 응언 항]
어제 나는 은행에 갔다.

→ Hôm qua, tôi đi ngân hàng. [홈 꽈, 또이 디 응언 항]

◆ gì

'무엇'이라는 뜻의 의문사로, 이름을 묻고 답하는 표현에서 이미 한 번 학습한 바 있다. gì는 흔히 〈동사 + gì〉의 형태로 쓰여 '무엇을 ~하니?' 라는 표현이 되며, gì의 위치에 해당하는 내용으로 답한다.

A : Em mua gì? [앰 무어 지] 넌 무엇을 사니?
B : Em mua bánh mì. [앰 무어 바잉 미] 저는 빵을 삽니다.

기본 표현에서는 동사 làm과 함께 쓰였는데, làm은 '~을 하다', '일하다', '~을 만들다'라는 의미가 있다. 때문에 gì와 결합하면 '무엇을 하니', '무슨 일을 하니', '무엇을 만드니'라는 표현이 된다. 단순히 현재 뭘 하고 있는지를 묻기도 하지만 직업을 묻는 표현이기도 하다. 좀 더 확실하게 직업을 묻고 싶을 때에는 '일', '직업'에 해당하는 단어 nghề[응에]를 추가하여 〈làm nghề gì? 무슨 일을 하세요?〉라고 한다.

Anh đang làm gì? [아잉 (당) ㄹ람 지] 오빠 뭐 하고 있어요?
= Anh làm gì? [아잉 ㄹ람 지]
= Anh làm nghề gì? [아잉 ㄹ람 응에 지] 오빠는 무슨 일을 하세요?
→ (대답) Anh làm giáo viên. [아잉 ㄹ람 쟈오 비엔] 나는 선생님을 해.
= Anh là giáo viên. [아잉 ㄹ라 쟈오 비엔] 나는 선생님이야.

◆ ở

장소를 나타내며, 동사와 결합하여 '~에', '~에서'라는 의미로 사용된다. ở 뒤에는 항상 장소를 나타내는 단어를 쓴다. ở 앞에 동사가 없는 경우에는 ở가 동사 역할을 하여 '~에 있다', '~에 살다', '~에 머무르다'의 의미다.

Tôi gặp Lan ở trường. [또이 갑 ㄹ란 어 쯔엉] 나는 학교에서 란을 만난다.
Tôi ở trường. [또이 어 쯔엉] 나는 학교에 있다.

2차 학습!!

A Bố mẹ của bạn làm nghề gì?
보 매 꾸어 반 르람 응에 지
너의 부모님은 무슨 일을 하시니?

B Bố của mình làm bác sĩ. 우리 아버지는 의사야.
보 꾸어 밍 르람 박 씨

Còn mẹ mình là cô giáo.
꼰 매 밍 르라 꼬 쟈오
그리고 우리 어머니는 선생님이야.

Thế bố mẹ của bạn làm gì?
테 보 매 꾸어 반 르람 지
그럼 너희 부모님은 무슨 일을 하시니?

A Cha và mẹ của mình đều là kỹ sư.
짜 바 매 꾸어 밍 데우 르라 끼 스
우리 부모님은 모두 기술자야.

Còn chị mình là công chức.
꼰 찌 밍 르라 꽁ㅁ 쯕
그리고 우리 누나는 공무원이야.

새 단어

- **bố** [보] 아버지(북부)
- **của** [꾸어] ~의 (소유)
- **bác sĩ** [박 씨] 의사
- **cha** [짜] 아버지(남부)
- **kỹ sư** [끼 스] 기술자
- **mẹ** [매] 어머니
- **nghề** [응에] 직업
- **cô giáo** [꼬 쟈오] 선생님(여)
- **đều** [데우] 모두
- **công chức** [꽁ㅁ 쯕] 공무원

해설

◆ **của**

'~의', '~의 것'이라는 뜻으로 〈(A) của B〉라고 하면 'A는 B의 것' / 'B의 소유인 A'를 의미한다. 소유가 확실하거나 생략해도 오해의 소지가 없는 경우에는 của를 생략할 수 있다.

Bạn của tôi [반 꾸어 또이] 내 친구
→ **Bạn tôi** [반 또이] (của 생략 가능)

Cái này là của tôi. [까-이 나이 라 꾸어 또이]
이것은 나의 것이다. (~의 것이라는 의미로 생략 불가능)

◆ **đều**

'모두'라는 뜻으로 〈주어 + đều + 동사/형용사〉의 형태로 쓴다. 이때 주어는 반드시 복수여야 한다. đều는 강조 표현이기 때문에 생략할 수 있다.

Chị Lan và chị Hương đều đẹp. [찌 르란 바 찌 흐엉 데우 댑]
란 언니와 흐엉 언니는 모두 예쁘다.

Chúng ta đều uống cà phê. [쭝ㅁ 따 데우 우옹 까 페] 우리는 모두 커피를 마신다.

※ 복수 인칭 대명사

1인칭 복수	chúng ta [쭝ㅁ 따]	우리 (청자를 포함)
	chúng tôi [쭝ㅁ 또이]	우리 (청자를 포함하지 않음)
2인칭 복수	các [깍]	~들 (전체)
	những [늉]	~들 (일부)

★ các과 những은 단독으로 사용할 수 없으며 뒤에 인칭대명사를 동반한다.
  các chị [깍 찌], các ông [깍 옹ㅁ], các bạn [깍 반]…
  những em [늉 앰], những anh [늉 아잉], những cô [늉 꼬]…

Ngày 05

알아두기

직업을 나타내는 단어

giáo viên [쟈오 비엔]	교사	diễn viên [지엔 비엔]	연예인
giáo sư [쟈오 쓰]	교수	ca sĩ [까 씨]	가수
học sinh [혹ㅂ 씽]	학생	giám đốc [쟘 독ㅂ]	사장
cảnh sát [까잉 쌋]	경찰	nội trợ [노이 쩌]	주부
bác sĩ [박 씨]	의사	luật sư [르루엇 쓰]	변호사
dược sĩ [즈억 씨]	약사	lái xe [르라-이 쌔]	운전기사
kỹ sư [끼 쓰]	엔지니어, 기술자	nhà văn [냐 반]	작가
nhà báo [냐 바오]	신문 기자	công chức [꽁ㅁ 쯕]	공무원
phóng viên [퐁ㅁ 비엔]	방송국 기자	đầu bếp [더우 벱]	요리사
y tá [이 따]	간호사	nhân viên công ty [년 비엔 꽁ㅁ 띠]	회사원

★ giáo viên은 여자 선생님과 남자 선생님 두 가지 의미를 포함한다. 여자 선생님은 cô giáo[꼬 쟈오], 남자 선생님은 thầy giáo[터이 쟈오]라고 한다.

Anh trai tôi là giáo viên. [아잉 짜-이 또이 르라 쟈오 비엔] 내 형은 선생님이다.

Cô Hương là cô giáo của tôi. [꼬 흐엉 르라 꼬 쟈오 꾸어 또이]
흐엉 선생님은 나의 선생님이다.

Thầy giáo của tôi rất hiền. [터이 쟈오 꾸어 또이 젓 히엔]
우리 선생님은 아주 인자하시다.

★ 직업 관련된 단어를 활용하여 직업을 묻고 답하는 연습을 해 보자.

A : Anh làm gì? [아잉 르람 지] 당신은 무슨 일을 하세요?

B : Anh là nhân viên công ty. [아잉 르라 년 비엔 꽁ㅁ 띠] 나는 회사원입니다.

A : Ông là phóng viên phải không?
[옹ㅁ 르라 퐁ㅁ 비엔 파-이 콩ㅁ] 방송국 기자이십니까?

B : Vâng, tôi là phóng viên.
[벙, 또이 르라 퐁ㅁ 비엔] 네, 저는 방송국 기자입니다.

평가 테스트

💬 다음 베트남어를 해석하세요.

1. Mẹ của bạn làm nghề gì? _____

2. Dạo này bạn làm gì? _____

3. Mình đang học tiếng Việt. _____

💬 빈칸에 알맞은 단어를 넣으세요.

4. Chào Mai! _____ không gặp bạn.   마이! 오랜만이야.

5. Mình _____ đi du học ở Hàn Quốc.
   나는 한국으로 유학을 갈 것이다.

6. Bố và mẹ của em _____ là bác sĩ.
   저의 부모님은 모두 의사입니다.

💬 다음 문장을 베트남어로 만드세요.

7. 나는 기술자입니다. _____

8. 나는 은행에서 일합니다. _____

9. 우리 아버지는 선생님입니다. _____

정답

1. 너의 어머니는 무슨 일을 하시니?   2. 요즘 너 뭐하니?   3. 저는 베트남어를 공부하고 있습니다.
4. Đã lâu   5. sẽ   6. đều   7. Tôi là kỹ sư.
8. Tôi làm (việc) ở ngân hàng.   9. Bố của tôi là thầy giáo. / Bố của tôi là giáo viên.

Phòng khách 거실

- màn cửa [만 끄어] 커튼
- tivi / truyền hình [띠비 / 쯔엔 힝] 텔레비전
- thảm [탐] 카펫
- thùng rác [퉁ㅁ 작] 휴지통
- chậu hoa [쩌우 화] 화분
- tranh [짜잉] 그림
- cái điều khiển từ xa [까-이 디에우 키엔 뜨 싸] 리모컨
- bàn [반] 탁자, 테이블
- máy hút bụi [마이 훗 부이] 진공청소기
- sàn nhà [싼 냐] 바닥, 마루
- ghế sô pha [게 쏘 파] 소파
- quạt máy [꽛 마이] 선풍기

Ngày 06

Anh trai của em sống ở Hàn Quốc.

기본표현!!

A Gia đình của em sống ở đâu? 너희 가족은 어디에서 사니?
 쟈 딩 꾸어 앰 쏭ㅁ 어 더우

B Dạ, bố mẹ của em đều sống ở quê.
 자 보 매 꾸어 앰 데우 쏭ㅁ 어 꿰
 네, 저희 부모님은 모두 고향에 계세요.

Anh trai của em sống ở Hàn Quốc,
 아잉 짜-이 꾸어 앰 쏭ㅁ 어 한 꿕

em ở đây một mình.
 앰 어 더이 못 밍
 우리 형은 한국에 살고, 저는 여기 혼자 살아요.

- - - - - - - - - - - - - -

A Chị làm việc ở đây phải không?
 찌 르람 비엑 어 더이 파-이 콩ㅁ
 여기서 일하시죠?

B Vâng, tôi là thư ký ở văn phòng này.
 벙 또이 라 트 끼어 반 퐁ㅁ 나이
 네, 저는 이 사무실에서 비서로 일합니다.

Còn anh làm việc ở đâu?
 꼰 아잉 르람 비엑 어 더우
 그런데 당신은 어디에서 일하세요?

A Tôi là nhân viên bưu điện.
 또이 라 **년** 비엔 브우 디엔
 저는 우체국 직원입니다.

Ngày 06

새 단어

- gia đình [쟈 딩] 가족
- đâu [더우] 어디(의문사)
- một mình [못 밍] 나 혼자, 홀로
- thư ký [트 끼] 비서
- này [나이] 이(지시형용사)
- bưu điện [브우 디엔] 우체국
- sống [쏭ㅁ] 살다
- quê [꿰] 고향
- đây [더이] 여기, 이것, 이분
- văn phòng [반 퐁ㅁ] 사무실
- nhân viên [년 비엔] 직원

해설

◆ **đâu**

장소를 묻는 의문사로, 대부분 장소를 나타내는 전치사 ở와 함께 쓰인다. 주어가 하고 있는 행동이 이루어지는 장소에 대해 물을 때 〈주어 + (동사) + ở đâu?〉라는 표현을 쓴다. đâu 대신 장소를 넣어 답한다.

A : Bạn học ở đâu? [반 혹ㅂ 어 더우] 넌 어디서 공부해?
B : Mình học ở thư viện. [밍 혹ㅂ 어 트 비엔] 나는 도서관에서 공부해.

★ 장소를 나타내는 단어

nhà [냐]	집
trường [쯔엉]	학교
thư viện [트 비엔]	도서관
công ty [꽁ㅁ 띠]	회사
ga [가]	역
bệnh viện [베잉 비엔]	병원
sân bay [썬 바이]	공항
công viên [꽁ㅁ 비엔]	공원

siêu thị [씨에우 티]	마트
chợ [쩌]	시장
rạp chiếu phim [잡 찌에우 핌]	극장
nhà hàng [냐 항]	식당
quán cà phê [꽌 까 페]	커피숍

◆ **đây**

지시대명사로, 화자와 거리가 가까운 물건이나 사람, 장소를 지칭할 때 사용한다. 기본 표현에서는 장소를 나타내는 전치사 ở와 함께 쓰여 '여기'의 의미로 사용되었음을 알 수 있다.

◆ **một mình**

một은 숫자 '1', mình은 인칭대명사로 1인칭 '나'를 의미하며 '나 자신'이라는 뜻도 있다. 그래서 một mình은 '나 혼자', '홀로'의 의미이다.

　　Em thường ăn một mình. [앰 트엉 안 못 밍] 나는 주로 혼자 먹는다.
　　Mẹ sống một mình. [매 쏭ㅁ 못 밍] 어머니는 홀로 사신다.

◆ **직업을 묻는 표현**

앞에서 직업을 묻는 표현으로 〈làm gì?〉 또는 〈làm nghề gì?〉라는 표현을 살펴봤는데, 또 다른 표현으로 어디에서 일하는지를 묻는 〈làm việc ở đâu?〉가 있다. 대답할 때는 đâu 대신 장소나 직업을 말하면 된다.

　　Anh làm gì? [아잉 르람 지] 당신은 뭘 하세요?
　　= Anh làm nghề gì? [아잉 르람 응에 지] 당신은 무슨 일을 하세요?
　　= Anh làm việc ở đâu? [아잉 르람 비엑 어 더우] 당신은 어디에서 일하세요?

　　　→ (대답) Anh làm bác sĩ. [아잉 르람 박 씨] 나는 의사입니다.
　　　　　　　Anh làm việc ở bệnh viện. [아잉 르람 비엑 어 베잉 비엔]
　　　　　　　나는 병원에서 일합니다. (병원이라는 장소만 제시되어 있기 때문에 의사인지, 간호사인지 확실치 않다.)

2차 학습 !!

A Văn phòng công ty của anh ở đâu?
반 퐁ㅁ 꽁ㅁ 띠 꾸어 아잉 어 더우
형의 회사 사무실은 어디에 있어요?

B Ở trung tâm thành phố,
어 쭝ㅁ 떰 타잉 포
đường Trần Hưng Đạo, Quận 1.
드엉 쩐 흥 다오 꿘 못
시내 중심에 있어, 1군 쩐흥다오 거리.

A Anh thường ăn cơm trưa ở đâu?
아잉 트엉 안 껌 쯔어 어 더우
형은 보통 어디에서 점심을 먹어요?

B Tầng một nhà anh là văn phòng công ty.
떵 못 냐 아잉 라 반 퐁ㅁ 꽁ㅁ 띠
집 1층이 회사 사무실이야.

Vì thế anh luôn luôn ăn cơm ở nhà.
비 테 아잉 르우온 르우온 안 껌 어 냐
그래서 나는 항상 집에서 밥을 먹어.

새 단어

- văn phòng [반 퐁ㅁ] 사무실
- đường / phố [드엉 / 포] 길, 도로
- thường [트엉] 보통, 자주
- cơm [껌] 밥
- tầng [떵] 층
- vì thế [비 테] 그렇기 때문에
- trung tâm [쭝ㅁ 떰] 중심, 센터
- quận [꿘] 구 (행정 단위)
- ăn [안] 먹다
- trưa [쯔어] 점심
- một [못] 1(숫자), 하나
- luôn luôn [루온 루온] 늘, 항상

해설

◆ **베트남식 주소 표기**

베트남어로 주소를 말할 때는 số[쏘] 번지수 → phố/đường[포/드엉] 도로명 → quận[꿘] 구 → thành phố[타잉 포] 시 → tên nước[뗀 느억] 나라 이름 순이다. 베트남의 도로 이름은 대부분 đường Trần Hưng Đạo[드엉 쩐 흥 다오], đường Pasteur[드엉 파스떼르]처럼 베트남의 영웅이나 위인들의 이름을 붙였다. 그 밖에 đường Cách Mạng Tháng Tám[드엉 까익 망 탕 땀] (8월 혁명 거리)처럼 역사적인 날도 거리 이름으로 정해져 있다. 베트남의 주소는 번지 체계가 잘 잡혀 있기 때문에 여행객들은 언제 어디서든 지도만 보면 목적지를 쉽게 찾을 수 있다.

số 191 Bà Triệu, Quận Hai Bà Trưng, Hà Nội
[쏘 못 짬 찐 므어이 못 바 찌에우, 꿘 하-이 바 쯩, 하 노이]
하노이 하이바쯩군 바찌에우거리 191번지

số 18 Nguyễn Du, Quận 1, TP. Hồ Chí Minh
[쏘 므어이 땀 응웬 주, 꿘 못, 타잉 포 호 찌 밍] 호찌민시 1군 응웬주거리 18번지

◆ **빈도부사**

형용사나 동사 앞에 쓰며 thường은 '보통', '일반적으로', luôn luôn은 '항상', '늘'의 의미다.

Em thường đi mua sắm. [앰 트엉 디 무어 쌈] 나는 보통 쇼핑을 간다.
Chị Hương luôn luôn vui. [찌 흐엉 루온 루온 부이] 흐엉 언니는 항상 즐겁다.

Ngày 06

◆ ăn cơm trưa

trưa는 하루 중 '점심'을 의미한다. 따라서 ăn cơm trưa는 '점심밥을 먹다'라는 의미가 되는데 우리가 보통 '점심을 먹다'라는 표현을 쓰는 것처럼 베트남어도 '밥'이라는 뜻의 cơm을 생략하고 ăn trưa라는 표현을 쓰기도 한다.
sáng[쌍]은 '아침', tối[또이]는 '저녁'을 의미하므로, ăn sáng은 아침을 먹다, ăn tối는 저녁을 먹다이다.

Hôm nay em không ăn sáng. [홈 나이 앰 콩ㅁ 안 쌍]
오늘 나는 아침을 안 먹었다.

Tôi thường ăn cơm tối một mình. [또이 트엉 안 껌 또이 못 밍]
나는 보통 혼자 저녁을 먹는다.

◆ tầng một

tầng은 '층'을 의미한다. 그런데 숫자의 위치에 따라 의미가 달라진다.

tầng + 숫자 : 해당하는 층
숫자 + tầng : 건물 전체의 층수

Chúng tôi đang ở tầng 3. [쭝ㅁ 또이 당 어 떵 바] 우리는 3층에 있다.
Nhà này có 3 tầng. [냐 나이 꼬 바 떵] 이 집은 3층짜리다.

◆ vì thế

이유나 원인을 나타내는 vì와 '그러하다'라는 의미의 thế가 함께 쓰여 '그렇기 때문에'라는 뜻으로 사용된다.

Tôi đau bụng. Vì thế tôi muốn nghỉ. [또이 다우 붕ㅁ. 비 테 또이 무온 응이]
나는 배가 아프다. 그렇기 때문에 쉬고 싶다.

Tôi không đi làm. Vì thế tôi không có tiền.
[또이 콩ㅁ 디 르람. 비 테 또이 콩ㅁ 꼬 띠엔]
나는 일하러 가지 않는다. 그렇기 때문에 나는 돈이 없다.

알아두기

지시대명사

đây [더이]	이것, 이분, 여기(화자와 가까이 있는 것을 지칭하는 말)
đó [도] đấy [더이]	그것, 그분, 거기(화자에게는 멀지만 청자에게 가까이 있는 것을 지칭하는 말)
kia [끼어]	저것, 저분, 저기(화자와 청자 모두에게 멀리 있는 것을 지칭하는 말)

Đây là cô Nhung. [더이 르라 꼬 늉ㅁ] 이분은 늉 선생님입니다.

Đó là cà phê. [도 르라 까 페] 그것은 커피입니다.

Đấy là trung tâm ngoại ngữ phải không?
[더이 르라 쭝ㅁ 떰 응와이 응으 파-이 콩ㅁ] 거기는 외국어 센터죠?

Kia là công ty tôi. [끼어 르라 꽁ㅁ 띠 또이] 저기는 우리 회사입니다.

지시형용사

này [나이]	이
đó [도] / ấy [어이]	그
kia [끼어]	저

★ 명사 + này/đó/kia로 써서 어떤 대상을 확정지어 가리킨다.
　trường này [쯔엉 나이] 이 학교 / người đó [응어이 도] 그 사람 /
　bạn kia [반 끼어] 저 친구

Món này rất ngon. [몬 나이 젓 응온] 이 음식은 매우 맛있다.

Lúc đó anh ấy vào. [르룩ㅂ 도 아잉 어이 바오] 그때 그가 들어왔다.

Nhà kia rất đắt. [냐 끼어 젓 닷] 저 집은 매우 비싸다.

★ 인칭대명사 + ấy는 3인칭을 나타낸다.
　chị ấy [찌 어이] 그녀 / ông ấy [옹ㅁ 어이] 그 할아버지 / bạn ấy [반 어이] 그 친구

Anh ấy làm việc ở nhà hàng. [아잉 어이 르람 비엑 어 냐 항]
그는 식당에서 일한다.

Bà ấy còn khỏe. [바 어이 꼰 쾌] 그 할머니는 여전히 건강하시다.

평가 테스트

💬 빈칸에 알맞은 말을 넣으세요.

1. Tôi là thư ký ở _____. 나는 이 사무실에서 비서로 일합니다.

2. Anh làm việc _____? 당신은 어디에서 일합니까?

3. _____ tôi luôn luôn ăn ở nhà.
   그렇기 때문에 나는 늘 집에서 먹습니다.

💬 다음 문장을 해석하세요.

4. Tôi là nhân viên bưu điện. _____

5. Tầng một là văn phòng công ty. _____

6. Bố mẹ của em đều sống ở quê. _____

💬 다음 문장을 베트남어로 만드세요.

7. 저는 여기에 혼자 삽니다. _____

8. 당신(형)의 회사는 어디에 있어요? _____

정답

1. văn phòng này   2. ở đâu   3. Vì thế   4. 저는 우체국 직원입니다.
5. 1층은 회사 사무실입니다.   6. 저희 부모님은 모두 고향에 계십니다.   7. Tôi (sống) ở đây một mình.
8. Công ty của anh ở đâu?

Phòng bếp 주방

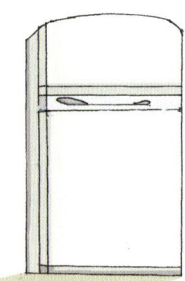

- tủ lạnh [뚜 르라잉] 냉장고

- khung bếp [쿵ㅁ 벱] 주방, 조리대
- chậu rửa bát [쩌우 즈어 밧] 싱크대

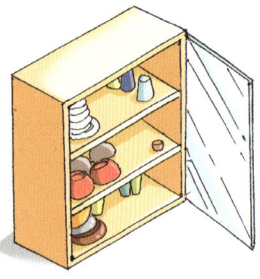

- Tủ bát đĩa [뚜 밧 디어] 찬장

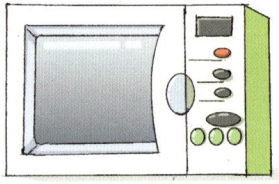

- lò vi sóng [로 비 쏭ㅁ] 전자레인지
- lò nướng [로 느엉] 오븐

- lò nướng bánh mì [로 느엉 바잉 미] 토스터

- máy xay [마이 싸이] 믹서

- tách trà [따익 짜] 찻잔
- ly thủy tinh [르리 튀 띵] 잔, 유리잔
- ly rượu [르리 즈어우] 술잔

- thớt [텃] 도마
- dao [자오] 칼, 나이프

- ấm trà [엄 짜] 주전자
- vá / muôi [바 / 무오이] 국자
- dĩa [디어] 접시

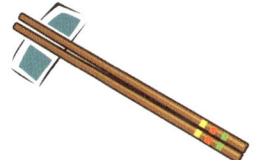
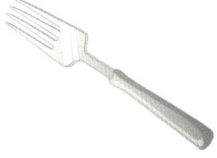

- thìa / muỗng [티어 / 무옹] 숟가락
- đũa [두어] 젓가락
- dĩa / nĩa [지어 / 니어] 포크

- nồi [노이] 솥, 냄비
- chảo [짜오] 프라이팬
- dụng cụ bàn ăn [중ㅁ 꾸반 안] 식기 도구

Công việc của em thế nào?

기본표현!!

A Thảo ơi, lúc này em đang làm gì?
타오 어-이 르욱ㅂ 나이 앰 당 르람 지
타오야, 요즘 너는 뭘 하고 있니?

B Dạ, em đang làm việc cho một công ty Hàn Quốc.
자 앰 당 르람 비엑 쪼 못 꽁ㅁ 띠 한 꾹
네, 저는 한국 회사를 위해 일하고 있어요.

A Công việc của em thế nào? 일은 어떠니?
꽁ㅁ 비엑 꾸어 앰 테 나오

B Công việc của em vui vì em thường đi Hàn Quốc.
꽁ㅁ 비엑 꾸어 앰 부이 비 앰 트엉 디 한 꾹
한국에 자주 가기 때문에 일이 아주 즐거워요.

Em thấy Hàn Quốc đẹp và người Hàn cũng tốt.
앰 터이 한 꾹 댑 바 응어이 한 꿍ㅁ 똣
제가 보기엔 한국은 아름답고 한국 사람도 아주 좋은 것 같아요.

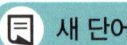 새 단어

- lúc này [르욱ㅂ 나이] 이때
- công việc [꽁ㅁ 비엑] 일, 사업
- thấy [터이] 보이다, 생각하다
- cho [쪼] ~를 위해, ~에게, 주다
- thế nào [테 나오] 어때 (의문문)
- đẹp [댑] 예쁜, 아름다운

Ngày 07

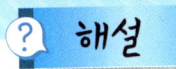 해설

◆ lúc này

때를 나타내는 단어 **lúc**과 가까운 것을 가리키는 지시형용사 **này**가 결합된 단어로, 직역을 하면 '이때' 라는 의미이지만, 확대 해석하면 '요즘' 이라는 뜻을 갖는다. **hiện nay**[히엔 나이] 또는 **dạo này**[자오 나이]와도 바꾸어 쓸 수 있다.

Lúc này tôi rảnh. [르룩ㅂ 나이 또이 자잉] 요즘 나는 한가하다.

Hiện nay kinh tế Việt Nam đang phát triển nhanh.
[히엔 나이 낑 떼 비엣 남 당 팟 찌엔 냐잉] 요즘 베트남의 경제는 빠르게 발전하고 있다.

Dạo này thời tiết rất nóng. [자오 나이 터-이 띠엣 젓 농ㅁ] 요즘 날씨가 매우 덥다.

◆ thế nào?

문장 끝에 쓰여 '어때요?' 라는 의미로, 어떤 현상이나 사물, 사람의 특징, 성격, 상태를 물을 때, 또는 상대방의 의견을 물을 때 쓴다. 수단과 방법 등을 물을 때는 '어떻게' 라는 의미로 사용된다. 기본 표현에서는 현재 상태를 묻는 표현이다.

Hàn Quốc thế nào? [한 꾁 테 나오] 한국은 어때요? (특징)

Bây giờ chúng ta đi uống cà phê, em thấy thế nào?
[버이 져 쭝ㅁ 따 디 우옹 까 페, 앰 터이 테 나오]
지금 우리 커피 마시러 가자, 넌 어떻게 생각해? (의견)

Món này ăn thế nào? [몬 나이 안 테 나오] 이 음식은 어떻게 먹어요? (방법)

◆ thấy

'보이다', '보다' 라는 의미를 갖는 **thấy**는 눈으로 보는 것뿐만 아니라 느끼는 감정에도 사용한다. 이때는 **cảm thấy**[깜 터이]라는 의미와 일맥상통한다.

Mình thấy bạn ở thư viện. [밍 터이 반 어 트 비엔]
나는 네가 도서관에 있는 걸 봤어.

Tôi thấy học tiếng Việt rất thú vị. [또이 터이 혹ㅂ 띠엥 비엣 젓 투 비]
내가 보기에 베트남어 공부는 매우 흥미로운 것 같아.

문법코너

cho의 용법

1 cho + 명사 : ~을 주다

Mẹ cho tiền. [매 쪼 띠엔] 어머니가 돈을 준다.

Em ấy cho tôi nón lá. [앰 어이 쪼 또이 논 르라]
그 애가 나에게 논라(베트남 전통 모자)를 줬다.

2 cho + 사람 : ~ 에게, ~를 위해서

Tôi gọi điện cho bạn. [또이 고이 디엔 쪼 반] 나는 친구에게 전화를 걸었다.

Học sinh tặng hoa cho cô. [혹ㅂ 씽 땅 화 쪼 꼬]
학생이 선생님에게 꽃을 선물한다.

Bố làm nhiều việc cho chúng ta. [보 르람 니에우 비엑 쪼 쭝ㅁ 따]
아버지는 우리를 위해서 많은 일을 하신다.

Con mua áo cho mẹ [꼰 무어 아오 쪼 매] 아이가 어머니를 위해 옷을 샀다.

3 (주어) + cho + (사람) + 명사 : ~에게 ~을 주다, ~을 주세요

Xin cho tôi nước. [씬 쪼 또이 느억] 나에게 물을 주세요.

Cho tôi một cốc sinh tố. [쪼 또이 못 꼭ㅂ 씽 또] 과일 주스 한 잔 주세요.

Chị cho (tôi) ba chai bia. [찌 쪼 (또이) 바 짜-이 비어] 맥주 세 병 주세요.

Cô cho (cháu) năm quả cam. [꼬 쪼 (짜우) 남 꽈 깜]
오렌지 다섯 개 주세요.

4 cho + 사람 + 동사 : ~로 하여금 ~하게 하다 (허락)

Cho tôi xem thực đơn. [쪼 또이 쌤 특 던]
저로 하여금 메뉴를 보게 하세요. → 메뉴 좀 보여 주세요.

Cho em biết số điện thoại của anh. [쪼 앰 비엣 쏘 디엔 톼이 꾸어 아잉]
형의 전화번호를 알려주세요.

Cho tôi mặc thử áo này. [쪼 또이 막 트 아오 나이] 이 옷 입어보게 해 주세요.

2차 학습!!

A Nghe nói em đã kết hôn phải không?
응애 노이 앰 다 껫 혼 파-이 콩ㅁ
듣자하니 너 결혼했다며, 맞지?

B Ồ, em đã lấy chồng hai năm rồi.
오 앰 다 러러이 쫑ㅁ 하-이 남 조이
아, 저 시집간 지 2년 됐어요.

A Cuộc sống của em thế nào?
꾸옥 쏭ㅁ 꾸어 앰 테 나오
생활은 어떠니?

B Dạ, cuộc sống của em khá thú vị,
자 꾸옥 쏭ㅁ 꾸어 앰 카 투 비
nhưng em bận rộn lắm.
능 앰 번 존 람
네, 제 생활은 꽤 재미있어요, 그런데 너무 바빠요.

A Chồng em thế nào? 네 남편은 어떠니?
쫑ㅁ 앰 테 나오

B Chồng em rất vui tính, anh ạ.
쫑ㅁ 앰 젓 부이 띵 아잉 아
제 남편은 아주 쾌활해요, 오빠.

📑 새 단어

- **nghe nói** [응애 노이] 듣기로는, 소문에는
- **lấy chồng** [러러이 쫑ㅁ] 남편을 얻다, 결혼하다
- **năm** [남] 숫자 5, 해(년도)
- **khá** [카] 꽤
- **bận rộn** [번 존] 바쁜
- **kết hôn** [껫 혼] 결혼
- **hai** [하-이] 숫자 2
- **cuộc sống** [꾸옥 쏭ㅁ] 삶, 생활
- **nhưng** [능] 그러나 (접속 부사)
- **vui tính** [부이 띵] 쾌활한, 명랑한

해설

◆ **nghe nói**

'듣다'라는 nghe와 '말하다'라는 nói가 결합된 단어로, 직역하면 '말하는 것을 들었다'라는 의미다. 〈(주어) + nghe nói + (là)〉의 형태로 쓰며, 출처가 불분명한 상황으로 '내가 듣기로는', '들리는 바에 따르면'이라 해석한다.

Nghe nói vịnh Hạ Long rất đẹp. [응애 노이 빙 하 르롱 젓 댑]
하롱베이가 매우 아름답다고 들었어요.

Tôi nghe nói là chị Linh làm việc ở Hàn Quốc.
[또이 응애 노이 르라 찌 르링 르람 비엑 어 한 꿕] 린 언니가 한국에서 일한다고 들었어요.

◆ **Em đã lấy chồng hai năm rồi.**

lấy chồng은 '남편을 얻다', '시집가다'라는 의미로, '결혼하다'의 뜻이다. 이와 비슷한 표현은 '결혼'이라는 kết hôn을 쓰기도 하고, lập gia đình[르럽 쟈 딩] (가족을 세우다) / lấy vợ[르러이 버] (부인을 얻다) / cưới vợ[끄어이 버] (부인과 결혼하다)가 있다. 이때, lập이나 lấy 대신 '가지고 있다'의 의미인 'có'로 대체할 수 있다.

Mình đã kết hôn rồi. [밍 다 껫 혼 조이] 나는 결혼했다.
= Mình đã lập gia đình rồi. [밍 다 르럽 쟈 딩 조이]
= Mình đã lấy vợ rồi. [밍 다 르러이 버 조이]
= Mình đã cưới vợ rồi. [밍 다 끄어이 버 조이]
= Mình đã có gia đình rồi. [밍 다 꼬 쟈 딩 조이]
= Mình đã có vợ rồi. [밍 다 꼬 버 조이]

★ 여자의 경우 세 번째, 네 번째, 마지막 문장의 vợ를 chồng으로 바꾼다.

*〈숫자 + năm〉은 기간을 의미한다. 기본 표현에서는 결혼한 지 2년 된 상태이기 때문에 문장 끝에 rồi를 써서 완료를 나타낸다.

Ngày 07

◆ **khá**

rất, lắm, quá와 같은 정도부사의 하나로, 형용사 앞에 써서 '제법', '꽤', '상당히'의 의미다.

Khá lạnh. [카 ㄹ라잉] 꽤 춥다.

khá가 형용사로 쓰이는 경우는 '꽤 잘한다', '상당히 많다' 등의 의미다.

Trung nói tiếng Hàn rất khá. [쭝ㅁ 노이 띠엥 한 젓 카]
쭝은 한국어를 꽤 잘한다.

◆ **nhưng**

'하지만', '그러나'의 의미로, 앞의 내용과 반대되는 내용으로 전개될 때 쓴다. 대립되는 문장과 문장을 연결하거나 문장의 맨 앞에 쓰기도 한다.

Em rảnh nhưng anh bận. [앰 자잉 늉 아잉 번] 나는 한가한데 오빠는 바쁘다.

Hôm qua trời mưa nhưng hôm nay rất nắng.
[홈 꽈 쩌-이 므어 늉 홈 나이 젓 낭] 어제는 비가 왔지만 오늘은 날씨가 매우 좋다.

평가 테스트

💬 빈칸에 알맞은 말을 넣으세요.

1. Tôi _____ Hàn Quốc đẹp.   내가 보기에 한국은 아름다운 것 같아.

2. _____ chồng em rất vui tính.
   듣자하니 네 남편은 아주 쾌활하다던데.

3. Cuộc sống của em khá thú vị, _____ em bận rộn lắm.
   제 생활은 꽤 재미있어요, 그런데 너무 바빠요.

💬 다음 문장을 해석하세요.

4. Công việc của em vui.   _____

5. Cuộc sống của em thế nào?   _____

6. Em đang làm việc cho một công ty Hàn Quốc.
   _____

💬 다음 문장을 베트남어로 만드세요.

7. 저는 결혼한 지 2년 되었어요.   _____

8. 요즘 너 뭐하니?   _____

정답

1. thấy　　　　　2. Nghe nói　　　　　3. nhưng　　　　　4. 저의 일은 즐거워요.
5. 네 생활은 어떠니?　　　6. 저는 한국 회사를 위해 일하고 있어요.　　　7. Em đã kết hôn 2 năm rồi.
8. Lúc này / Dạo này / Hiện nay em đang làm gì?

Phòng 방

- giường [즈엉] 침대
- gối [고이] 베개
- tủ áo [뚜 아오] 옷장
- đèn [댄] 전등
- đèn bàn [댄 반] 스탠드
- tủ sách [뚜 싸익] 책장
- bàn viết [반 비엗] (사무나 학습용) 책상
- ghế [게] 의자
- cửa sổ [끄어 쏘] 창문
- ngăn kéo [응안 깨오] 서랍장
- bàn [반] 탁자
- chăn / mền [짠 / 맨] 담요

Ngày 08 — Cái đó là tranh hồ Hoàn Kiếm.

기본표현!!

A Ji An ơi, đây là quà cho bạn.
지 안 어-이 더이 라 꽈 쪼 반
지안아, 이건 너에게 주는 선물이야.

B Ồ, cám ơn Trung! 어머, 쭝 고마워!
오 깜 언 쭝

Cái này là cái gì? 이건 뭐야?
까-이 나이 라 까-이 지

A Cái đó là tranh hồ Hoàn Kiếm,
까-이 도 라 짜잉 호 환 끼엠

còn cái này là nón lá Huế.
꼰 까-이 나이 라 논 라 훼
그것은 호안끼엠 호수 그림, 그리고 이건 후에 논라야.

Mình vừa đi du lịch Hà Nội và Huế.
밍 브어 디 주 릭 하 노이 바 훼
난 하노이와 후에를 막 여행하고 왔어.

B Thích quá! 좋겠다!
틱 꽈

새 단어

- **quà** [꽈] 선물
- **tranh** [짜잉] 그림
- **hồ Hoàn Kiếm** [호 환 끼엠] 호안끼엠 호수
- **vừa** [브어] 알맞은, 방금(근접 과거)
- **cái** [까-이] 것(종별사)
- **nón lá** [논 라] 논라(베트남의 전통 모자)
- **Huế** [훼] 후에(베트남의 지명)
- **du lịch** [주 릭] 관광, 여행하다

Ngày 08

해설

◆ cái

베트남어에는 명사마다 종류를 구별하는 종별사가 있다. 그중 크게 생물 명사와 무생물 명사 2가지로 구분하는데, 무생물 명사에 해당하는 종별사는 cái다. 어순은 〈종별사 + 명사〉로, 〈cái + 명사〉는 cái가 종별사로 쓰인 것이고, 〈cái + 지시형용사〉는 무생물 명사를 지칭하는 것으로, '~것' 으로 해석된다.

cái bàn [까-이 반] 책상
cái kia [까-이 끼어] 저것
Đây là cái bút. [더이 르라 까-이 붓] 이것은 펜입니다.
Cái này là mũ của mẹ tôi. [까-이 나이 르라 무 꾸어 매 또이]
이것은 우리 어머니의 모자다.

◆ 종별사 + 명사 + 지시형용사

베트남어는 거의 대부분 뒤에서 수식하므로, 형용사가 명사의 뒤에 위치한다. 지시형용사인 này, kia, đó를 이용하여, '이 ~', '저 ~', '그 ~' 로 표현할 수 있다.

Quả táo này rất ngọt. [꽈 따오 나이 젓 응옷] 이 사과는 매우 달다.
Con chó kia rất dễ thương. [꼰 쪼 끼어 젓 제 트엉] 저 개는 아주 귀엽다.
Thầy Trung viết quyển sách đó. [터이 쭝ㅁ 비엣 꿔엔 싸익 도]
쭝 선생님이 그 책을 쓰셨다.

◆ vừa

'알맞은', '적당한', '꼭 맞는' 의 의미를 지니는 vừa가 동사 앞에 쓰이면 '막', '방금' 의 근접 과거를 나타낸다.

Áo này rất vừa cho tôi. [아오 나이 젓 브어 쪼 또이] 이 옷은 나에게 꼭 맞는다.
Tôi vừa ngủ dậy. [또이 브어 응우 저이] 나는 방금 잠에서 깼다.

'새로운'이라는 의미의 mới[머-이]도 vừa와 마찬가지로 동사 앞에 쓰이면 근접 과거를 나타내며, vừa mới가 함께 쓰이기도 한다.

　　Tôi mặc áo mới. [또이 막 아오 머-이] 나는 새 옷을 입는다.
　　Tôi mới uống cà phê. [또이 머-이 우옹 까 페] 나는 방금 커피를 마셨다.
　　Mẹ vừa mới đi chợ. [매 브어 머-이 디 쩌] 어머니는 방금 시장에 가셨다.

nón lá 논라

논라는 대나무 틀 위에 말린 야자수 잎을 덮어 만든 베트남의 전통 모자다. 농촌에서 논밭일을 할 때 유용하게 쓰인다. 비가 올 때는 우산 대용으로, 햇볕이 강한 날에는 양산이나 부채 대용으로 사용한다. 또한 물을 떠서 세수를 하거나 열매를 딸 때 바구니처럼 사용하기도 한다. 논라는 남녀노소를 막론하고 모두에게 친숙한 동반자이며 농촌의 상징이라 할 수 있다.

후에(Huế) 지역의 논라는 나뭇잎 사이에 시나 그림을 끼워 아름답게 만들기 때문에 다른 지방 사람들이나 외국 여행객들이 기념품으로 많이 산다.

2차 학습!!

A **Chị thấy con mèo kia thế nào?**
찌 터이 꼰 매오 끼어 테 나오
언니가 보기에 저 고양이 어때요?

B **Con mèo kia dễ thương quá!**
꼰 매오 끼어 제 트엉 꽈
저 고양이 너무 귀엽다!

Đặc biệt là đôi mắt của nó. 특히 두 눈이.
닥 비엣 라 도이 맛 꾸어 노

A **Ở nhà đã có hai con chó nhưng em muốn**
어 냐 다 꼬 하이 꼰 쪼 능 앰 무온
nuôi thêm một con mèo nữa.
누오이 템 못 꼰 매오 느어
집에 이미 개 두 마리가 있는데 고양이 한 마리를 더 키우고 싶어요.

B **Thích quá!** 너무 좋겠다!
틱 꽈

Chị yêu động vật và rất muốn nuôi
찌 이에우 동ㅁ 벗 바 젓 무온 누오이
nhưng chồng chị không cho phép.
능 종ㅁ 찌 콩ㅁ 쪼 팹
나는 동물을 사랑하고 너무 키우고 싶은데 우리 남편이 허락을 안 해.

새 단어

- con [꼰] 마리(종별사)
- dễ thương [제 트엉] 사랑스러운, 귀여운
- đôi [도이] 쌍(종별사)
- chó [쪼] 개
- nuôi [누오이] 기르다, 양육하다
- nữa [느어] 더, 보다 더
- phép [팹] 허락, 허가
- mèo [매오] 고양이
- đặc biệt [닥 비엣] 특별한
- mắt [맛] 눈(신체 부위)
- muốn [무온] 원하다, 바라다
- thêm [템] 추가하다, 보태다
- động vật [동 ㅁ 벗] 동물

해설

◆ **đặc biệt là ~**

đặc biệt은 '특별하다'라는 뜻인데, 절의 제일 앞에 쓰이면 '특히'라는 의미다.

Đây là khách đặc biệt. [더이 라 카익 닥 비엣] 이 분은 특별한 손님이다.
Tiếng Việt rất khó, đặc biệt là thanh điệu.
[띠엥 비엣 젓 코, 닥 비엣 라 타잉 디에우] 베트남어는 아주 어렵다, 특히 성조가.

◆ **thêm / nữa**

thêm과 nữa는 모두 '더'라는 뜻으로, 추가의 의미다.

Cho thêm nước. [쪼 템 느억] 물 더 주세요.
Em muốn ngủ nữa. [앰 무온 웅우 느어] 저는 더 자고 싶어요.

◆ **cho phép**

phép은 '허락'의 의미로 cho와 함께 쓰여 '허락해 주다', '허락받다'의 의미로 쓰인다.

Xin cho phép em về nhà. [씬 쪼 팹 앰 베 냐] 제가 집에 가는 것을 허락해 주세요.
Thầy đã cho phép em về nhà. [터이 다 쪼 팹 앰 베 냐]
선생님은 내가 집에 가도록 허락해 주었다.

Ngày 08

알아두기

종별사

명사의 종류를 구분해 주는 역할뿐 아니라, '~명', '~개', '~마리', '~자루' 등 수량을 나타내는 단위로도 쓰인다. 앞에 언급한 명사의 반복을 피하기 위해서도 자주 활용된다.

- **종별사가 명사의 종류를 구분해 주는 역할로 쓰일 때**
  〈종별사 + 명사 + (지시사)〉의 형태로 쓰며 명사에 따라서 써야 하는 종별사가 달라진다.

- **수량을 나타내는 단위로 쓰일 때**
  〈수량 + 종별사 + 명사〉의 형태로 쓴다.
  Tôi có hai cái mũ. [또이 꼬 하-이 까-이 무] 나는 모자 두 개를 가지고 있다.

- **앞에 언급한 명사의 반복을 피하고 싶을 때**
  Quả cam này trông ngon quá. [꽈 깜 나이 쫑ㅁ 응온 꽈]
  이 오렌지 너무 맛있어 보이네.
  Quả đó có thật ngon không? [꽈 도 꼬 텃 응온 콩ㅁ]
  그거 (오렌지) 정말 맛있어요?

① cái : 무생물 명사 (~개, ~대, ~벌)
   cái ghế [까-이 게] 의자 / cái điện thoại [까-이 디엔 톼이] 전화기

② con : 생물 명사 (~마리)
   con cá [꼰 까] 물고기 / con khỉ [꼰 키] 원숭이

③ cuốn (= quyển) : 책, 잡지, 노트 등 (~권)
   cuốn sách [꾸온 싸익] 책 / cuốn từ điển [꾸온 뜨 디엔] 사전 /
   quyển vở [꿔엔 버] 노트

④ tờ : 신문, 종이 등 (~장)
　　tờ báo [떠 바오] 신문 / tờ tiền [떠 띠엔] 지폐

⑤ quả (= trái) : 과일이나 공처럼 둥근 물건 (~개)
　　quả bóng [꽈 봉] 공 / trái xoài [짜-이 쏴이] 망고

⑥ đôi : 쌍으로 이루어진 물건 (~켤레, ~쌍)
　　đôi giày [도이 쟈이] 신발 / đôi găng tay [도이 강 따이] 장갑

* 쌍으로 이루어진 것 중 한 짝만 나타낼 때는 chiếc을 쓴다.
　- chiếc đũa [찌엑 두어] 젓가락 한 짝

⑦ cây : 나무나 막대 같은 물건 (~그루, ~자루)
　　cây chuối [꺼이 쭈오이] 바나나 나무 / cây bút [꺼이 붓] 펜

⑧ chai : 병 종류 (~병)
　　chai rượu [짜-이 즈어우] 술병

⑨ chiếc : 교통수단에 주로 사용함 (~대), cái 대신에도 쓸 수 있음.
　　chiếc xe máy [찌엑 쌔 마이] 오토바이 / chiếc áo [찌엑 아오] 옷

※ 예외
　　con thuyền [꼰 튀엔] 배, con đường [꼰 드엉] 길,
　　con dao [꼰 자오] 칼, con sông [꼰 쏭] 강

평가 테스트

💬 해당하는 종별사를 골라 쓰세요.

> con　　cái　　tờ　　đôi　　quả

1. _____ chuối 바나나

2. _____ ghế 의자

3. _____ đũa 젓가락 한 쌍

💬 다음 문장을 해석하세요.

4. Cái đó là tranh hồ Hoàn Kiếm. _____

5. Cái này là cái gì? _____

6. Chị yêu động vật và rất muốn nuôi. _____

💬 다음 문장을 베트남어로 만드세요.

7. 집에 이미 개 두 마리가 있다. _____

8. 나는 하노이를 막 여행하고 왔어. _____

9. 언니가 보기에 저 고양이 어때요? _____

정답

1. quả　　　　2. cái　　　　3. đôi　　　　4. 그것은 호안끼엠 호수 그림이야.
5. 이것은 무엇입니까?　6. 나는 동물을 사랑하고 너무 키우고 싶다.　7. Ở nhà đã có hai con chó.
8. Tôi vừa đi du lịch Hà Nội.　　　　9. Chị thấy con mèo kia thế nào?

Quần áo và phụ kiện
옷과 액세서리

- áo sơ mi

[아오 써 미] 셔츠

- áo kiểu

[아오 끼에우] 블라우스

- áo khoác

[아오 콱] 외투

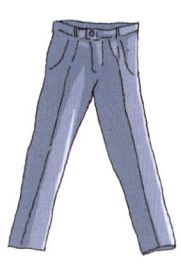
- quần [꿘] 바지

- quần jean / quần bò

[꿘 진 / 꿘 보] 청바지

- váy [바이] 치마

- áo vest

[아오 벳] 재킷

- áo len

[아오 르랜] 스웨터

- áo chẽn / áo gilê

[아오 짼 / 아오 길레] 조끼

- áo đầm
  [아오 덤] 드레스

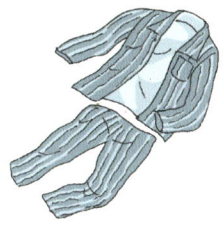
- áo ngủ
  [아오 응우] 잠옷

- đồ bơi
  [도 버-이] 수영복

- khăn quàng cổ
  [칸 꽝 꼬] 목도리

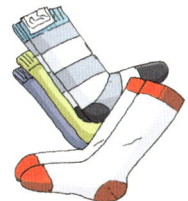
- tất / vớ
  [떳 / 베] 양말

- giày / giầy
  [쟈이 / 져이] 구두

- thắt lưng / dây nịch
  [탓 르릉 / 저이 닉] 벨트

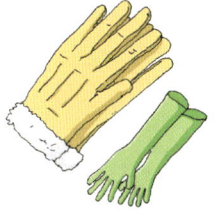
- găng tay
  [강 따이] 장갑

- cà vạt [까 밧] 넥타이

Ngày 09 Anh học tiếng Việt để làm gì?

기본표현!!

A Anh học tiếng Việt để làm gì?
아잉 혹ㅂ 띠엥 비엣 데 르람 지
뭐하실려고 베트남어를 배우세요?

B Anh muốn làm việc ở Việt Nam.
아잉 무온 르람 비엑 어 비엣 남
난 베트남에서 일하고 싶어.

A Thế à? 그래요?
테 아

Anh đã có người yêu chưa?
아잉 다 꼬 응어이 이에우 쯔어
애인 있으세요?

B Có, bạn gái của anh ở Hàn Quốc.
꼬 반 가-이 꾸어 아잉 어 한 꾁
응, 내 여자 친구는 한국에 있어.

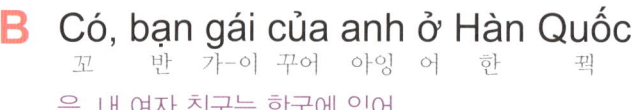

Khi nào cô ấy sang Việt Nam,
키 나오 꼬 어이 쌍 비엣 남

anh sẽ giới thiệu nhé.
아잉 쌔 져-이 티에우 냬
언제 그녀가 베트남에 오면 내가 소개해 줄게.

A Vâng, em sẽ mời anh chị dùng cơm.
벙 앰 쌔 머-이 아잉 찌 중ㅁ 껌
네, 제가 오빠랑 언니 식사 초대할게요.

Ngày 09

새 단어

- để [데] ~하기 위해서
- bạn gái [반 가-이] 여자 친구
- sang [쌍] 가다, 옮기다
- dùng [중ㅁ] 사용하다, 드시다
- chưa [쯔어] 아직 (부정)
- khi nào [키 나오] 언제
- giới thiệu [져-이 티에우] 소개하다

해설

◆ **để làm gì**

để는 동사 앞에 써서 '~하기 위해서'라는 목적을 나타낸다. 그리고 để làm gì는 어떠한 행동의 목적을 묻기 위한 표현으로 '무엇을 하기 위해'로 해석한다. 대답할 때는 làm gì 대신 원하는 목적을 말한다.

A : Anh sang Mỹ để làm gì? [아잉 쌍 미 데 르람 지] 뭐 하러 미국에 가세요?
B : Anh sang Mỹ để học tiếng Anh. [아잉 쌍 미 데 혹ㅂ 띠엥 아잉]
영어 공부하러 미국에 가.

★ 대답할 때 앞 부분을 생략하고 목적만을 말할 수도 있다.
Để học tiếng Anh. [데 혹ㅂ 띠엥 아잉] 영어 공부하러.

◆ **đã ~ chưa?**

과거 표현인 đã와 '아직'의 의미인 chưa가 결합된 형태로, 과거의 경험이나 현재 상태에서 그 행위가 일어났는지 아직 일어나지 않았는지의 여부를 묻는 표현이며 có ~ không? 의문문과는 구별하여 사용해야 한다. 긍정의 대답은 완료 표현인 rồi[조이]로 하고, 부정의 대답은 chưa로 한다.

Anh có ăn cơm không? [아잉 꼬 안 껌 콩ㅁ] 밥 드실 거예요?
→ (긍정) Có, anh ăn. [꼬, 아잉 안] 응, 먹을래.
→ (부정) Không, anh không ăn. [콩ㅁ, 아잉 콩ㅁ 안] 아니, 난 안 먹을래.

Anh đã ăn cơm chưa? [아잉 다 안 껌 쯔어] 식사하셨어요?
→ (긍정) Rồi, anh đã ăn rồi. [조이, 아잉 다 안 조이] 응, 난 먹었어.
→ (부정) Chưa, anh chưa ăn. [쯔어, 아잉 쯔어 안] 아직, 난 아직 안 먹었어.

◆ người yêu, bạn gái

người yêu는 '사랑하는 사람', '애인'을 뜻하는 말로 bạn gái[반 가-이] 또는 bạn trai[반 짜-이]와 바꾸어 쓸 수 있다. 이처럼 bạn(친구)에 gái나 trai를 붙여 여자 친구, 남자 친구라는 표현을 할 수 있는데, 이는 단순히 성별이 여자나 남자인 친구뿐만 아니라 애인 사이임을 나타내기도 한다.

Chị có người yêu chưa? [찌 꼬 응어이 이에우 쯔어] 애인 있어요?
= Chị có bạn trai chưa? [찌 꼬 반 짜-이 쯔어]
Đây là bạn gái của anh. [더이 라 반 가-이 꾸어 아잉] 여기는 내 여자 친구야.

◆ khi nào cô ấy sang Việt Nam

khi nào는 '언제'라는 의문사인데, 평서문에서는 '언제', '언제든지'라는 의미로 이해하면 된다.

Khi nào rảnh, em sẽ đi du lịch. [키 나오 자잉, 앰 쌔 디 주 르릭]
언제 한가하면 여행갈 거예요.
Khi nào chúng ta đi xem phim nhé. [키 나오 쭝ㅁ 따 디 쌤 핌 냬]
언제 우리 영화 보러 가자.

여기서 동사 sang은 '가다(오다)', '이동하다'라는 의미를 지니기 때문에 đi, đến과 비슷하지만, 집이나 나라간의 이동을 나타낼 때는 sang을 더 많이 쓴다.

Em đi Trung Quốc. [앰 디 쭝ㅁ 꿕] 나는 중국에 간다.
→ Em sang Trung Quốc. [앰 쌍 쭝ㅁ 꿕]
Chị đến nhà em chơi nhé. [찌 덴 냐 앰 쩌-이 냬] 언니, 저희 집에 놀러 오세요.
→ Chị sang nhà em chơi nhé. [찌 쌍 냐 앰 쩌-이 냬]

Ngày 09

◆ **dùng**
'사용하다'의 의미뿐 아니라 '먹다'의 높임말인 '드시다'에 해당하는 단어로 먹고 마시는 것 모두를 포괄한다.

Thầy dùng máy vi tính. [터이 중ㅁ 마이 비 띵] 선생님은 컴퓨터를 사용하신다.
Ông dùng gì ạ? [옹ㅁ 중ㅁ 지 아] 할아버지, 뭘 드시겠습니까?

알아두기

베트남의 교육제도

베트남은 초등학교 5년, 중학교 4년, 고등학교 3년의 교육과정을 따르며 학년은 lớp[르럽]이라는 단어를 사용한다. 학생은 học sinh[혹ㅂ 씽], 대학생은 sinh viên[씽 비엔]으로 구분한다.

학교		학년	
Trường Tiểu học [쯔엉 띠에우 혹ㅂ] 초등학교	cấp 1 [껍 못]	1	lớp 1 [르럽 못]
		2	lớp 2 [르럽 하-이]
		3	lớp 3 [르럽 바]
		4	lớp 4 [르럽 본]
		5	lớp 5 [르럽 남]
Trường Trung học cơ sở [쯔엉 쭝ㅁ 혹ㅂ 꺼 써] 중학교	cấp 2 [껍 하-이]	1	lớp 6 [르럽 싸우]
		2	lớp 7 [르럽 바이]
		3	lớp 8 [르럽 땀]
		4	lớp 9 [르럽 찐]
Trường Trung học phổ thông [쯔엉 쭝ㅁ 혹ㅂ 포 통ㅁ] 고등학교	cấp 3 [껍 바]	1	lớp 10 [르럽 므어이]
		2	lớp 11 [르럽 므어이 못]
		3	lớp 12 [르럽 므어이 하-이]

초, 중, 고에 해당하는 단어가 있기는 하지만 학교 이름 외에는 잘 사용하지 않고, cấp[껍]이라는 단어를 사용한다. 예를 들어, 중학생은 học sinh cấp 2[혹ㅂ 씽 껍 하-이], 중학교 2학년 학생은 học sinh lớp 7[혹ㅂ 씽 ㄹ럽 바이]라는 표현이 일반적이다.

★ 대학생의 경우 학년을 나타낼 때는 lớp을 사용하지 않고, 서수를 사용한다.
   1학년 sinh viên năm thứ nhất [씽 비엔 남 트 녓]
   2학년 sinh viên năm thứ hai [씽 비엔 남 트 하-이]
   3학년 sinh viên năm thứ ba [씽 비엔 남 트 바]
   4학년 sinh viên năm thứ tư [씽 비엔 남 트 뜨]

Hồ Hoàn Kiếm 호안끼엠 호수

Hoàn Kiếm[환 끼엠] 호수는 Hồ Gươm[호 그엄]이라고도 부른다. 수도 하노이의 중심에 있으며, 면적이 12ha에 달하고, 호수 중앙에는 거북 탑이 있다. 호수의 이름은 원래 Lục Thủy[로욱ㅂ 튀] 호수 또는 Tả Vọng[따 봉ㅁ], Hữu Vọng[흐우 봉ㅁ]이었다. 전설에 따르면, Lê Lợi[레 ㄹ러이] 임금이 귀한 검(聖劍)을 받아 그것으로 외침을 물리치고, 국가를 통일한 후 이 호수에서 뱃놀이를 하고 있을 때 황금 거북이 나타나 검을 돌려주었다고 한다. 때문에 Hoàn Kiếm[환 끼엠 - 환검(還劍) : 검을 돌려주다], Gươm[그엄 - 검(劍)] 호수라는 이름을 갖게 되었다. Hoàn Kiếm 호수는 이러한 역사적 의미뿐만 아니라 하노이 시민들의 바쁜 일상 속에서 아름다운 자연을 제공하는 공간이기도 하다.

2차 학습!!

A Xin lỗi, anh tìm ai? 실례지만 누구를 찾으세요?
씬 로이 아잉 띰 아-이

B Dạ, tôi đến đây để gặp cô Lan.
자 또이 덴 더이 데 갑 꼬 란
네, 저는 란을 만나러 왔습니다.

Cô ấy có ở văn phòng không ạ?
꼬 어이 꼬 어 반 퐁 콩 아
그녀가 사무실에 있습니까?

A Dạ có, nhưng cô ấy đang họp.
자 꼬 늉 꼬 어이 당 홉
네, 있어요. 그런데 그녀는 회의 중입니다.

Anh đã hẹn chưa? 약속하셨어요?
아잉 다 핸 쯔어

B Rồi, tôi đã hẹn. 네, 약속했습니다.
조이 또이 다 핸

A Thế thì anh hãy chờ một chút!
테 티 아잉 하이 쩌 못 쭛
그러면 잠깐만 기다리세요!

새 단어

- tìm [띰] 찾다
- họp [홉] 모이다, 회의하다
- hãy [하이] ~하세요(가벼운 명령)
- một chút [못 쭛] 조금, 잠시
- ai [아-이] 누구(의문사)
- thế thì [테 티] 그러면
- chờ [쩌] 기다리다

해설

◆ **Anh tìm ai?**

의문사 ai를 활용한 의문문으로 '누구를 찾으세요?'라는 질문이다. ai 대신에 해당하는 사람을 넣어 답한다.

> A : **Anh tìm ai?** [아잉 띰 아-이] 누구를 찾으세요?
> B : **Tôi tìm cô Lan.** [또이 띰 꼬 르란] 란 선생님을 찾습니다.

의문사 ai는 목적어 자리에 쓰이면 '누구를'이라는 뜻으로 쓰이지만, 주어·보어로도 쓰인다.

> **Ai nói được tiếng Việt?** [아-이 노이 드억 띠엥 비엣]
> 누가 베트남어를 말할 수 있습니까?(주어)
>
> **Đây là ai?** [더이 르라 아-이] 이분은 누구십니까?
> **Cái này của ai?** [까-이 나이 꾸어 아-이] 이것은 누구의 것입니까?

*동사 tìm은 '찾다'라는 의미로 위에서처럼 사람을 찾는 경우에도 사용하지만, (잃어버린) 물건을 찾을 때도 쓴다. 같은 의미로 kiếm[끼엠]이 있다.

> **Lan đang kiếm bút chì.** [르란 당 끼엠 붓 찌] 란은 연필을 찾고 있다.
> **Chúng tôi đang muốn tìm người giúp việc.**
> [쭝ㅁ 또이 당 무온 띰 응어이 쥽 비엑] 우리는 가정부를 구하고 싶다.
> **Sau khi tốt nghiệp, tôi sẽ kiếm việc.**
> [싸우 키 똣 응이엡, 또이 쌔 끼엠 비엑] 졸업한 후에 나는 일자리를 구할 것이다.

◆ **Anh hãy chờ một chút!**

hãy는 '~해', '~하세요'의 의미로 〈주어 + hãy + 동사!〉의 형태로 쓰며, 가벼운 명령을 나타낸다. 격식을 갖출 필요가 없거나 주어가 불특정한 사람일 경우에는 주어를 생략한다.

> **Em hãy làm việc!** [앰 하이 르람 비엑] 너 일해!
> **Hãy học tiếng Anh!** [하이 혹ㅂ 띠엥 아잉] 영어 공부를 하세요!

*một chút은 '조금', '잠깐'의 의미로 적은 양이나 짧은 시간을 의미한다.

> **Em muốn nghỉ một chút.** [앰 무온 응이 못 쭛] 나는 좀 쉬고 싶다.
> **Con ăn một chút nữa nhé.** [꼰 안 못 쭛 느어 냬] 좀 더 먹으렴.

평가 테스트

💬 빈칸에 알맞은 말을 넣으세요.

1. Thế thì anh _____ chờ một chút.   그러면 조금만 기다리세요.

2. Em sẽ _____ anh chị dùng cơm.
   제가 오빠랑 언니 식사 초대할게요.

3. _____ cô ấy sang Việt Nam, anh sẽ giới thiệu nhé.
   언제 그녀가 베트남에 오면 내가 소개해 줄게.

💬 다음 대답에 알맞은 질문을 넣어 대화를 완성하세요.

4. A : _____ 실례지만 누구를 찾으세요?
   B : Dạ, tôi đến đây để gặp cô Lan. 네, 란을 만나러 왔습니다.

5. A : _____ 약속하셨어요?
   B : Rồi, tôi đã hẹn. 네, 약속했습니다.

6. A : _____ 뭐하실려고 베트남어를 배우세요?
   B : Tôi muốn làm việc ở Việt Nam. 나는 베트남에서 일하고 싶어요.

💬 다음 문장을 베트남어로 만드세요.

7. 나는 회의 중이다. _____

8. 그녀가 사무실에 있습니까? _____

9. 내 여자 친구는 한국에 있습니다. _____

정답

1. hãy   2. mời   3. Khi nào   4. Xin lỗi, anh tìm ai?
5. Anh đã hẹn chưa?   6. Anh học tiếng Việt để làm gì?   7. Tôi đang họp.
8. Cô ấy có ở văn phòng không (ạ)?   9. Bạn gái của tôi ở Hàn Quốc.

Màu sắc 색깔

- **màu trắng**
[마우 짱] 흰색

- **màu đen**
[마우 댄] 검은색

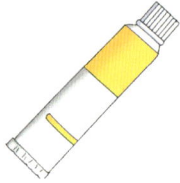
- **màu vàng**
[마우 방] 노란색

- **màu xanh nõn chuối**
[마우 싸잉 논 쭈오이] 연두색

- **màu xanh lá**
[마우 싸잉 라] 초록색

- **màu xanh da trời**
[마우 싸잉 자 쩌-이] 하늘색

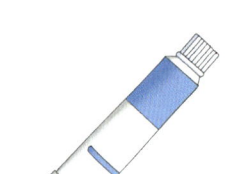
- **màu xanh biển**
[마우 싸잉 비엔] 파란색

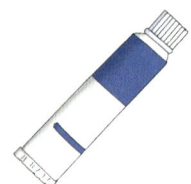
- **màu xanh đậm / dương**
[마우 싸잉 덤 / 즈엉] 짙은 파란색

- **màu tím**
[마우 띰] 보라색

- **màu đỏ**
[마우 도] 빨간색

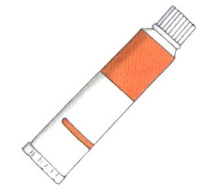
- **màu cam đậm**
[마우 깜 덤] 주황색

- **màu cam nhạt**
[마우 깜 냣] 연주황색

Ngày 10
Năm nay cháu mấy tuổi?

기본표현!!

A Cháu chào ông ạ! 할아버지, 안녕하세요!
짜우 짜오 옹ㅁ 아

B Ừ, chào cháu! 응, 안녕!
으 짜오 짜우

A Xin mời ông ngồi. 할아버지, 여기 앉으세요.
씬 머-이 옹ㅁ 응오이

Mẹ cháu sẽ ra ngay. 어머니가 곧 나오실 거예요.
매 짜우 쌔 자 응아이

B Năm nay cháu mấy tuổi? 올해 넌 몇 살이니?
남 나이 짜우 머이 뚜오이

A Dạ, cháu 6 tuổi ạ.
자 짜우 싸우 뚜오이 아
네, 6살이에요.

새 단어

- ừ [으] 응, 그래
- năm nay [남 나이] 올해
- tuổi [뚜오이] ~살(나이)
- ngay [응아이] 곧, 바로
- mấy [머이] 몇(수량 의문사)
- sáu [싸우] 숫자 6

해설

♦ **ngay**

동사 뒤에 쓰면 '즉시', '당장'을 뜻한다. 또한 시간이나 장소를 나타내는 단어 앞에 쓰이면 '바로'라는 강조의 의미가 된다.

Nhận được tin, chị ấy đi ngay. [년 드억 띤, 찌 어이 디 응아이]
소식을 듣고 그녀는 즉시 갔다.

Ngay hôm nay [응아이 홈 나이] 바로 오늘

Nhà tôi ở ngay cạnh siêu thị. [냐 또이 어 응아이 까잉 씨에우 티]
우리 집은 마트 바로 옆에 있다.

♦ **mấy**

'몇'에 해당하는 수량 의문사로 많지 않은 수, 대개는 10 미만의 수나 양을 물을 때 사용한다. 〈mấy + 명사〉 또는 〈명사 + mấy〉의 형식으로 표현하며, 〈mấy + 명사〉는 전체적인 수량을 의미하고, 〈명사 + mấy〉는 해당하는 번째, 순서를 나타낸다. 이처럼, 숫자의 위치에 따라 의미하는 바가 달라지므로 표현에 주의해야 한다. 대답은 mấy 대신 숫자를 넣어주면 된다.

A : **Gia đình anh có mấy người?** [쟈 딩 아잉 꼬 머이 응어이]
오빠네 가족은 몇 명이에요?

B : **Gia đình tôi có sáu người, ông bà, bố mẹ, anh trai và tôi.**
[쟈 딩 또이 꼬 싸우 응어이, 옹 바, 보 매, 아잉 짜-이 바 또이]
우리 가족은 6명이야, 할아버지 할머니, 아버지 어머니, 형과 나.

A : **Em gái em học lớp mấy?** [앰 가-이 앰 혹ㅂ 르럽 머이] 네 여동생은 몇 학년이니?

B : **Em gái em học lớp 5.** [앰 가-이 앰 혹ㅂ 르럽 남]
제 여동생은 초등학교 5학년이에요.

Ngày 10

알아두기

숫자 읽기

*124p 참고

21	hai mươi mốt [하-이 므어이 못]
24	hai mươi bốn [하-이 므어이 본] / hai mươi tư [하-이 므어이 뜨]
25	hai mươi lăm [하-이 므어이 르람] / hai mươi nhăm [하-이 므어이 냠]
100	một trăm [못 짬]
101	một trăm lẻ một [못 짬 르래 못] / một trăm linh một [못 짬 르링 못]
1.000	một nghìn [못 응인] / một ngàn [못 응안]
10.000	mười nghìn [므어이 응인] / mười ngàn [므어이 응안]
100.000	một trăm nghìn [못 짬 응인] / một trăm ngàn [못 짬 응안]
1.000.000	một triệu [못 찌에우]
1.000.000.000	một tỉ [못 띠]

- 15, 25, 35…처럼 1의 자리에 5가 오면 năm이 아닌 lăm으로 바뀐다.
  25 이상에는 nhăm을 쓰기도 한다.
- 20, 30, 40…의 10의 자리는 mười가 mươi로 바뀐다. (성조가 없어짐)
- 21, 31, 41…처럼 1의 자리에 1은 một이 mốt으로 바뀐다. (nặng에서 sắc으로 성조가 바뀜)
- 24, 34, 44…처럼 1의 자리에 4는 bốn 또는 tư로 읽는다.
- 101, 102, 103…처럼 10의 자리가 0인 경우에는 lẻ 또는 linh으로 읽는다.
- 1011, 1012…처럼 100의 자리가 0인 경우에는 không trăm이라 읽으며, 생략하기도 한다.
- 자릿수를 나타낼 때 콤마(,)가 아닌 점(.)으로 쓰며, 소수점을 나타낼 때는 그 반대다.

2차 학습

2차학습!!

A Xin lỗi, năm nay chị bao nhiêu tuổi?
씬 로이 남 나이 찌 바오 니에우 뚜오이
실례지만 올해 언니는 몇 살이세요?

B Dạ, tôi hai mươi sáu. 네, 저는 스물여섯이에요.
자 또이 하-이 므어이 싸우

A Vậy thì chị lớn hơn em ạ.
버이 티 찌 러언 헌 앰 아
그럼 저보다 나이가 더 많으시네요.

Em hai mươi bốn. 전 스물넷이에요.
앰 하-이 므어이 본

- - - - - - - - - -

A Bánh này bao nhiêu một cái ạ?
바잉 나이 바오 니에우 못 까-이 아
이 빵 한 개에 얼마예요?

B 20.000 đồng, em muốn mua mấy cái?
하-이 므어이 웅인 동 앰 무온 무어 머이 까-이
한 개에 2만 동이야. 몇 개 살 거니?

A Chị cho em bốn cái. 네 개 주세요.
찌 쪼 앰 본 까-이

📖 새 단어

- **bao nhiêu** [바오 니에우] 몇, 얼마(수량 의문사)
- **vậy thì** [버이 티] 그러면
- **hơn** [헌] ~보다(비교)
- **bánh** [바잉] 빵
- **mua** [무어] 사다
- **hai mươi sáu** [하-이 므어이 싸우] 숫자 26
- **lớn** [러언] 큰
- **hai mươi bốn** [하-이 므어이 본] 숫자 24
- **đồng** [동] 동(베트남의 화폐 단위)

Ngày 10

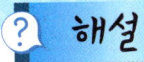

◆ bao nhiêu

'얼마'에 해당하는 단어로 mấy처럼 수량을 물을 때 쓰는데 10 이상의 상대적으로 많은 수를 나타낸다. 대개는 mấy와 bao nhiêu를 혼용해서 사용하지만, 상황에 따라서는 구분해 써야 할 필요가 있다.

★ 나이 묻고 답하기

10살 미만인 아이의 나이를 물을 때는 mấy, 10살 이상은 bao nhiêu를 사용한다. 대답할 때는 의문사 자리에 해당 숫자를 넣는다.

A : Cháu mấy tuổi? [짜우 머이 뚜오이] 너는 몇 살이니?

B : Cháu mười tuổi. [짜우 므어이 뚜오이] 저는 10살입니다.

A : Ông bao nhiêu tuổi ạ? [옹ㅁ 바오 니에우 뚜오이 아]
  할아버지는 연세가 어떻게 되세요?

B : Ông chín mươi tuổi. [옹ㅁ 찐 므어이 뚜오이] 난 90살이야.

이밖에 출생년도를 묻는 표현이 있는데 이때는 mấy와 bao nhiêu 모두 가능하다. 대답할 때는 연도를 모두 말하기도 하며, 끝 두 자리만을 말하기도 한다. (끝 두 자리만 말하는 경우에는 숫자를 하나씩 읽는다.)

A : Anh sinh năm bao nhiêu? [아잉 씽 남 바오 니에우]
  몇 년도에 태어나셨어요? / 몇 년생이세요?

  = Anh sinh năm mấy? [아잉 씽 남 머이]

B : Anh sinh năm 1997. [아잉 씽 남 못 응인 찐 짬 찐 므어이 바이]
  나는 1997년생이야.

  = Anh sinh năm 97. [아잉 씽 남 찐 바이] 나는 97년생이야.

◆ hơn

'~보다 더'라는 의미로 비교급을 나타낸다. 〈A + 형용사 + hơn + B〉의 형태로 'A가 B보다 더 ~하다'라는 표현이 된다. B와 A의 위치를 바꿀 때는 반대되는 형용사로 바꾸어야 한다.

Cái này tốt hơn cái kia. [까-이 나이 똣 헌 까-이 끼어] 이것은 저것보다 좋다.
Chị lớn (tuổi) hơn em. [찌 르런 (뚜오이) 헌 앰] 언니는 나보다 (나이가) 더 많다.
= Em nhỏ (tuổi) hơn chị. [앰 뇨 (뚜오이) 헌 찌] 나는 언니보다 더 어리다.

※ lớn은 '크다', '성장하다'의 의미를 가지고 있으며, 나이와 관련해서는 더 많음을 나타낼 수 있다.

◆ 가격을 묻는 표현

의문사 bao nhiêu를 활용한 다양한 표현이 있다.

① 주어가 있을 때는 bao nhiêu만 써도 된다.
Cái này bao nhiêu? [까-이 나이 바오 니에우] 이것은 얼마입니까?

② 돈이라는 단어 tiền[띠엔]을 함께 쓴다.
Bao nhiêu tiền? [바오 니에우 띠엔]

③ 가격이라는 단어 giá[쟈]를 함께 쓴다.
Giá bao nhiêu? [쟈 바오 니에우]

④ giá와 tiền 둘 다 쓴다.
Giá bao nhiêu tiền? [쟈 바오 니에우 띠엔]

대답은 bao nhiêu 위치에 금액을 넣고 뒤에 화폐 단위를 쓰면 된다.
Ba triệu đồng. [바 찌에우 동] 삼백만 동.
Hai mươi đô la (Mỹ). [하-이 므어이 도 라 (미)] 20 달러(미국).

평가 테스트

💬 빈칸에 알맞은 말을 넣으세요.

1. Chị lớn _____ em ạ.   저보다 나이가 더 많으시네요.

2. Năm nay chị _____ tuổi?   올해 언니는 몇 살이세요?

3. Mẹ cháu sẽ ra _____.   어머니가 곧 나오실 거예요.

💬 다음 대답에 알맞은 질문을 넣어 대답을 완성하세요.

4. A : _____   올해 넌 몇 살이니?
   B : Năm nay cháu 6 tuổi ạ. 올해 저는 6살이에요.

5. A : _____   한 개에 얼마예요?
   B : Một cái 30.000 đồng. 한 개에 30,000동이야.

6. A : _____   몇 개 사고 싶니?
   B : Chị cho em một cái. 한 개 주세요.

💬 다음 문장을 베트남어로 만드세요.

7. 할아버지 앉으세요.   _____

8. 올해 저는 스물다섯 살이에요.   _____

정답

1. hơn   2. bao nhiêu   3. ngay   4. Năm nay cháu mấy tuổi?
5. Một cái bao nhiêu tiền? / Bao nhiêu tiền một cái?   6. Em muốn mua mấy cái?
7. Xin mời ông ngồi.   8. Năm nay em hai mươi lăm/nhăm tuổi.

Số đếm 수

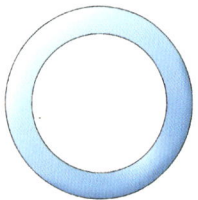

- 0 Không [콩ㅁ]

- 1 một [못]
- 2 hai [하-이]
- 3 ba [바]

- 4 bốn [본]

- 5 năm [남]

- 6 sáu [싸우]

- 7 bảy [바이]

- 8 tám [땀]

- 9 chín [찐]

- 10 mười [므어이]

11
- 11 mười một [므어이 못]

12
- 12 mười hai [므어이 하-이]

13
- 13 mười ba [므어이 바]

14
- 14 mười bốn [므어이 본]

15
- 15 mười lăm [므어이 르람]

16
- 16 mười sáu [므어이 싸우]

17
- 17 mười bảy [므어이 바이]

18
- 18 mười tám [므어이 땀]

19
- 19 mười chín [므어이 찐]

20
- 20 hai mươi [하-이 므어이]

Hôm nay là ngày mấy?

기본표현!!

A Hôm nay là ngày mấy? 오늘이 며칠이니?
홈 나이 라 응아이 머이

B Hôm nay là ngày 22, tháng 6. 오늘은 6월 22일이야.
홈 나이 라 응아이 하이므어이하이 탕 싸우

A Ngày 24 tháng này là sinh nhật anh Trung.
응아이 하이므어이뜨 탕 나이 라 씽 녓 아잉 쭝
이번 달 24일은 쭝 오빠 생일이야.

B Thế à? 그래?
테 아

A Ngày kia, anh Trung mời chúng ta
응아이 끼어 아잉 쭝 머이 쭝 따
dự tiệc sinh nhật.
즈 띠엑 씽 녓
모레 쭝 오빠가 우리를 생일 파티에 오라고 초대했어.

B Vậy thì ngày mai chúng ta đi mua quà nhé!
버이 티 응아이 마이 쭝 따 디 무어 꽈 내
그럼 내일 우리 선물 사러 가자!

Ngày 11

새 단어

- hôm nay [홈 나이] 오늘
- tháng Sáu [탕 싸우] 6월
- ngày kia [응아이 끼어] 모레
- dự [즈] 참석하다
- ngày mai [응아이 마-이] 내일
- ngày [응아이] 일, 날
- sinh nhật [씽 녓] 생일
- chúng ta [쭝 따] 우리(청자 포함)
- tiệc sinh nhật [띠엑 씽 녓] 생일 파티

해설

◆ **ngày mấy**

며칠인지 묻는 표현으로, ngày bao nhiêu를 쓸 수도 있다. 의문사인 mấy나 bao nhiêu의 위치에 숫자를 넣어 답한다.

A : Hôm nay là ngày bao nhiêu? [홈 나이 라 응아이 바오 니에우]
오늘은 며칠입니까?

B : Hôm nay là ngày 16. [홈 나이 라 응아이 므어이 싸우] 오늘은 16일입니다.

★ 의문사의 위치를 바꾼 mấy ngày, bao nhiêu ngày라는 표현도 있는데 이는 날짜가 아닌 기간을 묻는 표현이라는 것도 함께 알아둔다.

A : Anh sẽ ở Việt Nam bao nhiêu ngày?
[아잉 쌔 어 비엣 남 바오 니에우 응아이] 며칠 동안 베트남에 계실 거예요?

B : Anh sẽ ở Việt Nam 16 ngày. [아잉 쌔 어 비엣 남 므어이 싸우 응아이]
16일 동안 베트남에 있을 예정입니다.

알아두기

날짜 표현

1 날짜 묻고 답하기

일 : ngày + 숫자

1일부터 10일의 경우에는 숫자 앞에 mồng[몽ㅁ]이나 mùng[뭉ㅁ]을 붙인다.
예) 1일 : ngày mồng một 또는 ngày mùng một

- ngày mấy? 또는 ngày mồng(mùng) mấy? 또는 ngày bao nhiêu?를 써서 물으며, 대답할 때는 의문사 대신 해당 날짜를 넣는다.

A : Hôm nay là ngày mồng mấy? [홈 나이 르라 응아이 몽ㅁ 머이]
　　오늘은 며칠입니까?

B : Hôm nay là ngày mồng 8. [홈 나이 르라 응아이 몽ㅁ 땀] 오늘은 8일입니다.

A : Ngày mai là ngày bao nhiêu? [응아이 마-이 르라 응아이 바오 니에우]
　　내일은 며칠입니까?

B : Ngày mai là ngày 21. [응아이 마-이 르라 응아이 하-이 므어이 못]
　　내일은 21일입니다.

2 월 묻고 답하기

월 : tháng + 숫자

1월	tháng Một [탕 못] tháng Giêng [탕 지엥]	2월	tháng Hai [탕 하-이]
3월	tháng Ba [탕 바]	4월	tháng Tư [탕 뜨]
5월	tháng Năm [탕 남]	6월	tháng Sáu [탕 싸우]
7월	tháng Bảy [탕 바이]	8월	tháng Tám [탕 땀]
9월	tháng Chín [탕 찐]	10월	tháng Mười [탕 므어이]
11월	tháng Mười một [탕 므어이 못]	12월	tháng Mười hai [탕 므어이 하-이] tháng Chạp [탕 짭]

Ngày 11

4월의 경우에는 tháng Bốn이 아닌 tháng Tư라고 쓴다.

- tháng mấy?를 써서 물으며, 의문사 대신 해당 월을 넣는다. (1년은 12월까지밖에 없기 때문에 bao nhiêu는 쓰지 않음)

　　A : Bây giờ là tháng mấy? [버이 져 르라 탕 머이] 지금은 몇 월입니까?
　　B : Bây giờ là tháng Tư. [버이 져 르라 탕 뜨] 지금은 4월입니다.

❸ 연도 묻고 답하기

연도 : năm + 숫자

예) năm 2016 : năm hai nghìn không trăm mười sáu [남 하-이 응인 콩ㅁ 짬 므어이 싸우]

- 연도를 물을 때는 〈năm nào?〉, 〈năm bao nhiêu?〉, 〈năm mấy?〉 모두 쓸 수 있으나, năm bao nhiêu보다는 năm nào나 năm mấy를 많이 쓴다. 대답할 때는 의문사 대신 해당 연도를 넣는다.

　　A : Anh đã sang Mỹ từ năm bao nhiêu?
　　　　[아잉 다 쌍 미 뜨 남 바오 니에우] 당신은 몇 년도부터 미국에 갔습니까?
　　B : Anh đã sang Mỹ từ năm 2013.
　　　　[아잉 다 쌍 미 뜨 남 하-이 응인 콩ㅁ 짬 므어이 바] 나는 2013년부터 미국에 갔습니다.

　　A : Cô tốt nghiệp đại học năm nào?
　　　　[꼬 똣 응이엡 다이 혹ㅂ 남 나오] 선생님은 몇 년도에 대학을 졸업했습니까?
　　B : Tôi tốt nghiệp đại học năm 2000.
　　　　[또이 똣 응이엡 다이 혹ㅂ 남 하-이 응인] 나는 2000년도에 대학을 졸업했습니다.

　　A : Em sinh năm mấy? [앰 씽 남 머이] 너는 몇 년도에 태어났니?
　　B : Em sinh năm 1998. [앰 씽 남 못 응인 찐 짬 찐 므어이 땀]
　　　　저는 1998년도에 태어났습니다.

4 연 · 월 · 일 표현

한국어 어순과는 반대로 일·월·연 순으로 표현한다.

예) 2016년 4월 15일

> ngày mười lăm tháng Tư năm hai nghìn không trăm mười sáu
> [응아이 므어이 르람 탕 뜨 남 하-이 응인 콩ㅁ 짬 므어이 싸우]

* 한국에서 년/월/일로 표기하는 경우도 베트남어에서는 일/월/년 순으로 표기한다.
  예) 2016/04/15 → 15/04/2016

* 숫자 + ngày / tháng / năm으로 쓰인 경우는 달력에 있는 날짜가 아닌 기간을 의미하므로 표현에 주의한다.

> 4 ngày [본 응아이] 4일 동안
> 4 tháng [본 탕] 4개월 동안
> 5 năm [남 남] 5년 동안

2차 학습 !!

A Hôm nay là ngày 30 tháng 4,
홈 나이 라 응아이 탕 뜨

mọt ngày lễ lớn của Việt Nam đúng không?
못 응아이 레 런 꾸어 비엣 남 둥ㅁ 콩ㅁ

오늘은 4월 30일, 베트남의 국경일 맞지?

B Đúng rồi, ngày kỉ niệm thống nhất.
둥ㅁ 조이 응아이 끼 니엠 통ㅁ 녓

맞아, 통일기념일이야.

Ngày mai cũng là ngày nghỉ.
응아이 마-이 꿍ㅁ 라 응아이 응이

내일도 쉬는 날이야.

A Tại sao? 왜?
따이 싸오

B Bởi vì ngày mai là ngày mồng 1 tháng 5,
버-이 비 응아이 마-이 라 응아이 몽ㅁ 못 탕 남

ngày Quốc tế Lao động.
응아이 꾹 떼 라오 동ㅁ

내일은 5월 1일, 국제노동절이니까.

A À, mình còn biết một ngày nghỉ nữa là Giỗ Tổ
아 밍 꼰 비엣 못 응아이 응이 느어 라 죠 또

Hùng Vương, mồng 10 tháng 3 âm lịch.
훙ㅁ 브엉 몽ㅁ 므어이 탕 바 엄 릭

아, 난 훙왕의 제삿날, 음력 3월 10일도 휴일이라고 알고 있어.

새 단어

- ngày lễ [응아이 레] 휴일, 명절, 축일
- kỉ niệm [끼 니엠] 기념
- nghỉ [응이] 쉬다
- bởi vì [버-이 비] 왜냐하면
- lao động [라오 동ㅁ] 노동
- tổ [또] 조상
- mồng [몽ㅁ] 한 달의 초순
- đúng [둥ㅁ] 옳다, 맞다
- thống nhất [통ㅁ 녓] 통일
- tại sao [따이 싸오] 왜(의문사)
- quốc tế [꾁 떼] 국제
- giỗ [죠] 제사
- Hùng Vương [훙ㅁ 브엉] 훙왕
- âm lịch [엄 리ㄱ] 음력

해설

◆ **ngày lễ, ngày nghỉ**

lễ는 '축제', '명절', '공휴일' 이라는 의미이고, nghỉ는 '쉬다' 라는 의미의 동사다. 이 두 단어가 ngày(일)와 결합되어 '축제일', '명절', '공휴일', '쉬는 날' 이라는 의미를 나타낸다. 이때 ngày nghỉ는 모든 쉬는 날(개인적으로 쉬는 날도 포함)에 쓸 수 있는 반면, ngày lễ는 표현에 한계가 있다.

Tết Nguyên Đán là ngày lễ lớn nhất ở Việt Nam.
[뗏 웅웬 단 라 응아이 레 런 녓 어 비엣 남] 설날은 베트남에서 가장 큰 명절이다.
Ngày mai là ngày nghỉ. [응아이 마-이 라 응아이 응이] 내일은 쉬는 날이다.

◆ **đúng rồi**

đúng은 '옳은', '맞은' 의 의미로 알고 있던 사실을 재확인하고자 하는 phải không?의 질문과 비슷하다. 긍정의 대답은 đúng rồi, 부정의 대답은 không (đúng)이다.

A : Hôm nay là sinh nhật của em đúng không?
[홈 나이 라 씽 녓 꾸어 앰 둥ㅁ 콩ㅁ] 오늘이 네 생일 맞지?
B : Đúng rồi ạ. [둥ㅁ 조이 아] 맞아요. (긍정)
Không đúng. [콩ㅁ 둥ㅁ] 아니에요. (부정)

Ngày 11

◆ **tại sao**

'왜'라는 의문사로 원인을 묻는 표현이다. 문장의 제일 앞에 쓰며, tại를 생략하기도 한다.

Tại sao em không đi? [따이 싸오 앰 콩ㅁ 디] 너는 왜 안 가니?
Sao anh đến muộn? [싸오 아잉 덴 무온] 형은 왜 늦게 왔어요?

이에 대한 대답으로 이유를 말하는 (bởi / tại) vì를 쓰고, '왜냐하면 ~이기 때문이다'로 해석한다.

Bởi vì em có hẹn rồi. [버-이 비 앰 꼬 핸 조이] 왜냐하면 저는 이미 약속이 있어요.
Tại vì anh dậy muộn [따이 비 아잉 저이 무온] 늦게 일어났기 때문이야.

◆ **mồng 10 tháng 3 âm lịch**

음력 3월 10일을 의미하며, 어순이 한국어와 반대다. 양력은 dương lịch[즈엉 르릭]이라고 한다.

Hôm nay là ngày rằm tháng 8 âm lịch.
[홈 나이 르라 응아이 잠 탕 땀 엄 르릭] 오늘은 음력 8월 15일(보름)이다.

Người phương Tây thường theo dương lịch.
[응어이 프엉 떠이 트엉 태오 즈엉 르릭] 서양 사람들은 주로 양력을 따른다.

Giỗ Tổ Hùng Vương 훙(雄)왕 제삿날

베트남의 큰 전통 명절 중 하나로, 베트남을 건국한 훙왕(vua Hùng[부어 훙ㅁ])들의 공을 기리기 위해 매년 음력 3월 10일에 푸토성(tỉnh Phú Thọ[띵 푸 토]) 훙왕 역사 문화 유적지인 훙 사원(đền Hùng[덴 훙ㅁ])에서 제사를 지낸다. 끝자리가 0 또는 5로 끝나는 해에는 중앙 정부에서 크게 행사를 주관하고, 나머지 해에는 푸토성 지방 정부에서 주관한다.
훙왕 제삿날은 2001년부터 공휴일로 지정되었으며, 2012년 12월에는 유네스코 인류무형문화유산에 등재되었다. 매년 푸토성 이외에 호찌민시, 껀터(Cần Thơ), 다낭(Đà Nẵng) 같은 대도시에서도 행사가 열린다.

Các tháng trong năm
월

● tháng Một / tháng Giêng

[탕 못 / 탕 지엥] 1월

● tháng Hai [탕 하-이] 2월

● tháng Ba [탕 바] 3월

● tháng Tư [탕 뜨] 4월

● tháng Năm [탕 남] 5월

● tháng Sáu [탕 싸우] 6월

- **tháng Bảy** [탕 바이] 7월

- **tháng Tám** [탕 땀] 8월

- **tháng Chín** [탕 찐] 9월

- **tháng Mười**
  [탕 므어이] 10월

- **tháng Mười một**
  [탕 므어이 못] 11월

- **tháng Mười hai / tháng Chạp**
  [탕 므어이 하-이 / 탕 짭] 12월

평가 테스트

💬 다음 날짜를 베트남어로 표기하세요.

1. 4월 21일 _____

2. 1월 15일 _____

3. 2015년 3월 _____

💬 다음 문장을 해석하세요.

4. Tại sao? _____

5. Anh Trung mời chúng ta dự tiệc sinh nhật. _____

6. Ngày Giỗ Tổ Hùng Vương là mồng 10 tháng 3 âm lịch.
   _____

💬 다음 문장을 베트남어로 만드세요.

7. 오늘은 며칠입니까? _____

8. 내일 우리 선물 사러 가자. _____

정답

1. Ngày hai mươi mốt tháng Tư
2. Ngày mười lăm tháng Một (tháng Giêng)
3. Tháng Ba năm hai nghìn (không trăm) mười lăm
4. 왜요?
5. 쭝 오빠가 우리를 생일 파티에 오라고 초대했다.
6. 훙왕의 제삿날은 음력 3월 10일이다.
7. Hôm nay là ngày (mồng) mấy? / Hôm nay là ngày bao nhiêu?
8. Ngày mai chúng ta đi mua quà nhé.

Bạn thường làm gì vào buổi sáng?

기본표현!!

A Bạn thường làm gì vào buổi sáng?
반 트엉 람 지 바오 부오이 쌍
너는 아침에 보통 뭘 하니?

B Mình đi học tiếng Việt mỗi sáng thứ Hai,
밍 디 혹ㅂ 띠엥 비엣 모이 쌍 트 하-이
thứ Tư và thứ Sáu.
트 뜨 바 트 싸우
나는 월요일, 수요일, 금요일 아침마다 베트남어를 배우러 가.

A Còn buổi chiều bạn rảnh à?
꼰 부오이 찌에우 반 자잉 아
그러면 오후에는 한가하니?

B Không, mình chỉ có thời gian vào buổi sáng thứ Ba,
콩ㅁ 밍 찌 꼬 터-이 쟌 바오 부오이 쌍 트 바
thứ Năm và thứ Bảy.
트 남 바 트 바이
아니, 나는 화요일, 목요일, 토요일 오전에만 시간이 있어.

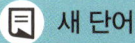
새 단어

vào [바오] ~에, 들어가다
mỗi [모이] 각각, 매
chỉ [찌] 단지 ~일 뿐이다

buổi [부오이] 때를 나타내는 종별사, 수업 시간
à [아] 아(감탄), 의문을 나타냄

해설

◆ **vào**

원래 '들어가다', '들어오다' 의 의미인데 시간, 요일, 날짜, 계절 등 시간 명사 앞에 써서 '~에', '~에 접어들어' 라는 뜻이다.

Xin mời anh vào. [씬 머-이 아잉 바오] 들어오세요.

Tôi đi Sapa vào tháng Bảy. [또이 디 싸빠 바오 탕 바이]
나는 7월에 사파에 간다.

◆ **buổi**

하루 중 일정 시간대를 나누는 단어이기도 하고, '일정한 시간' 을 의미하기도 한다. 시간대는 일반적으로는 다음과 같다. 그러나 구체적으로 시간이 언급되면 **buổi**는 쓰지 않는다.

buổi sáng [부오이 쌍] 오전 (약 새벽 1시 ~ 11시)
buổi trưa [부오이 쯔어] 점심 (11시 ~ 13시)
buổi chiều [부오이 찌에우] 오후 (13시 ~ 18시)
buổi tối [부오이 또이] 저녁 (18시 ~ 24시)

◆ **mỗi**

'매~', '각각의' 라는 의미로 시간을 나타내는 명사와 결합하여 쓰면 어떤 행동이 주기적으로 일어남을 나타낸다.

Mỗi ngày em đi tập thể dục. [모이 응아이 앰 디 떱 테 죽ㅂ]
매일 저는 운동하러 가요.

Mỗi người đều có ý kiến khác nhau. [모이 응어이 데우 꼬 이 끼엔 칵 냐우]
사람마다 각각 다른 의견이 있다.

Ngày 12

◆ **à**

문장 앞에 단독으로 쓰여 감탄을 나타내거나 회화체에서 문장 끝에 의문문을 만들 때 사용하기도 한다. phải không / đúng không을 대체할 수 있는 표현으로 회화에서 가장 많이 활용되는 표현이다.

대답은 vâng, phải, đúng rồi(긍정) / không, không phải, không đúng(부정) 모두 가능하다.

À, em quên. [아, 앰 꿴] 아, 잊어 버렸어요! (감탄)

A : Em học tiếng Việt à? [앰 혹ㅂ 띠엥 비엣 아] 너는 베트남어 공부하니?
B : Vâng, em học tiếng Việt. [벙, 앰 혹ㅂ 띠엥 비엣]
　네, 저는 베트남어를 공부해요. (긍정)

　Không phải, em không học tiếng Việt.
　[콩ㅁ 파-이, 앰 콩ㅁ 혹ㅂ 띠엥 비엣] 아니요, 저는 베트남어를 공부하지 않아요. (부정)

◆ **chỉ ~ thôi**

〈chỉ + 동사/형용사/명사/수사 + thôi〉의 형태로 '단지 ~뿐이다'라는 의미다. 이때 chỉ나 thôi 둘 중 하나를 생략할 수 있으며, 유일한 대상, 범위를 확정하는 표현이다. 수사가 올 경우에는 그 수량이 적음을 나타낸다.

Tôi ở nhà thôi. [또이 어 냐 토이] 나는 단지 집에만 있을 뿐이에요.

Cô Hương chỉ chăm chỉ làm việc. [꼬 흐엉 찌 짬 찌 ㄹ람 비엑]
흐엉 선생님은 일만 열심히 한다.

Em chỉ có hai quyển vở thôi. [앰 찌 꼬 하-이 꿰엔 버 토이]
저는 노트 두 권밖에 없어요.

알아두기

요일

일요일	Chủ nhật [쭈 녓]
월요일	thứ Hai [트 하-이]
화요일	thứ Ba [트 바]
수요일	thứ Tư [트 뜨]
목요일	thứ Năm [트 남]
금요일	thứ Sáu [트 싸우]
토요일	thứ Bảy [트 바이]

* 수요일의 경우 thứ Bốn이 아닌 thứ Tư라고 한다.

〈thứ + 숫자〉는 서수를 나타내며, 일요일을 기준으로 월요일은 두 번째 날, 화요일은 세 번째 날이 된다. 요일 외에도 순서, 차례 등을 나타내는 표현으로 사용한다.

첫 번째는 thứ một이 아닌 thứ nhất이라 하며, 일요일은 thứ Nhất이 아닌 Chủ nhật이라 한다.

요일을 물을 때는 **mấy**를 쓰고, 대답은 **mấy** 대신 숫자를 넣는다.

Hôm nay là thứ mấy? [홈 나이 라 트 머이] 오늘은 무슨 요일입니까?

→ **Hôm nay là Chủ nhật.** [홈 나이 라 쭈 녓] 오늘은 일요일입니다.

날짜 관련 단어

그저께	hôm kia [홈 끼어]	어제	hôm qua [홈 꽈]
오늘	hôm nay [홈 나이]	내일	ngày mai [응아이 마-이]
모레	ngày kia [응아이 끼어]		
지난 주	tuần trước [뚠 쯔억]	이번 주	tuần này [뚠 나이]
다음 주	tuần sau [뚠 싸우]		
지난달	tháng trước [탕 쯔억]	이번 달	tháng này [탕 나이]
다음 달	tháng sau [탕 싸우]		
작년	năm trước [남 쯔억], năm ngoái [남 응와이]	올해	năm nay [남 나이]
내년	năm sau [남 싸우], năm tới [남 떠-이]		

* 올해와 오늘의 nay에는 성조가 없다.
* trước은 앞, 전을 sau는 뒤, 후를 나타내는데, 날짜 관련 단어와 결합하여 과거와 미래를 나타낸다.

오늘 저녁 : hôm nay + buổi tối → buổi tối hôm nay
베트남어는 뒤에서 수식하므로 순서를 바꾼다. 그리고 오늘이라는 시간이 명시되어 있으므로 buổi를 삭제하고, tối hôm nay 또는 tối nay로 표현한다. 마찬가지로 어제 저녁은 tối qua, 내일 저녁은 tối mai로 쓴다.

2차 학습!!

A Thứ Sáu này bạn có rảnh không?
   트 싸우 나이 반 꼬 자잉 콩ㅁ
   이번 주 금요일에 한가하니?

B Sao? 왜?
   싸오

   Bạn có kế hoạch gì không? 뭔가 계획이 있니?
   반 꼬 께 화익 지 콩ㅁ

A Cuối tuần này mình về quê.
   꾸오이 뛴 나이 밍 베 꿰
   이번 주에 고향에 가려고.

   Bạn có muốn đi cùng không?
   반 꼬 무온 디 꿍ㅁ 콩ㅁ
   너도 같이 가고 싶니?

B Có, nhưng thứ Sáu mình có hẹn vào buổi sáng.
   꼬 능 트 사우 밍 꼬 핸 바오 부오이 쌍
   응. 그런데 금요일 오전에 약속이 있어.

A Không sao,
   콩ㅁ 싸오

   chúng ta sẽ khởi hành vào chiều thứ Sáu.
   쭝ㅁ 따 쌔 커-이 하잉 바오 찌에우 트 싸우
   괜찮아. 우리는 금요일 오후에 출발할 거야.

📖 새 단어

- **sao** [싸오] 왜(의문사)
- **cuối tuần** [꾸오이 뛴] 주말
- **khởi hành** [커-이 하잉] 출발하다
- **kế hoạch** [께 화익] 계획
- **cùng** [꿍ㅁ] 함께

Ngày 12

해설

◆ **có + 동사 + 의문사 + không?**

의문사가 있는 의문문과 〈có ~ không?〉 의문문이 결합된 복합의문문이다. 대답은 có(긍정)나 không(부정)으로 한다. 앞의 2차 학습에서 〈Bạn có kế hoạch gì? 무슨 계획이 있니?〉라는 문장이 〈có ~ không?〉 의문문과 결합되어 뭔가 계획이 있는지 없는지의 여부를 묻는 표현으로 바뀐 것이다.

Em có biết kia là ai không? [앰 꼬 비엣 끼어 르라 아-이 콩ㅁ] 너는 저분이 누군지 아니?
→ **Có, anh ấy là Bi, ca sĩ nổi tiếng Hàn Quốc.**
 [꼬, 아잉 어이 르라 비, 까 씨 노이 띠엥 한 꿕] 알지, 저분은 한국의 유명 가수 비야. (긍정)
→ **Không biết.** [콩ㅁ 비엣] 몰라. (부정)

◆ **cuối tuần**

cuối는 '끝', '마지막'을 의미하므로, cuối tuần은 '주말'이라는 뜻이다. '처음', '시작'은 đầu[더우], '중간', '가운데'는 giữa[즈어]다.

Cuối tuần anh thường làm gì? [꾸오이 뚄 아잉 트엉 르람 지]
주말에는 보통 뭘 하세요?
Đầu năm gia đình tôi về quê. [더우 남 쟈 딩 또이 베 꿰]
연초(年初)에 우리 가족은 고향에 간다.
Trời mưa kéo dài đến giữa tuần. [쩌-이 므어 깨오 자-이 덴 즈어 뚄]
비 오는 날씨가 주중까지 계속된다.

◆ **cùng**

'함께', '같이'라는 의미로 〈동사 + cùng〉 또는 〈cùng + 동사〉의 형태로 쓸 수 있다. 비슷한 표현으로 〈동사 + chung〉이 있다.

Chỉ còn một cái bánh nên tôi và cô ấy ăn cùng.
[찌 꼰 못 까-이 바잉 넨 또이 바 꼬 어이 안 꿍ㅁ]
= **Chỉ còn một cái bánh nên tôi và cô ấy cùng ăn.**
[찌 꼰 못 까-이 바잉 넨 또이 바 꼬 어이 꿍ㅁ 안]
= **Chỉ còn một cái bánh nên tôi và cô ấy ăn chung.**
[찌 꼰 못 까-이 바잉 넨 또이 바 꼬 어이 안 쭝ㅁ]
빵이 하나밖에 안 남아서 나와 그녀가 같이 먹었다.

Part 2 베트남어 첫걸음 | 143

평가 테스트

💬 빈칸에 알맞은 말을 넣으세요.

1. Bạn có muốn đi _____ không? 같이 가고 싶니?

2. Chúng ta sẽ khởi hành vào _____.
   우리는 토요일 오후에 출발할 거야.

💬 다음 문장을 해석하세요.

3. Sáng thứ Sáu mình có hẹn. _____

4. Mình học mỗi tuần ba buổi. _____

5. Còn buổi chiều bạn rảnh à? _____

💬 다음 문장을 베트남어로 만드세요.

6. 뭔가 계획이 있니? _____

7. 너는 아침에 보통 뭘 하니? _____

8. 이번 주말에 나는 고향에 간다. _____

정답

1. cùng   2. chiều thứ Bảy   3. 금요일 오전에 나는 약속이 있다.
4. 나는 매주 세 번 공부한다.   5. 그러면 오후에는 한가하니?   6. Bạn có kế hoạch gì không?
7. Bạn thường làm gì vào buổi sáng?   8. Cuối tuần này mình về quê.

các thứ trong tuần
요일

- **thứ Hai** [트 하-이] 월요일
- **thứ Ba** [트 바] 화요일
- **thứ Tư** [트 뜨] 수요일
- **thứ Năm** [트 냄] 목요일
- **thứ Sáu** [트 싸우] 금요일
- **thứ Bảy** [트 바이] 토요일
- **Chủ nhật** [쭈 녓] 일요일

Bây giờ là mấy giờ?

기본표현!!

A Thảo ơi, bây giờ là mấy giờ?
  타오 어-이 버이 져 라 머이 져
  타오, 지금 몇 시니?

B Tám giờ bốn mươi rồi, anh Sơn.
  땀 져 본 므어이 조이 아잉 썬
  8시 40분이에요, 썬 오빠.

  Anh có việc gì à? 무슨 일 있어요?
  아잉 꼬 비엑 지 아

A Ừ, anh có hẹn gặp bạn lúc mười giờ sáng nay.
  으 아잉 꼬 핸 갑 반 룩ㅂ 므어이 져 쌍 나이
  응, 오늘 아침 10시에 친구와 만나기로 약속했거든.

  Nhưng anh còn nhiều việc quá.
  능 아잉 꼰 니에우 비엑 꽈
  그런데 일이 너무 많이 남았어.

B Vậy thì anh gọi điện thoại cho bạn của anh đi.
  버이 티 아잉 고이 디엔 톼이 쪼 반 꾸어 아잉 디
  그러면 오빠 친구한테 전화하세요.

새 단어

- **bây giờ** [버이 져] 지금
- **lúc** [룩ㅂ] 때를 나타냄
- **còn** [꼰] 남다, 여전히, 그런데
- **gọi** [고이] 부르다
- **giờ** [져] 시
- **sáng nay** [쌍 나이] 오늘 아침
- **nhiều** [니에우] 많은
- **điện thoại** [디엔 톼이] 전화

Ngày 13

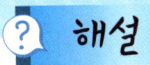

◆ 시간 묻고 답하기

앞에서 설명한 바와 같이 수량을 묻는 의문사에는 mấy와 bao nhiêu가 있다. 보통 10 미만의 수량에는 mấy를, 10 이상의 수량에는 bao nhiêu를 쓰는데, 몇 시인지 시간을 묻는 표현에도 의문사 mấy가 사용된다.

시간의 경우 하루 24시간으로 10보다 크지만 오전 12시, 오후 12시로 표현하는 것을 생각해 보면 bao nhiêu가 아닌 mấy를 쓴다는 것을 쉽게 기억할 수 있다. 현재의 시각을 묻는 경우에는 'Bây giờ(지금)'를 활용하여 질문을 한다. 대답은 mấy 대신 해당 숫자를 넣으면 된다.

 A : Bây giờ là mấy giờ? [버이 져 라 머이 져] 지금은 몇 시입니까?
 B : Bây giờ là mười một giờ. [버이 져 라 므어이 못 져] 지금은 11시입니다.

완료를 나타내는 rồi를 쓰는 표현도 있다. 우리가 시계를 보는 순간 그 시간은 이미 과거가 되어버리기 때문이다.

 A : Mấy giờ rồi? [머이 져 조이] 몇 시야?
 B : Tám giờ rồi. [땀 져 조이] 8시 됐어.

◆ lúc

'어떠한 행동이 일어난 시점'을 나타내기 때문에 표현하고자 하는 행동은 짧은 순간이다. lúc 뒤에 절이 오면 '~할 때', 시간 앞에 쓰이면 '~에'로 해석한다.

 Tôi dậy lúc sáu giờ. [또이 저이 르룩ㅂ 싸우 져] 나는 6시에 일어난다.
 Tôi học lúc tám giờ. [또이 혹ㅂ 르룩ㅂ 땀 져] (X)
  → 공부하는 행동은 짧은 순간이 아니므로 옳은 표현이 아니다.

 Tôi bắt đầu học lúc tám giờ. [또이 밧 더우 혹ㅂ 르룩ㅂ 땀 져] (O)
         나는 8시에 공부를 시작한다.

 = Tôi học từ lúc tám giờ. [또이 혹ㅂ 뜨 르룩ㅂ 땀 져]
  → 공부를 시작하는 시점을 나타내므로 옳은 표현이다.

 Lúc em về, anh ấy đã kết hôn rồi.
 [르룩ㅂ 앰 베, 아잉 어이 다 껫 혼 조이] 내가 돌아왔을 때, 그는 이미 결혼했다.
  → 돌아온 시점을 나타낸다.

◆ còn

còn은 부사로 '여전히', 접속사로 '그런데', '그리고'의 의미인데 앞의 기본 표현에서는 동사 '남다'의 의미로 쓰였다. 품사를 구분하기 위해서는 còn의 위치가 중요한데, 부사로 쓰일 경우는 동사나 형용사 앞에, 접속사로 쓰일 경우는 문장의 제일 앞이나 절 앞에, 동사로 쓰일 경우는 명사 앞에 위치한다.

Em cũng còn ít tiền. [앰 꿍ㅁ 꼰 잇 띠엔] 나도 돈이 조금 남았어. (동사)
Ông ấy còn sống. [옹ㅁ 어이 꼰 쏭ㅁ] 그 할아버지는 여전히 살아 계신다. (부사)
Chị gái của em là giáo viên, còn anh trai của em là nhân viên công ty. [찌 가-이 꾸어 앰 라 쟈오 비엔, 꼰 아잉 짜-이 꾸어 앰 라 년 비엔 꽁ㅁ 띠]
우리 언니는 선생님이에요, 그리고 우리 오빠는 회사원이에요. (접속사)

◆ nhiều

'수량이 많음'을 나타내는 단어로, 동사 뒤에나 명사 앞에 쓴다. 동사와 명사가 함께 있는 문장에서는 〈동사 + nhiều + 명사〉순으로 쓴다.

Tôi có nhiều bạn thân. [또이 꼬 니에우 반 턴] 나는 친한 친구가 많이 있다.
Anh ấy luôn luôn ăn nhiều. [아잉 어이 르루온 르루온 안 니에우]
그는 항상 많이 먹는다.
Nhiều người thích đi du lịch. [니에우 응어이 틱 디 주 르릭]
많은 사람들이 여행을 좋아한다.
Nhiều lắm! [니에우 르람] 아주 많아!

◆ gọi điện thoại cho

'부르다'의 뜻을 가진 gọi가 전화와 함께 쓰이면 '전화를 걸다', '전화를 하다'라는 의미가 된다. cho 뒤에는 전화 받는 대상이 나온다. gọi điện thoại cho ~에서 thoại를 생략하기도 한다.

Ngày 13

Tôi gọi taxi. [또이 고이 딱시] 나는 택시를 부른다.
Tôi đang gọi điện (thoại). [또이 당 고이 디엔 (톼이)] 나는 전화를 하고 있다.
Em gọi điện cho anh nhé. [앰 고이 디엔 쪼 아잉 내] 나한테 전화해.

◆ **đi**

'가다'라는 동사이지만, 문장의 끝에 써서 '~해라', '~하자'라는 가벼운 명령 또는 청유의 의미다. 예의를 지킬 필요가 없거나 아주 친한 경우에는 주어를 생략할 수 있다. Hãy와 결합해서 쓰기도 한다.

Chị nói đi! [찌 노이 디] 말하세요!
Chúng ta đi uống cà phê đi! [쭝 따 디 우옹 까 페 디] 우리 커피 마시러 가자!
Em hãy đọc sách đi! [앰 하이 독ㅂ 싸익 디] 책 읽어라!

베트남의 명절

Tết Nguyên Đán[뗏 응웬 단]은 음력 1월 1일로, 베트남에서 가장 큰 명절이다. 한국과 마찬가지로, 고향에 내려가서 예쁜 옷도 입고 맛있는 음식도 만들어 부모님과 함께 설을 맞이한다. 이 외에도 수년간 프랑스 통치하에 있던 베트남이 독립을 선언한 독립기념일(9월 2일), Hùng[홍ㅁ] 왕의 제삿날(음력 3월 10일), 20년 동안 분단된 조국을 해방 통일한 통일기념일(4월 30일), 노동절(5월 1일) 등이 공휴일로 지정되어 있다. 정월대보름, 7월 보름, 단오절, 추석(중추절)과 같은 전통 명절이 있는데, 휴일은 아니지만 민중들 사이에서는 특색 있는 전통 음식을 만들어 조상들께 바치는 풍습이 이어지고 있다.

2차 학습

2차학습!!

A Tôi muốn mua hai vé xe đi Đà Lạt.
또이 무온 무어 하-이 배 쌔 디 다 르랏
달랏으로 가는 차표 두 장을 사고 싶어요.

B Anh muốn đi lúc mấy giờ?
아잉 무온 디 르룩ㅂ 머이 져
몇 시에 가기를 원하세요?

A Tôi muốn xuất phát lúc 7 giờ tối ạ.
또이 무온 쒓 팟 르룩ㅂ 바이 져 또이 아
저녁 일곱 시에 출발하고 싶어요.

B Xin lỗi anh, đêm nay chỉ còn vé đi lúc 10 giờ
씬 르로이 아잉 뎀 나이 찌 꼰 배 디 르룩ㅂ 므어이 져
đêm và 12 giờ khuya thôi ạ.
뎀 바 므어이하-이 져 퀴어 토이 아
죄송합니다. 오늘 밤에는 저녁 10시와 밤 12시 표만 남아 있어요.

A Như vậy sẽ đến nơi lúc mấy giờ?
느 버이 쌔 덴 너-이 르룩ㅂ 머이 져
그럼 몇 시에 도착합니까?

B Từ Sài Gòn đi Đà Lạt thường mất khoảng 6 tiếng.
뜨 싸-이 곤 디 다 르랏 트엉 멋 쾅 싸우 띠엥
사이공에서 달랏으로 가는 데 보통 여섯 시간 걸립니다.

A Chị cho tôi hai vé khởi hành lúc 10 giờ đêm.
찌 쪼 또이 하-이 배 커-이 하잉 르룩ㅂ 므어이 져 뎀
밤 10시에 출발하는 표 두 장 주세요.

Ngày 13

새 단어

- vé [배] 표
- Đà Lạt [다 라랏] 달랏(베트남의 지명)
- đêm [뎀] 한밤중
- nơi [너-이] 곳, 장소
- mất [멋] 걸리다, 잃어버리다
- tiếng [띠엥] 시간, 언어, 소리
- xe [쌔] 차
- xuất phát [쓧 팟] 출발하다
- khuya [퀴어] 새벽
- từ [뜨] ~부터, ~에서
- khoảng [쾅] 대략

해설

◆ vé

차표, 영화표, 입장권 등 티켓을 나타내는 단어로, 앞에 수량을 쓰면 티켓의 매수를 나타낼 수 있다. 따라서 티켓 한 장은 một vé, 티켓 두 장은 hai vé가 되는 것이다. vé 뒤에 목적을 쓰면 티켓의 의미가 명확해진다.

vé máy bay [배 마이 바이] 비행기 티켓
vé xem phim [배 쌤 핌] 영화 티켓
vé vào cửa [배 바오 끄어] 입장권
vé mời [배 머-이] 초대권

◆ từ~

'~부터(에서)' 라는 출발지점, 시작시점을 나타내며, 공간·시간 모두 쓸 수 있다.

Từ hôm nay tôi sẽ học chăm chỉ. [뜨 홈 나이 또이 쌔 혹ㅂ 짬 찌]
오늘부터 나는 열심히 공부할 것이다.

Từ đây em đi một mình nhé. [뜨 더이 앰 디 못 밍 내]
여기서부터 너 혼자 가렴.

Ngày mai sẽ đọc từ trang 89. [응아이 마-이 쌔 독ㅂ 뜨 짱 땀 므어이 찐]
내일은 89페이지부터 읽을 것이다.

◆ **mất khoảng 6 tiếng**

mất은 '잃어버리다', '돌아가시다('죽다'의 높임말)', '(돈이) 들다', '(시간이) 걸리다'의 의미다.

Tôi mất ví. [또이 멋 비] 나는 지갑을 잃어버렸다.

Ông nội của tôi đã mất cách đây hai năm.
[옹 노이 꾸어 또이 다 멋 까익 더이 하-이 남] 우리 할아버지는 2년 전에 돌아가셨다.

Em mua xe này mất 10 triệu won.
[앰 무어 쌔 나이 멋 므어이 찌에우 원] 나는 이 차를 사는데 천만 원이 들었다.

Từ nhà tôi đến siêu thị này mất 30 phút.
[뜨 냐 또이 덴 씨에우 티 나이 멋 바 므어이 풋] 우리 집에서 이 마트까지 30분 걸린다.

khoảng은 숫자 앞에 써서 정확하지 않은 수량을 나타낸다.

Ở đây có khoảng 100 người.
[어 더이 꼬 쾅 못 짬 응어이] 여기에 약 100명 가량 있다.

tiếng은 '언어', '소리', '시간'의 의미다. 시간의 의미(**tiếng đồng hồ**[띠엥 동 호])일 때는 **giờ**(시)와 바꾸어 쓸 수 있다. 때문에 시각을 나타내는지 시간을 나타내는지 문맥의 흐름으로 판단해야 한다.

Tôi nói tiếng Pháp được. [또이 노이 띠엥 팝 드억]
나는 프랑스어를 할 수 있다.

Ở đằng kia có tiếng lạ. [어 당 끼어 꼬 띠엥 라] 저쪽에서 이상한 소리가 난다.

Một ngày tôi ngủ 5 tiếng. [못 응아이 또이 응우 남 띠엥]
나는 하루에 다섯 시간 잔다.

= **Một ngày tôi ngủ 5 giờ.** [못 응아이 또이 응우 남 져]
→ 5시에 자는 것으로 이해하면 안 됨.

cf. **Tôi đi ngủ lúc 5 giờ.** [또이 디 응우 루욱 남 져] 나는 다섯 시에 잔다.

Ngày 13

알아두기

시간 표현

1시	một giờ [못 져]	2시	hai giờ [하-이 져]
3시	ba giờ [바 져]	4시	bốn giờ [본 져]
5시	năm giờ [남 져]	6시	sáu giờ [싸우 져]
7시	bảy giờ [바이 져]	8시	tám giờ [땀 져]
9시	chín giờ [찐 져]	10시	mười giờ [므어이 져]
11시	mười một giờ [므어이 못 져]	12시	mười hai giờ [므어이 하-이 져]

* 4시는 tư giờ[뜨 져]가 아닌 bốn giờ[본 져]로 읽는다.

* 시간은 시 giờ[져], 분 phút[풋], 초 giây[져이] 순으로 표기하며 단위 앞에 숫자를 쓴다.
  10 giờ 15 phút [므어이 져 므어이 람 풋] 10시 15분
  Một phút có 60 giây. [못 풋 꼬 싸우 므어이 져이] 1분은 60초다.

* giờ와 phút이 함께 있으면 phút을 생략할 수 있다.
  10 giờ 15 (phút) [므어이 져 므어이 람 (풋)] 10시 15분

* 오전 sáng, 점심 trưa, 오후 chiều, 저녁 tối, 밤 đêm/ khuya라는 단어를 활용하여 시간을 나타낸다. đêm은 저녁보다는 늦은 시간으로 밤 10시 ~ 12시경이며, khuya는 새벽 1시 ~ 3시경을 일컫는다.
  12 giờ đêm [므어이 하-이 져 뎀] 밤 12시
  3 giờ khuya [바 져 쿠어] 새벽 3시
  4 giờ sáng [본 져 쌍] 새벽 4시

* 30분은 30 phút[바 므어이 풋] 또는 절반을 나타내는 rưỡi[즈어이]로 표현한다.
  8 giờ 30 (phút) [땀 져 바 므어이 (풋)] / 8 giờ rưỡi [땀 져 즈어이] 8시 반

* ~분 전을 나타낼 때는 '부족한'의 의미인 kém[깸]을 쓴다. 숫자는 kém 뒤에 위치한다.
  3 giờ kém 5 [바 져 깸 남] 3시 5분 전

* 시간을 주간 ban ngày[반 응아이], 야간 ban đêm[반 뎀]으로 구분할 수 있다.

* giờ를 약자로 표기할 때는 h로 쓴다.
  11 giờ = 11h 11시

Nghề nghiệp 직업

- công chức / viên chức

[꽁ㅁ 쯕 / 비엔 쯕] 공무원

- giáo viên

[쟈오 비엔] 교사

- luật sư

[루엇 쓰] 변호사

- nhà báo

[냐 바오] 신문기자

- người mẫu

[응어이 머우]
(미술이나 패션의) 모델

- ca sĩ [까 씨] 가수

- y tá [이 따] 간호사

- bác sĩ [박 씨] 의사

- nha sĩ

[냐 씨] 치과의사

- đầu bếp / thợ nấu
  [더우 벱 / 터 너우] 요리사

- thợ làm bánh
  [터 르람 바잉] 제빵사

- người phục vụ
  [응어이 푹ㅂ 부] 웨이터

- phi công
  [피 꽁ㅁ] 비행기 조종사

  cơ trưởng
  [꺼 쯔엉] 기장

  thuyền trưởng
  [튀엔 쯔엉] 선장

- tiếp viên
  [띠엡 비엔] 승무원

- họa sĩ
  [화 씨] 화가

- thợ may
  [터 마이] 양재사

- thợ hồ
  [터 호] 미장이

- thợ ống nước
  [터 옹ㅁ 느억] 배관공

평가 테스트

💬 빈칸에 알맞은 말을 넣으세요.

1. Tôi muốn mua _____ đi Đà Lạt.
   달랏으로 가는 차표 두 장을 사고 싶어요.

2. Anh _____ nhiều việc quá. 일이 너무 많이 남았다.

3. Từ Sài Gòn đi Đà Lạt thường _____
   사이공에서 달랏으로 가는데 보통 여섯 시간 걸린다.

💬 다음 문장을 해석하세요.

4. Anh có việc gì à? _____

5. Anh gọi điện thoại cho bạn của anh đi. _____

6. Như vậy sẽ đến nơi lúc mấy giờ? _____

💬 다음 문장을 베트남어로 만드세요.

7. 지금은 몇 시입니까? _____

8. 밤 10시에 출발하는 표 2장 주세요. _____

9. 나는 오늘 아침 10시에 친구 만날 약속이 있다. _____

정답

1. hai vé xe 2. còn 3. mất khoảng 6 tiếng. 4. 무슨 일 있어요?
5. 오빠 친구한테 전화하세요. 6. 그럼 몇 시에 도착합니까? 7. Bây giờ là mấy giờ? / Mấy giờ rồi?
8. Cho tôi hai vé khởi hành lúc 10 giờ đêm. 9. Tôi có hẹn gặp bạn lúc 10 giờ sáng nay.

Mỗi ngày anh làm việc mấy tiếng?

기본표현!!

A Hôm nay trông anh mệt lắm.
홈   나이 쫑ㅁ 아잉 멧 르람
오늘 너무 피곤해 보이세요.

Anh không sao chứ? 괜찮으세요?
아잉   콩ㅁ   싸오 쯔

B Không sao, có lẽ tôi làm việc nhiều quá.
콩ㅁ 싸오 꼬 래 또이 르람 비엑 니에우 꽈
괜찮아, 아마 일을 너무 많이 한 것 같아.

A Mỗi ngày anh làm việc mấy tiếng?
모이 응아이 아잉 르람 비엑 머이 띠엥
매일 몇 시간 일하세요?

B Khoảng 8 tiếng, tôi thường làm việc từ 8 giờ
쾅   땀 띠엥   또이   트엉   르람 비엑 뜨 땀 져
sáng đến 5 giờ chiều.
쌍   덴   남 져 찌에우
약 8시간, 나는 보통 아침 8시부터 오후 5시까지 일해.

Nhưng hôm qua tôi đã làm đến 11 giờ đêm.
능   홈   꽈 또이 다 르람 덴   므어이못 져 뎀
그런데 어제는 밤 11시까지 일했어.

새 단어

- **trông** [쫑ㅁ] 보다, 돌보다, ~처럼 보이다
- **chứ** [쯔] 물론이죠(강조)
- **đến** [덴] ~까지
- **mệt** [멧] 피곤하다
- **có lẽ** [꼬 래] 아마도(추측)

해설

◆ trông

'지켜보다', '돌보다'의 의미를 갖는 동사이지만, 문장의 맨 앞이나 형용사 앞에 쓰여 '~처럼 보이다'라는 표현이 된다.

> **Mẹ trông em bé.** [매 쫑ㅁ 앰 배] 어머니가 아이를 돌본다.
> **Trông ông ấy khỏe.** [쫑ㅁ 옹ㅁ 어이 쾌] 그 할아버지는 건강해 보인다.
> **Hôm nay chị trông đẹp hơn.** [홈 나이 찌 쫑ㅁ 댑 헌]
> 오늘 언니는 더 아름다워 보여요.

◆ chứ

문장 끝에 써서 당연함이나 확신을 나타낸다. 의문문과 평서문 모두 사용 가능하며, 의문문인 경우에는 확신에 차서 상대방에게 동조를 구하는 표현으로 '~했지?', '~맞지?', '당연하지?'의 의미이며, 평서문인 경우에는 '당연히 ~하지'라는 강조 표현이다.

> **Em làm bài tập rồi chứ?** [앰 르람 바-이 떱 조이 쯔] 숙제했겠지?
> **Em làm rồi chứ!** [앰 르람 조이 쯔] 당연히 했죠!

◆ có lẽ

'아마도'라는 의미로, 문장의 맨 앞 또는 동사 앞에 쓰여 추측이나 어떠한 일이 일어날 가능성을 나타낸다.

> **Có lẽ anh ấy không đến.** [꼬 래 아잉 어이 콩ㅁ 덴] 아마 그는 오지 않을 것이다.
> **Chiều mai có lẽ trời mưa.** [찌에우 마-이 꼬 래 쩌-이 므어]
> 내일 오후에 아마 비가 올 거예요.

Ngày 14

◆ **từ ~ đến ~**

'~부터 ~까지'라는 범위를 나타내며, 공간과 시간 모두 쓸 수 있다. 앞에서 배운 바와 같이 từ는 출발 지점, 시작 시점을 나타내는 반면 đến은 도착 지점, 종료 시점을 나타낸다. 〈từ ~ đến ~〉의 형태로 함께 쓰거나 từ와 đến을 각각 따로 쓰기도 한다. đến 대신 tới(도착하다)를 써도 된다.

Từ nhà tôi đến công ty khoảng năm trăm mét.
[뜨 냐 또이 덴 꽁ㅁ 띠 쾅 남 짬 맷] 우리 집에서 회사까지는 500m다.

Từ 8 giờ đến 10 giờ tôi học tiếng Việt.
[뜨 땀 져 덴 므어이 져 또이 혹ㅂ 띠엥 비엣] 8시부터 10시까지 나는 베트남어를 공부한다.

Tới ngày 15 em phải nộp bài.
[떠-이 응아이 므어이 람 앰 파-이 놉 바-이] 15일까지 과제를 제출해야 한다.

Từ hôm nay tôi cai hút thuốc lá.
[뜨 홈 나이 또이 까-이 훗 투옥 라] 오늘부터 나는 담배를 끊는다.

2차 학습!!

A Thứ bảy chúng ta có hẹn ăn trưa lúc 12 giờ, phải không?
트 바이 쭘ㅁ 따 꼬 핸 안 쯔어 르욱ㅂ 므어이하-이 져
파-이 콩ㅁ

우리 토요일 12시에 점심 약속 있지, 맞지?

B Dạ phải, sao vậy? 네, 맞아요, 왜 그러세요?
자 파-이 싸오 버이

A Chúng ta đổi giờ hẹn được không?
쭘ㅁ 따 도이 져 핸 드억 콩ㅁ

우리 약속 시간을 바꿔도 될까?

B Được chứ, cuối tuần em rảnh.
드억 쯔 꾸오이 뛴 앰 자잉

당연히 되죠, 주말에 전 한가해요.

A May quá. 너무 다행이다.
마이 꽈

Gặp nhau lúc 5 giờ chiều đi!
갑 냐우 르욱ㅂ 남 져 찌에우 디

오후 5시에 만나자!

B Dạ, chúng ta đi ra ngoài ăn tối nhé!
자 쭘ㅁ 따 디 자 응와이 안 또이 내

네, 우리 밖에서 저녁 먹어요!

Ngày 14

새 단어

vậy [버이] 그러하다
được [드억] 할 수 있다(가능)
nhau [냐우] 서로
đổi [도이] 바꾸다, 교환하다
may [마이] 운이 좋은, 다행이다
ra ngoài [자 응와이] 밖으로 나가다

해설

◆ sao vậy?

vậy는 '그러하다' 라는 의미로, 앞에서 언급한 내용을 반복적으로 사용하는 것을 피하고 간략하게 표현하는 것이다. thế와 바꿔 쓸 수 있다.

Em đã nói như vậy. [앰 다 노이 느 버이] 제가 그렇게 말했어요.
= Em đã nói như thế. [앰 다 노이 느 테]

Anh cũng vậy. [아잉 꿍 버이] 나도 그래.

* sao는 이유를 묻는 표현이므로 sao vậy는 '왜 그러시는데요?' 라는 의미다. Sao thế?로 쓸 수도 있다.

◆ đổi giờ hẹn

đổi(바꾸다)와 giờ hẹn(약속 시간)이 함께 쓰여 '약속 시간을 바꾸다(변경하다)' 라는 의미다. 앞의 2차 학습에서 '약속을 다시 잡다', '다시 약속하다' 라는 표현인 hẹn lại[핸 르라이]와 바꾸어 쓸 수 있다.

Em muốn đổi chỗ. [앰 무온 도이 쪼] 저는 자리를 바꾸고 싶어요.
Anh đổi giờ hẹn bạn lúc 12 giờ. [아잉 도이 져 핸 반 르룩ㅂ 므어이 하-이 져]
나는 12시로 약속 시간을 바꾼다.
= Anh hẹn lại bạn lúc 12 giờ. [아잉 핸 르라이 반 르룩ㅂ 므어이 하-이 져]
  나는 12시로 다시 약속한다.

◆ **được không?**

được은 '가능', '허락'을 의미하는 단어로, 문장의 마지막에 được không을 붙여 '~해도 돼요?', '~할 수 있어요?'라고 상대방에게 허락을 받거나 가능 여부를 묻는 표현이다. 대답은 được(긍정), không được(부정)으로 한다.

A : **Con đi chơi được không?** [꼰 디 쩌-이 드억 콩ㅁ] 저 놀러 가도 돼요?
B : **Không được.** [콩ㅁ 드억] 안 돼. (허락)

A : **Chị hát được không?** [찌 핫 드억 콩ㅁ] 언니 노래할 수 있어요?
B : **Được.** [드억] 할 수 있어. (가능)

◆ **đi ra ngoài**

đi(가다), ra(나가다), ngoài(밖)이라는 세 단어가 결합되어 '밖으로 나가다'라는 의미다. 밖이라는 단어 ngoài 없이 나가다라는 đi ra를 단독으로 써도 의미가 전달되지만, 좀 더 명확하게 방향을 제시해주기 위해 đi ra ngoài를 쓴다. 여기서 ra를 생략하고 đi ngoài라고 쓰면 '화장실 가다', '배탈이 나다', '설사하다'라는 의미도 있기 때문에 표현에 주의해야 한다.

Anh ấy đi ra ngoài rồi. [아잉 어이 디 자 응와이 조이] 그는 이미 밖에 나갔습니다.
Em đi ra đi! [앰 디 자 디] (너) 나가!

Tôi bị đi ngoài. [또이 비 디 응와이] 나는 배탈이 났습니다.

Ngày 14

알아두기

위치 표현

trước [쯔억]	앞	sau [싸우]	뒤
bên cạnh [벤 까잉]	옆	giữa [즈어]	가운데, 사이
bên phải [벤 파-이]	오른쪽	bên trái [벤 짜-이]	왼쪽
trong [쫑ㅁ]	안	ngoài [응와이]	밖
trên [쩬]	위	dưới [즈어이]	아래

Em ngồi bên cạnh anh. [앰 응오이 벤 까잉 아잉] 나는 오빠 옆에 앉았다.

Nhà tôi ở giữa nhà sách và ngân hàng.
[냐 또이 어 즈어 냐 싸익 바 응언 항] 우리 집은 서점과 은행 사이에 있다.

Trước nhà tôi có quán phở. [쯔억 냐 또이 꼬 꽌 퍼] 우리집 앞에 쌀국수집이 있다.

Sau công viên là đường Lê Lợi. [싸우 꽁ㅁ 비엔 라 드엉 레 러이]
공원 뒷편은 레러이 거리다.

Rẽ bên trái. [재 벤 짜-이] 왼쪽으로 돌다.

Em sẽ thấy Thư viện Quốc gia ở bên phải.
[앰 쌔 터이 트 비엔 꿕 쟈 어 벤 파-이] 오른쪽에 국립 도서관이 보일 거야.

Trong tủ lạnh có sữa. [쫑ㅁ 뚜 라잉 꼬 쓰어] 냉장고 안에 우유가 있다.

Cháu đang chơi ở ngoài sân.
[짜우 당 쩌-이 어 응와이 썬] 아이가 바깥 마당에서 놀고 있다.

Trên bàn không có sách. [쩬 반 콩ㅁ 꼬 싸익] 책상 위에 책이 없다.

Con mèo ở dưới ghế. [꼰 매오 어 즈어이 게] 고양이는 의자 밑에 있다.

방향

lên [르렌]	올라가다
xuống [쑤옹]	내려가다
vào [바오]	들어가다
ra [자]	나가다

Anh lên tầng hai. [아잉 르렌 떵 하-이] 나는 2층으로 올라간다.

Em muốn xuống xe ở đây. [앰 무온 쑤옹 쌔 어 더이]
저는 여기에서 내리고 싶어요.

Thầy giáo vào lớp. [터이 쟈오 바오 르럽] 선생님이 교실로 들어오신다.

Em ra phố. [앰 자 포] 나는 밖으로 나간다.

★ 위치와 방향을 함께 쓸 수도 있다.

Mẹ đang xuống dưới nhà.
[매 당 쑤옹 즈어이 냐] 어머니는 (집) 아래층으로 내려가고 계신다.

Bố chạy vào trong nhà. [보 짜이 바오 쫑 냐] 아버지가 집 안으로 달려 들어오신다.

평가 테스트

💬 빈칸에 알맞은 말을 넣으세요.

1. _____ tôi làm việc nhiều quá.
   아마도 일을 너무 많이 한 것 같습니다.

2. Hôm nay _____ anh mệt lắm.   오늘 너무 피곤해 보입니다.

3. Chúng ta _____ ăn tối nhé.   우리 밖에서 저녁 먹자.

💬 다음 문장을 해석하세요.

4. Được chứ, cuối tuần em rảnh. _____

5. Hôm qua tôi đã làm đến 11 giờ đêm. _____

💬 다음 문장을 베트남어로 만드세요.

6. 너무 다행이다. _____

7. 당신은 매일 몇 시부터 몇 시까지 일합니까? _____

8. 우리는 토요일 12시에 점심 약속이 있다. _____

정답

1. Có lẽ   2. trông   3. đi ra ngoài   4. 당연히 되죠, 주말에 전 한가해요.
5. 어제 나는 밤 11시까지 일했다.   6. May quá.
7. Mỗi ngày anh làm việc từ mấy giờ đến mấy giờ?   8. Thứ bảy chúng ta có hẹn ăn trưa lúc 12 giờ.

Từ chỉ vị trí
위치표현 전치사

- trước nhà
  [쯔억 냐] 집 앞에

- trong nhà
  [쫑 냐] 집 안에

- cạnh / bên cạnh nhà
  [까잉 / 벤 까잉 냐] 집 옆에

- sau nhà
  [싸우 냐] 집 뒤에

- trên nóc nhà
  [쩬 녹ㅂ 냐] 집 위에

- **dưới giường**
  [즈어이 즈엉] 침대 아래에

- **đi vào nhà**
  [디 바오 냐] 집으로 들어가다

- **ra khỏi nhà**
  [자 코이 냐] 집에서 나가다

- **từ** [뜨] ~로부터
- **hướng tới / hướng về**
  [흐엉 떠-이/흐엉 베] ~를 향해
- **đến** [덴] ~까지

Ngày mai thời tiết thế nào?

기본표현!!

A Ồ trời mưa to quá, Thu có áo mưa không?
오 쩌-이 므어 또 꽈   투 꼬 아오 므어   콩ㅁ
비가 너무 많이 오네. 투 비옷 있니?

B Dạ có, sáng nay em có xem dự báo thời tiết.
자 꼬   쌍 나이 앰 꼬 쌤 즈 바오 터-이 띠엣
네, 있어요. 오늘 아침에 일기예보 봤어요.

Em phải đi đón con gái ở nhà trẻ.
앰 파-이 디 돈 꼰 가-이 어 냐 쨰
저는 어린이집에 딸을 데리러 가야 해요.

A Vậy Thu về trước nhé.
버이 투 베 쯔억 내
그럼 투 먼저 가.

Anh chờ tạnh mưa, em đi cẩn thận nhé.
아잉 쩌 따잉 므어 앰 디 껀 턴 내
난 비가 그치길 기다릴게. 조심히 가.

B Anh về sau ạ. 저 먼저 갈게요.
아잉 베 싸우 아

Ngày 15

새 단어

- trời [쩌-이] 하늘, 날씨
- to [또] 큰
- dự báo thời tiết [즈 바오 터-이 띠엣] 일기예보
- chờ [쩌] 기다리다
- cẩn thận [껀 턴] 조심하다
- mưa [므어] 비, 비가 오다
- đón [돈] 맞이하다
- nhà trẻ [냐 쩨] 어린이집
- tạnh [따잉] 개다, 그치다
- sau [싸우] 뒤, 후

해설

◆ có

① 평서문을 의문문으로 만들 때는 có ~ không?

Gia đình anh Trung hạnh phúc. [쟈 딩 아잉 쭝ㅁ 하잉 푹ㅂ]
쭝의 가족은 행복하다.

→ Gia đình anh Trung có hạnh phúc không?
[쟈 딩 아잉 쭝ㅁ 꼬 하잉 푹ㅂ 콩ㅁ] 쭝의 가족은 행복합니까?

② 동사 '있다'의 의미로 쓰인다

Tôi có hai em gái. [또이 꼬 하-이 앰 가-이] 나는 여동생이 둘 있다.

③ 강조 표현 : 동사나 형용사 앞에 쓰며, 강조 표현이기 때문에 굳이 해석하지 않고 생략해도 된다.

Tôi có học tiếng Việt. [또이 꼬 혹ㅂ 띠엥 비엣] 나는 베트남어를 공부한다.

◆ **phải**

형용사로는 '옳은', '오른쪽'이라는 의미를 지니지만, 동사 앞에 쓰이면 '반드시 그렇게 해야 한다'는 당위성을 띠게 된다. 자기 자신에게 하는 말일 수도 있고, 상대방에게 권위적으로 하는 말일 수도 있다.

Em phải nghỉ ở nhà. [앰 파-이 응이 어 냐] 넌 집에서 쉬어야만 해.

◆ **동사 + trước / sau**

trước(앞), sau(뒤)를 동사 뒤에 쓰면 '먼저 ~하다', '나중에 ~하다'라는 표현이 된다.

Em ăn trước. [앰 안 쯔억] 너 먼저 먹어.
= Anh ăn sau. [아잉 안 싸우] 나는 나중에 먹을게.

앞의 기본 표현에서 투가 Anh về sau ạ.라고 말하고 있는데, 직역하면 '오빠는 나중에 가세요.'이다. 때문에 Em về trước ạ. (내가 먼저 가겠다)는 의미로 이해할 수 있다.

◆ **chờ**

'기다리다'라는 동사로 đợi[더이]와 같은 말이다. 〈chờ + (주어) + 동사〉 형태로 쓰여 '~가 ~하기를 기다리다'의 의미다.

Anh đang chờ ở cổng trường. [아잉 당 쩌 어 꽁ㅁ 쯔엉]
나는 학교 정문에서 기다리고 있다.

Em chờ anh về nước. [앰 쩌 아잉 베 느억] 나는 오빠가 귀국하기를 기다린다.

Ngày 15

알아두기

날씨 표현

nắng [낭]	맑음	mưa [므어]	비
tuyết [뛰엣]	눈	mây [머이]	구름
gió [죠]	바람	bão [바오]	태풍
sấm [썸]	천둥	sét [쌧]	번개

ấm [엄]	따뜻한	nóng [농ㅁ]	더운
oi bức [오이 븍]	푹푹 찌는 듯이 더운	mát [맛]	시원한, 선선한
lạnh [르라잉]	추운, 쌀쌀한	rét [쟷]	추운
ẩm [엄]	습한	khô [코]	건조한

날씨를 나타낼 때 trời[쩌-이]를 붙인다.

trời nắng [쩌-이 낭] 맑은 날씨

trời ẩm [쩌-이 엄] 습한 날씨

날씨 표현에서는 có가 다양하게 해석된다.

có mưa [꼬 므어] 비가 온다.

có tuyết [꼬 뛰엣] 눈이 내리다. → tuyết rơi [뛰엣 저-이]

có mây [꼬 머이] 구름이 끼다.

có gió [꼬 죠] 바람이 분다. → gió thổi [죠 토이]

có sấm sét [꼬 썸 쌧] 천둥 번개가 치다. → sấm sét đánh [썸 쌧 다잉]

mưa(비)의 종류

mưa rào [므어 자오] 소나기

mưa phùn [므어 푼] 가랑비

mưa to [므어 또] 폭우

mưa đá [므어 다] 우박

좋은 날씨를 나타낼 때는 '아름다운', '예쁜'을 의미하는 đẹp[댑]을 쓴다.

Hôm nay trời đẹp. [홈 나이 쩌-이 댑] 오늘은 날씨가 좋다.

2차 학습

2차학습!!

A Ngày mai thời tiết thế nào, anh? 내일 날씨 어때요?
응아이 마-이 터-이 띠엣 테 나오 아잉

B Anh không xem dự báo thời tiết. 일기예보 안 봤는데.
아잉 콩ㅁ 쌤 즈 바오 터-이 띠엣

Dạo này dù trời đẹp nhưng rất hay mưa.
자오 나이 주 쩌-이 댑 늉 젓 하이 므어
요즘은 날씨가 좋지만 자주 비가 와.

Em nên mang theo áo mưa mỗi ngày.
앰 넨 망 태오 아오 므어 모이 응아이
매일 비옷을 가지고 다니는 게 좋겠어.

A Em biết rồi. 알았어요.
앰 비엣 조이

Mấy hôm nay em hay để áo mưa ở nhà.
머이 홈 나이 앰 하이 데 아오 므어 어 냐
요 며칠 전에는 비옷을 자주 집에 두고 나갔어요.

📖 새 단어

- **thời tiết** [터-이 띠엣] 날씨
- **hay** [하이] 자주, 재미있는, 또는
- **mang theo** [망 태오] 가지고 오다, 가지고 가다
- **để** [데] ~하기 위해서, 두다
- **dù** [주] 비록
- **nên** [넨] 그래서, ~하는 것이 좋다 (권유)
- **biết** [비엣] 알다

Ngày 15

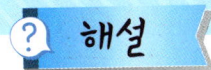 해설

◆ **날씨 묻고 답하기**

우리는 보통 날씨를 물을 때 '날씨 어때요?'라고 하는데, 베트남어도 마찬가지로 대상의 상태나 성질 등을 묻는 thế nào?를 쓴다. 날씨를 뜻하는 단어는 thời tiết과 trời가 있는데, 질문할 때는 thời tiết을 쓰고 대답할 때는 trời를 쓴다.

　　Hôm nay thời tiết thế nào? [홈 나이 터-이 띠엣 테 나오] 오늘은 날씨가 어때요?
　　→ Hôm nay trời nóng. [홈 나이 쩌-이 농ㅁ] 오늘은 날씨가 더워요.

◆ **Dù ~ nhưng ~**

'비록 ~하지만 ~하다', '~임에도 불구하고 ~하다'라는 표현으로 대립되는 두 문장을 연결하는데 사용하는 구문이다. Mặc dù ~ nhưng ~ 또는 Tuy ~ nhưng ~과 바꾸어 쓸 수 있다.

　　Dù không có nhiều tiền nhưng chị ấy hay mua đồ sang trọng.
　　[주 콩ㅁ 꼬 니에우 띠엔 능 찌 어이 하이 무어 도 쌍 쫑ㅁ]
　　돈이 많지 않지만 그녀는 럭셔리한 물건을 자주 산다.

　　Tuy có nhiều khó khăn nhưng cô ấy vượt qua được.
　　[뛰 꼬 니에우 코 칸 능 꼬 어이 브엇 꽈 드억]
　　비록 많은 어려움이 있을지라도 그녀는 이겨낼 수 있다.

　　Mặc dù trời nóng nhưng ông ấy vẫn không bật điều hòa.
　　[막 주 쩌-이 농ㅁ 능 옹ㅁ 어이 번 콩ㅁ 벗 디에우 화]
　　더운 날씨임에도 불구하고 그 노인은 에어컨을 켜지 않는다.

　＊ 두 문장의 주어가 동일한 경우에는 앞 문장의 주어를 생략한다.

　　Dù tôi bị ốm nhưng tôi vẫn đi làm. [주 또이 비 옴 능 또이 번 디 르람]
　　= Dù bị ốm nhưng tôi vẫn đi làm.
　　　[주 비 옴 능 또이 번 디 르람] 나는 비록 아프지만 여전히 출근한다.

◆ **nên**

접속사로 '그래서'라는 의미이며 인과관계를 나타내는 문장에 사용한다. 하지만 동사 앞에 쓰면 '~하는 편이 좋겠다', '~하는 것이 낫다'라는 의미로 가벼운 권유를 하는 표현이다.

Tôi nên tập thể dục hằng ngày. [또이 넨 떱 테 죽ㅂ 항 응아이]
나는 매일 운동하는 것이 좋겠다.

Em nên về sớm. [앰 넨 베 썸] 너는 일찍 돌아가는 게 좋겠어.

◆ **để**

'~하기 위해'라는 목적을 나타내는 표현 이외에 '~에 두다'라는 동사로도 쓰인다.

Tôi đi Việt Nam để thực hành tiếng Việt.
[또이 디 비엣 남 데 특 하잉 띠엥 비엣] 나는 베트남어를 실습하러 베트남에 갑니다.

Cái giường này để ở đâu? [까-이 즈엉 나이 데 어 더우] 이 침대는 어디에 둘까요?

* 앞의 2차 학습에서처럼 물건을 어디에 놔두고 가지고 오지 않은 상황에도 쓰인다.

Tôi để ví trên bàn rồi quên mang theo.
[또이 데 비 쩬 반 조이 꿴 망 태오] 나는 지갑을 책상 위에 두고 안 가져왔다.

평가 테스트

💬 빈칸에 알맞은 말을 넣으세요.

1. Anh _____ áo mưa ở nhà.　나는 집에 비옷을 놔뒀다.

2. Em _____ đi đón con gái ở nhà trẻ.
   나는 어린이집에 딸을 데리러 가야 한다.

3. Em _____ áo mưa mỗi ngày.
   날마다 비옷을 가지고 다니는 게 좋다.

💬 다음 문장을 해석하세요.

4. Em về trước nhé.　_____

5. Trời mưa to quá.　_____

6. Em đi cẩn thận.　_____

💬 다음 문장을 베트남어로 만드세요.

7. 내일 날씨 어때요?　_____

8. 나는 비가 그치기를 기다릴게.　_____

9. 날씨가 좋지만 아주 자주 비가 온다.　_____

정답

1. để　　2. phải　　3. nên mang theo　　4. 저 먼저 갈게요./ 너 먼저 가.
5. 비가 너무 많이 오네.　　6. 조심히 가.
7. Ngày mai thời tiết thế nào? / Ngày mai trời thế nào?　　8. Tôi chờ tạnh mưa.
9. Dù trời đẹp nhưng rất hay mưa.

Hoa quả / Trái cây
과일

- táo [따오] 사과

- lê [르레] 배

- dưa lê
  [즈어 르레] 참외

- dưa hấu
  [즈어 허우] 수박

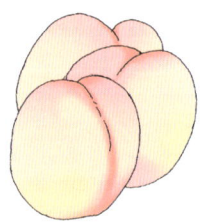
- đào [다오] 복숭아

- dâu [저우] 딸기

- nho [뇨] 포도

- mận [먼] 살구

- hồng [홍ㅁ] 감

- quýt [꾓] 귤

- chanh [짜잉] 레몬

- cam [깜] 오렌지

- lựu [르르우] 석류

- vả [바] 무화과

- thơm / dứa
[텀 / 즈어] 파인애플

- chuối
[쭈오이] 바나나

- đu đủ
[두 두] 파파야

- xoài
[쏴이] 망고

Ngày 16 — Anh thích mùa đông.

기본표현!!

A Mùa thu ở Hàn Quốc thế nào?
무어 투 어 한 꿕 테 나오
한국의 가을은 어때요?

B Mùa thu ở Hàn Quốc trời mát và rất đẹp.
무어 투 어 한 꿕 쩌-이 맛 바 젓 댑
한국의 가을은 시원하고 아주 아름다워.

Còn ở Việt Nam thì sao? 그런데 베트남은 어떠니?
꼰 어 비엣 남 티 싸오

A Ở Hà Nội mùa thu cũng đẹp. 하노이의 가을도 아름다워요.
어 하 노이 무어 투 꿍ㅁ 댑

Ở miền Nam chỉ có mùa mưa và
어 미엔 남 찌 꼬 무어 므어 바

mùa khô, trời ấm quanh năm.
무어 코 쩌-이 엄 꽈잉 남
남부에는 우계와 건계만 있고, 일년 내내 따뜻해요.

B Thích nhỉ. 좋네.
틱 니

Ở Hàn Quốc mùa đông rất lạnh. 한국의 겨울은 너무 추워.
어 한 꿕 무어 동ㅁ 젓 르라잉

Ngày 16

새 단어

- mát [맛] 시원한, 선선한
- ấm [엄] 따뜻한
- nhỉ [니] ~이네 (독백, 동의 요청)
- miền Nam [미엔 남] 남부 지방
- quanh năm [꽈잉 남] 일 년 내내
- lạnh [ㄹ라잉] 추운, 쌀쌀한

해설

◆ Còn ~ thì sao?

còn은 앞에서도 설명했듯이 화제를 전환하거나 동일한 질문, 내용, 성질이 반복되는 경우에 사용한다. thì는 원래 '~하면'이라는 뜻으로 두 문장을 연결할 때 사용되는데, 두 가지를 비교하는 상황에서 '~는 ~한데, ~는 ~하다'라는 표현에 활용된다.

Táo ngọt, còn chanh thì chua. [따오 응옷, 꼰 짜잉 티 쭈어]
사과는 단데 레몬은 시다.

Tôi thấp, còn em trai tôi thì cao. [또이 텁, 꼰 앰 짜-이 또이 티 까오]
나는 작은데 내 남동생은 크다.

Còn ~ thì sao?는 의문문으로 '그런데/그러면 ~는 어떻게 해/어때?'라는 의미다.

A : Anh sẽ đi. Còn em thì sao?
[아잉 쌔 디. 꼰 앰 티 싸오] 나는 갈 거야. 그런데 너는 어떻게 할래?
B : Em thì không đi ạ. [앰 티 콩ㅁ 디 아] 저는 안 갈래요.

A : Tôi thích chơi bóng đá. [또이 틱 쩌-이 봉ㅁ 다] 나는 축구하는 것을 좋아해.
B : Còn bóng chày thì sao? [꼰 봉ㅁ 짜이 티 싸오] 그럼 야구는 어때?
A : Tôi cũng thích bóng chày. [또이 꿍ㅁ 틱 봉ㅁ 짜이] 나는 야구도 좋아해.

◆ **quanh năm**

quanh은 '주변', '주위'라는 의미인데 연도를 뜻하는 năm과 함께 쓰여 '일 년 내내'라는 뜻으로 사용된다. 비슷한 단어로는 suốt năm [쑤옷 남], cả năm [까 남]이 있다.

Khách du lịch đến Nha Trang quanh năm.
[카익 주 르릭 덴 냐 짱 꽈잉 남] 냐짱은 일 년 내내 관광객들이 찾아온다.

◆ **nhỉ**

문장 끝에 쓰여 상대방이 자신의 생각에 동의, 동조해 주기를 바라거나 상대방의 의견에 동의할 때, 스스로 자문하는 표현에도 쓴다.

Hôm nay là ngày mấy nhỉ? [홈 나이 르라 응아이 머이 니] 오늘이 며칠이더라?

Phim này hay nhỉ? [핌 나이 하이 니] 이 영화 재밌지?

A : **Cô kia đẹp nhỉ!** [꼬 끼어 댑 니] 저 아가씨 예쁘네!
B : **Ừ nhỉ.** [으 니] 그렇네!

알아두기

계절

베트남의 계절은 북부와 남부가 다르다. 베트남의 북부는 한국과 마찬가지로 봄, 여름, 가을, 겨울이 있다. 겨울에는 보통 눈이 오지 않지만, 북부 고산지역인 사파에는 눈이 내리기도 한다.

mùa xuân [무어 쒼]	봄	xuân [쒼]	춘
mùa hè [무어 해]	여름	hạ [하]	하
mùa thu [무어 투]	가을	thu [투]	추
mùa đông [무어 동ㅁ]	겨울	đông [동ㅁ]	동

Ngày 16

베트남의 남부는 우계와 건계로 나눈다. 우계는 보통 5월초부터 시작하여 9월까지로, 6월에 비가 가장 많이 내린다. 건계는 우계가 끝난 9월말이나 10월초부터 다음 해 4월말까지다.

mùa mưa [무어 므어]	우계
mùa khô [무어 코]	건계

★ 몇 계절이 있는지 물을 때는 의문사 mấy를 쓴다.

A : Ở Hàn Quốc có mấy mùa? [어 한 꾁 꼬 머이 무어]
한국에는 몇 계절이 있습니까?

B : Ở Hàn Quốc có bốn mùa. [어 한 꾁 꼬 본 무어]
한국에는 4계절이 있습니다.

A : Ở Việt Nam có mấy mùa? [어 비엣 남 꼬 머이 무어]
베트남에는 몇 계절이 있습니까?

B : Mùa ở miền Bắc và miền Nam Việt Nam khác nhau.
[무어 어 미엔 박 바 미엔 남 비엣 남 칵 냐우] 베트남 북부와 남부의 계절은 서로 다릅니다.
Ở miền Bắc có bốn mùa. [어 미엔 박 꼬 본 무어] 북부는 4계절이 있습니다.

A : Còn ở miền Nam thì sao? [꼰 어 미엔 남 티 싸오]
그럼 남부는 어떻습니까?

B : Ở miền Nam thì chỉ có hai mùa.
[어 미엔 남 티 찌 꼬 하-이 무어] 남부는 2계절만 있습니다.

2차 학습

A Em thích mùa nào? 너는 어느 계절을 좋아하니?
앰 틱 무어 나오

B Em thích mùa xuân và mùa thu. 저는 봄과 가을을 좋아해요.
앰 틱 무어 쑤언 바 무어 투

A Anh thích mùa đông. 나는 겨울을 좋아해.
아잉 틱 무어 동ㅁ

Tuy trời lạnh nhưng anh thích trượt tuyết.
뛰 쩌-이 라잉 능 아잉 틱 쯔엇 뛰엣
날씨는 춥지만 난 스키를 좋아하거든.

B Em không thích thời tiết quá nóng hoặc quá lạnh.
앰 콩ㅁ 틱 터-이 띠엣 꽈 농ㅁ 확 꽈 라잉
저는 아주 덥거나 아주 추운 날씨는 안 좋아해요.

A Nếu cuối tuần này trời nắng đẹp thì chúng ta
네우 꾸오이 뚠 나이 쩌-이 낭 댑 티 쭝ㅁ 따
đi bãi biển hóng mát nhé!
디 바-이 비엔 홍ㅁ 맛 내
이번 주말에 날씨 좋으면 우리 바람 쐬러 바닷가에 가자.

B Tốt quá, mùa này đi biển thì còn gì bằng.
똣 꽈 무어 나이 디 비엔 티 꼰 지 방
너무 좋아요, 이런 계절에 바다에 가면 더할 나위 없죠.

Ngày 16

새 단어

- tuy [뛰] 비록
- hoặc [확] 또는, 혹은
- bãi biển [바-이 비엔] 바닷가
- biển [비엔] 바다
- trượt tuyết [쯔엇 뛰엣] 스키
- nếu [네우] 만약(가정)
- hóng mát [홍 맛] 바람 쐬다
- còn gì bằng [꼰 지 방] 더할 나위 없다

해설

◆ 계절 묻고 답하기

계절을 물을 때는 '어떤'이라는 의문사 nào를 활용하며 〈명사 + nào〉의 형태로 쓴다. 대답할 때는 nào 대신 계절을 넣는다.

A : Bạn thích mùa nào? [반 틱 무어 나오] 넌 어떤 계절을 좋아하니?

B : Mình thích mùa xuân. [밍 틱 무어 쒼] 나는 봄을 좋아해.

A : Bây giờ miền Nam Việt Nam là mùa nào?
[버이 져 미엔 남 비엣 남 라 무어 나오] 지금 베트남 남부는 어떤 계절입니까?

B : Bây giờ là mùa mưa. [버이 져 라 무어 므어] 지금은 우계입니다.

◆ Tuy ~ nhưng ~

'비록 ~하지만 ~하다', '~임에도 불구하고 ~하다'라는 표현으로 앞에서 〈(mặc) dù ~ nhưng ~〉을 학습하며 언급한 바 있다.

Tuy trời mưa nhưng tôi vẫn đi ra ngoài.
[뛰 쩌-이 므어 능 또이 번 디 자 응와이] 비록 비가 내리지만 나는 여전히 밖으로 나간다.

◆ quá

현재의 감정이나 상태를 나타내는 정도 부사로 형용사의 뒤에 쓰는 것이 일반적이지만 형용사의 앞에 위치하기도 한다. 이는 정도가 극심한 상태를 나타내기도 하고 반어적 표현이기도 하다. 두 가지 의미가 상반되지만 quá의 위치상으로는 구분할 수 없기 때문에 문맥을 잘 파악해야 한다.

Nóng quá! [농ㅁ 꽈] 너무 덥다! (형용사 뒤에 위치)

Hôm nay quá lạnh, rất khó chịu! [홈 나이 꽈 ㄹ라잉, 젓 코 찌우]
오늘 너무 추워, 견디기 힘들어. (정도가 극심한 상태)

Quá giỏi, ngày mai thi mà không học còn chơi game!
[꽈 죠이, 응아이 마-이 티 마 콩ㅁ 혹ㅂ 꼰 쩌-이 게임]
잘한다, 내일이 시험인데 공부는 안 하고 게임이나 하니! (반어적 표현)

◆ **nếu A thì B**

'만약 A한다면 B하다' 라는 조건과 결과를 한 문장에 나타내는 표현이다.

Nếu em không đi thì anh sẽ đi một mình.
[네우 앰 콩ㅁ 디 티 아잉 쌔 디 못 밍] 만약 네가 안 간다면 나 혼자 갈 거야.

A와 B의 주어가 동일하면 앞의 주어를 생략할 수 있다.

Nếu em có tiền thì em mua ô tô mới.
[네우 앰 꼬 띠엔 티 앰 무어 오 또 머-이]

= **Nếu có tiền thì em mua ô tô mới.**
[네우 꼬 띠엔 티 앰 무어 오 또 머-이] 만약 돈이 있다면 저는 새 자동차를 살 거예요.

◆ **còn gì bằng**

còn '남아 있다', gì '무엇', bằng '같은', '~만큼' 이라는 세 단어가 합쳐져서 '같은 무엇이 남아 있다' 이다. 그런데 보통 의문사가 평서문에 쓰이면 더 이상 의문사가 아니라 부정의 의미를 나타낸다. 그렇기 때문에 gì를 '아무것도', '전혀' 로 해석하여 '같은 것이 아무것도 남아 있지 않다', '그만한 것이 없다', '더할 나위 없다' 라는 표현으로 이해한다.

Được thế thì còn gì bằng. [드억 테 티 꼰 지 방]
그렇게만 된다면 더할 나위 없다.

Trời nóng mà ăn kem thì còn gì bằng. [쩌-이 농ㅁ 마 안 깸 티 꼰 지 방]
더운 날씨에 아이스크림을 먹으면 더할 나위 없다.

Anh cưới được em thì còn gì bằng. [아잉 끄어이 드억 앰 티 꼰 지 방]
내가 너와 결혼할 수 있다면 더할 나위 없겠다.

평가 테스트

💬 빈칸에 알맞은 말을 넣으세요.

1. Em thích _____? 너는 어떤 계절을 좋아하니?

2. Mùa này đi biển thì _____.
   이 계절에 바다에 가면 더할 나위 없이 좋다.

3. _____ trời lạnh _____ anh thích trượt tuyết.
   비록 날씨는 춥지만 나는 스키를 좋아한다.

💬 다음 문장을 해석하세요.

4. Trời ấm quanh năm. _____

5. Chúng ta đi bãi biển hóng mát nhé. _____

6. Em không thích thời tiết quá nóng hoặc quá lạnh.
   _____

💬 다음 문장을 베트남어로 만드세요.

7. 호찌민시에는 겨울이 없다. _____

8. 남부 지역은 우계와 건계만 있다. _____

9. 한국의 가을은 날씨가 어때요? _____

정답

1. mùa nào	2. còn gì bằng	3. Tuy / nhưng
4. 일 년 내내 따뜻한 날씨다. / 날씨가 일 년 내내 따뜻하다.	5. 우리 바람 쐬러 바닷가에 가자.
6. 나는 너무 덥거나 너무 추운 날씨는 좋아하지 않는다.	7. Ở Thành phố Hồ Chí Minh không có mùa đông.
8. Ở miền Nam chỉ có mùa mưa và mùa khô.	9. Mùa thu ở Hàn Quốc thời tiết thế nào?

Các mùa trong năm
계절

- mùa xuân [무어 쒼] 봄
- mùa hạ / mùa hè [무어 하 / 무어 해] 여름
- mùa đông [무어 동ㅁ] 겨울
- mùa thu [무어 투] 가을

- mùa mưa [무어 므어] 우계
- mùa khô [무어 코] 건계

Ngày 17 — Em đã bao giờ đi đảo Jeju chưa?

기본표현!!

A Chị đã bao giờ đi Sapa chưa?
찌 다 바오 져 디 싸빠 쯔어
언니, 사파에 가본 적 있어요?

B Chưa! Khi đang làm việc ở Hà Nội,
쯔어 키 당 람 비엑 어 하 노이
chị đã không có dịp đi.
찌 다 콩 꼬 집 디
아직! 하노이에서 일할 때는 갈 기회가 없었어.

Bây giờ ở Thành phố Hồ Chí Minh nên càng khó.
버이 져 어 타잉 포 호 찌 밍 넨 깡 코
지금은 호찌민시에 있으니 더 힘드네.

A Em nghe nhiều người nói Sapa rất đẹp.
앰 응애 니에우 응어이 노이 싸빠 젓 댑
많은 사람들이 사파가 아주 아름답다고 말하는 걸 들었어요.

Em sẽ đi một ngày gần đây.
앰 쌔 디 못 응아이 건 더이
저는 조만간 가려고요.

새 단어

- **bao giờ** [바오 져] 언제
- **dịp** [집] 기회
- **càng** [깡] ~할수록
- **gần** [건] 가깝다
- **khi** [키] ~할 때
- **nên** [넨] 그래서
- **khó** [코] 어렵다

해설

◆ **khi**

'~할 때'라는 의미인 khi는 〈khi + (주어) + 동사/형용사, 주어 + 동사/형용사〉의 형태로 쓰여 '~할 때 ~한다'라는 표현으로 사용된다. 연결된 두 문장의 주어가 동일한 경우 앞 문장의 주어는 생략할 수 있다. 어순을 바꾸어 〈주어 + 동사/형용사 khi (주어) + 동사/형용사〉로 표현하기도 한다.

Khi tôi về nhà, vợ tôi đang nấu ăn.
[키 또이 베 냐, 버 또이 당 너우 안] 내가 집에 돌아왔을 때 아내는 요리를 하고 있었다.

Khi rảnh, tôi thường nghe nhạc.
[키 자잉, 또이 트엉 응애 냑] 한가할 때 나는 보통 음악을 듣는다.

= **Tôi thường nghe nhạc khi rảnh.** [또이 트엉 응애 냑 키 자잉]

◆ **nên**

연결사 '그래서'의 의미로 쓰일 때는 nên 뒤에 결과를 나타내는 문장이 온다.

Tôi dậy muộn, nên tôi không ăn sáng.
[또이 저이 무온, 넨 또이 콩 안 쌍] 늦게 일어나서 아침을 먹지 않았다.

Em mệt nên đi ngủ sớm. [앰 멧 넨 디 응우 썸] 나는 피곤해서 일찍 자러 간다.

◆ **càng** 동사/형용사

'점점 더 ~하다'라는 표현이다.

Đọc nhiều lần thì càng dễ hiểu.
[독ㅂ 니에우 런 티 깡 제 히에우] 여러 번 읽으면 점점 더 이해하기 쉽다.

★ **càng** 동사/형용사 + **càng** 동사/형용사

인과관계가 있는 두 가지 행동이나 상태가 점진적으로 진행됨을 나타내는 표현으로 '~할수록 점점 더 ~하다'라는 의미다.

Càng học càng giỏi. [깡 혹ㅂ 깡 죠이] 공부하면 할수록 더 잘한다.

Em về nước càng sớm càng tốt. [앰 베 느억 깡 썸 깡 똣]
귀국이 빠르면 빠를수록 좋다.

Ngày 17

◆ một ngày gần đây

một ngày gần đây는 최근 어느 날, 즉 가까운 시일 내, 조만간을 나타낸다.

Tôi mong gặp anh một ngày gần đây.
[또이 몽 갑 아잉 못 응아이 건 더이] 나는 가까운 시일 내에 당신과 만나기를 바랍니다.

Cháu sẽ đi thăm ông bà một ngày gần đây.
[짜우 쌔 디 탐 옹 바 못 응아이 건 더이] 나는 조만간 할아버지·할머니를 방문하러 갈 것이다.

Sapa [싸빠] 사파

Sapa는 베트남 서북쪽에 있는 유명한 고산지대로, Lào Cai[라오 까–이] 성에 속해 있으며, 수도 Hà Nội[하 노이]에서 약 376km 떨어져 있다. 열대기후에 가깝지만 해발 1600m 높이에 있어서 일년 내내 시원하다. Sapa는 베트남에서 드물게도 눈이 내리는 지역이다. 이곳은 Kinh[낑] 족 이외에 H'Mong[흐몽], Tày[따이], Dao đỏ[자오 도]와 같은 소수 종족들의 삶의 터전이다. 각 종족마다 독특한 문화적 특색을 지니며, 자신들의 미풍양속을 지키고 있다. Sapa의 자연 경관은 남다르며 각종 과일과 산짐승들이 많아서 매우 매력적으로 다가온다.

2차 학습

2차학습!!

A Em sắp đi Hàn Quốc phải không? 너는 곧 한국에 가지?
앰 쌉 디 한 꾁 파-이 콩ㅁ

B Dạ phải, cuối tháng này em sẽ đi
자 파-이 꾸오이 탕 나이 앰 쌔 디
Hàn Quốc trong một tuần.
한 꾁 쫑ㅁ 못 뚠
네, 맞아요. 이달 말에 1주일 동안 한국에 갈 거예요.

A Em đã bao giờ đi đảo Jeju chưa?
앰 다 바오 져 디 다오 제주 쯔어
제주도에 가본 적 있니?

B Dạ chưa, em chưa bao giờ đi,
자 쯔어 앰 쯔어 바오 져 디
아직이요, 저는 아직 못 가봤어요,

nên lần này em định đi đảo Jeju anh ạ.
넨 르런 나이 앰 딩 디 다오 제주 아잉 아
그래서 이번에 제주도에 가려고요.

A Thích thế. 좋겠다.
틱 테
Anh xem tivi thấy cảnh ở đấy rất đẹp.
아잉 쌤 띠비 터이 까잉 어 더이 젓 댑
텔레비전에서 보니 거기 풍경이 너무 아름다운 것 같던데.

새 단어

- **sắp** [쌉] 곧 (가까운 미래)
- **định** [딩] ~할 예정이다, ~할 작정이다
- **tivi** [띠비] 텔레비전
- **trong** [쫑ㅁ] ~안에, 동안(기간)
- **xem** [쌤] 보다
- **cảnh** [까잉] 풍경, 광경

Ngày 17

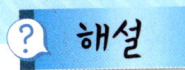

◆ **sắp / sẽ**

둘 다 '~할 것이다'라는 미래 표현으로 동사 앞에 사용한다. sẽ보다 sắp은 훨씬 더 가까운 근접 미래를 나타내며, 막연한 미래가 아닌 좀 더 확실한 미래의 의미를 지닌다.

> Anh sẽ gọi điện nhé. [아잉 쌔 고이 디엔 내]
> 내가 전화할게. (전화를 할 수도 있고 안 할 수도 있음)
>
> Em sắp về nước. [앰 쌉 베 느억] 저 곧 귀국해요. (조만간 귀국한다는 의미)

◆ **trong**

'~안에'라는 의미의 trong 뒤에 장소가 아닌 시간이 오면 '그 시간 동안'이라는 표현이 된다.

> Trong túi có 3 quyển sách. [쫑 뚜이 꼬 바 꿰엔 싸익]
> 가방 안에 책 3권이 있다.
>
> Chúng tôi chuẩn bị cưới trong 6 tháng. [쭝 또이 쭬 비 끄어이 쫑 싸우 탕]
> 우리는 6개월 동안 결혼 준비를 한다.

◆ **lần này**

'번', '횟수'를 의미하는 lần에 지시형용사 này를 붙이면 '이번'이라는 표현이 된다. '다음 번'은 lần sau[런 싸우]다. 몇 번인지 횟수를 나타낼 때는 〈숫자 + lần〉, 몇 번째인지를 나타낼 때는 〈lần + 서수(thứ + 숫자)〉이다.

> Lần sau chúng ta đi ăn cơm nhé.
> [런 싸우 쭝 따 디 안 껌 내] 다음에 우리 밥 먹으러 가자.

A : Anh xem phim ở đây mấy lần rồi?
[아잉 쌤 핌 어 더이 머이 런 조이] 여기서 몇 번 영화 보셨어요?

B : Lần này là lần đầu tiên. [런 나이 라 런 더우 띠엔] 이번이 첫 번째입니다.

| thứ nhất [트 녓] | 첫 번째 | thứ hai [트 하-이] | 두 번째 |
| thứ ba [트 바] | 세 번째 | thứ tư [트 뜨] | 네 번째 |

* 첫 번째는 lần thứ một[런 트 못]이 아닌 lần thứ nhất[런 트 녓] 또는 lần đầu tiên[런 더우 띠엔], 네 번째는 lần thứ bốn[런 트 본]이 아닌 lần thứ tư[런 트 뜨]라고 함을 주의한다.

◆ **định**

'~할 작정이다', '~할 계획이다'라는 의미로, sẽ처럼 미래를 나타내는 표현이기도 하지만 막연한 상태가 아닌 확고한 의지나 계획을 내포하고 있다. 과거 시제에 쓰이는 경우에는 '~할 계획이었는데 실행하지 못했다'는 표현이 된다.

Tôi sẽ học tiếng Anh. [또이 쌔 혹ㅂ 띠엥 아잉] 나는 영어를 공부할 것이다.

Tôi định học tiếng Anh trong 1 năm.
[또이 딩 혹ㅂ 띠엥 아잉 쫑ㅁ 못 남] 나는 1년 동안 영어 공부를 할 계획이다.

Tôi định học tiếng Anh nhưng bận quá, không học được.
[또이 딩 혹ㅂ 띠엥 아잉 능 번 꽈, 콩ㅁ 혹ㅂ 드억]
나는 영어를 공부하려 했으나 너무 바빠서 못했다.

문법코너

đã ~ chưa? 와 đã bao giờ ~ chưa?

① **đã ~ chưa?**

현재 상태에서 어떠한 행동이 이미 일어났는지 아니면 아직 일어나지 않았는지의 여부를 묻는 표현으로, 통상적으로 그 행동이 언젠가는 발생하는 것을 전제로 하고 있다. 긍정 대답은 〈Rồi, 주어 + 동사 + rồi.〉 (네, 이미 ~했다), 아직 그 행동이 일어나지 않은 경우에는 〈Chưa, 주어 + chưa + 동사.〉(아직, 아직 ~ 안 했다)로 대답한다. 만약 그러한 행동을 아예 하지 않을 생각이라면 chưa가 아닌 không으로 대답해도 된다.

A : **Anh đã kết hôn chưa?** [아잉 다 껫 혼 쯔어] 결혼하셨어요?

B : **Rồi, anh đã kết hôn rồi.** [조이, 아잉 다 껫 혼 조이] 응, 결혼했어.

Chưa, anh chưa kết hôn. [쯔어, 아잉 쯔어 껫 혼]
아직, 아직 결혼 안 했어.

Không, anh không kết hôn. [콩ㅁ, 아잉 콩ㅁ 껫 혼]
아니, 결혼 안 할 거야.

② đã bao giờ ~ chưa?

경험을 묻는 표현으로 '~해 본 적 있습니까?'로 해석한다. 경험이 있는 경우는 위의 긍정 대답과 동일하며, 아직 경험하지 않은 경우에는 〈Chưa, 주어 + chưa bao giờ + 동사.〉(아직, 아직 ~ 안 해 봤다)로 표현한다.

    A : Em đã bao giờ ăn Tết ở Việt Nam chưa?
        [앰 다 바오 져 안 뗏 어 비엣 남 쯔어] 너 베트남에서 설 쇤 적 있니?
    B : Rồi, em đã ăn Tết ở Việt Nam rồi.
        [조이, 앰 다 안 뗏 어 비엣 남 조이] 네, 베트남에서 설 쇤 적 있어요.

       Chưa, em chưa bao giờ ăn Tết ở Việt Nam.
        [쯔어, 앰 쯔어 바오 져 안 뗏 어 비엣 남] 아직요, 아직 베트남에서 설 쇤 적 없어요.

지금까지 경험이 없고, 앞으로도 하지 않을 경우에는 〈주어 + không bao giờ + 동사.〉(나는 평생 ~하지 않겠다)로 표현한다.

    Tôi không bao giờ quên được những ngày ở Việt Nam.
    [또이 콩ㅁ 바오 져 꿴 드억 늉 응아이 어 비엣 남]
    나는 베트남에서의 날들을 평생 잊지 않겠다.

    Con không bao giờ hiểu hết tấm lòng của bố mẹ.
    [꼰 콩ㅁ 바오 져 히에우 헷 떰 르롱ㅁ 꾸어 보 매] 자식은 부모의 마음을 평생 모른다.

평가 테스트

💬 빈칸에 알맞은 말을 넣으세요.

1. Tôi sẽ đi _____. 나는 가까운 시일 내로 갈 것이다.

2. Lần này tôi _____ đi đảo Jeju. 이번에 나는 제주도에 갈 예정이다.

3. Cuối tháng này em sẽ đi Hàn Quốc _____ hai tháng.
   이번 달 말에 나는 두 달 동안 한국에 갈 것이다.

💬 다음 문장을 해석하세요.

4. Em chưa bao giờ đi đảo Jeju. _____

5. Anh sắp đi Hàn Quốc phải không? _____

6. Em nghe nhiều người nói Sapa rất đẹp. _____

💬 다음 문장을 베트남어로 만드세요.

7. 언니는 한국에 가 본 적 있어요? _____

8. 나는 사파에 갈 기회가 없다. _____

9. 텔레비전을 보니 거기 풍경이 너무 아름다운 것 같다.
   _____

정답

1. một ngày gần đây   2. định   3. trong   4. 저는 아직 제주도에 못 가봤어요.
5. 곧 한국에 가시죠?   6. 나는 많은 사람들이 사파가 아주 아름답다고 말하는 걸 들었다.
7. Chị đã bao giờ đi Hàn Quốc chưa?   8. Tôi không có dịp đi Sapa.
9. Tôi xem tivi thấy cảnh ở đấy rất đẹp.

Món ăn Việt Nam
베트남 음식

- **phở** [퍼]

쌀로 만든 납작한 면에 육수를 붓고 그 위에 고기, 양파, 숙주 등을 얹어 먹는 하노이식 쌀국수. 아침 식사로 즐겨 먹는다.

- **nem rán / chả giò** [냄 잔 / 짜 죠]

쌀로 만든 바잉짱(bánh tráng / rice paper)에 다진 고기나 새우, 야채 등을 얹어 돌돌 말아서 튀긴다. 보통 새콤달콤한 느억맘(nước mắm / fish sauce)에 찍어 먹는다.

- **bún chả** [분 짜]

숯불에 구운 삼겹살, 고기 완자를 그린 파파야, 오이, 당근 등을 넣은 소스에 분(bún, 생면)과 야채를 곁들여 먹는 북부 음식.

- **cơm chiên / cơm rang hải sản** [껌 찌엔 / 껌 장 하-이 싼]

찰지지 않은 밥에 여러 가지 해산물과 야채를 넣어 볶는다. 기호에 따라 간장을 넣어 비벼 먹기도 한다.

- **bánh xèo** [바잉 쌔오]

쌀가루와 강황 가루를 반죽해 얇게 부치고 그 위에 고기, 숙주, 새우 등을 얹은 다음 반달 모양으로 접어 노릇노릇하게 굽는다. 오이 등 각종 야채와 함께 소스를 찍어 먹는다. 남부의 대표 음식 중 하나다.

- **gỏi cuốn** [고이 꾸온]

바잉짱에 분, 야채, 삶은 새우, 익힌 고기 등을 싸서 소스에 찍어 먹는다.

- **nộm / gỏi ngó sen tôm thịt** [놈 / 고이 응오 쎈 똠 팃]

연근을 얇게 썰어 식초에 절인 것을 고기, 새우, 양파, 땅콩 등과 함께 새콤달콤하게 버무린 샐러드의 일종이다.

- **lẩu cá** [르러우 까]

약간 시큼하고 얼큰한 맛이 나는 육수에 생선을 넣어 끓인 매운탕의 종류이다. 샤브샤브처럼 각종 야채도 살짝 데쳐 밥이나 면과 함께 먹는다.

- **chè thập cẩm** [째 텁 껌]

한국의 빙수처럼 여름에 즐겨 먹는 남부 지역의 간식으로, 녹두나 팥 등으로 만든 달짝지근한 죽에 각종 과일과 코코넛 우유, 얼음을 넣어 먹는다.

Ngày 18 — Anh cần gì ạ?

기본표현!!

A Chào anh, anh cần gì ạ? 안녕하세요. 뭐가 필요하세요?
   짜오 아잉 아잉 껀 지 아

B Tôi muốn gặp cô Thúy Hà. 저는 투이하 씨를 만나고 싶어요.
   또이 무온 갑 꼬 튀 하

A Cô Hà đang nghỉ phép.
   꼬 하 당 응이 팹
   하씨는 휴가 중이에요.

   Anh có việc gì gấp không?
   아잉 꼬 비엑 지 겁 콩
   무슨 급한 일 있으세요?

B Ồ, tôi chỉ muốn thăm cô ấy.
   오 또이 찌 무온 탐 꼬 어이
   아, 전 그냥 그녀를 만나러 왔어요.

A Xin lỗi anh, anh vui lòng cho biết tên và
   씬 로이 아잉 아잉 부이 롱 쪼 비엣 뗀 바
   để lại số điện thoại.
   데 라이 쏘 디엔 타이
   죄송합니다만, 성함을 알려주시고 전화번호를 남겨 주세요.

B Tôi tên Sơn, đây là danh thiếp của tôi.
   또이 뗀 썬 더이 라 자잉 티엡 꾸어 또이
   제 이름은 썬이고, 이것은 제 명함입니다.

Ngày 18

> **새 단어**
>
> - cần [껀] 필요하다
> - gấp [겁] 급한
> - vui lòng [부이 르롱ㅁ] ~해 주세요 (정중히 허락을 구할 때)
> - biết [비엣] 알다
> - số điện thoại [쏘 디엔 톼이] 전화번호
> - nghỉ phép [응이 팹] 휴가
> - thăm [탐] 방문하다
> - để lại [데 라라이] 남겨두다
> - danh thiếp [자잉 티엡] 명함

해설

◆ cần gì

'필요하다'라는 의미의 **cần**과 '무엇'이라는 의문사 **gì**를 함께 사용하여 '무엇이 필요하세요?'라는 뜻이다. '무엇을 도와드릴까요?'의 표현으로도 사용되며, 비슷한 표현으로 **cần giúp gì không**[껀 즙 지 콩ㅁ]이 있다.

   Ông **cần gì** ạ? [옹ㅁ 껀 지 아] 할아버지 뭘 도와드릴까요?
   = Ông **cần giúp gì không** ạ? [옹ㅁ 껀 즙 지 콩ㅁ 아]

◆ gấp

동사로는 '접다', 형용사로는 '급하다', 부사로는 '~배'의 의미를 지니는 **gấp**은 위 기본 표현에서 '급하다'의 의미로 사용되었다.

   Tôi có việc **gấp**. [또이 꼬 비엑 겁] 나는 급한 일이 있습니다.
   Tôi có thói quen **gấp** tờ giấy.
   [또이 꼬 토이 꽨 겁 떠 져이] 나는 종이를 접는 습관이 있다.
   Dạo này giá hoa quả tăng **gấp** hai.
   [자오 나이 쟈 화 꽈 땅 겁 하-이] 요즘 과일 가격이 두 배로 올랐다.

◆ **vui lòng cho biết**

〈cho + 동사〉로 쓰여 '~ 하게 하다', '~ 해 주다'의 의미를 지니므로 cho biết은 '알려주다'라는 표현이 된다. vui lòng은 직역하면 '기쁜 마음', '만족스러운'이라는 의미인데, 다른 사람에게 말할 때는 정중하게 부탁드리는 표현으로 '(기쁜 마음으로) ~해 주세요'로 이해하면 된다. 따라서 vui lòng cho biết은 '알려주세요'라는 뜻이다. vui lòng 앞에 xin을 붙이기도 한다.

Chị vui lòng chờ một chút. [찌 부이 ㄹ롱ㅁ 쩌 못 쭛] 조금만 기다려 주세요.
Con ngoan làm vui lòng bố mẹ. [꼰 응완 ㄹ람 부이 ㄹ롱ㅁ 보 매]
착한 아이는 부모님을 기쁘게 한다.

◆ **để lại**

동사로 쓰여 '~에 두다'의 의미인 để 뒤에 lại를 붙여서 '다시 두다', 즉 '남기다', '남겨두다'의 표현이 된다. 후대에 전수해 주고 물려주는 경우에도 사용한다.

Em ấy để lại ấn tượng tốt. [앰 어이 데 ㄹ라이 언 뜨엉 똣]
그는 좋은 인상을 남겼다.

Khi ông mất, để lại nhiều tài sản cho con cháu.
[키 옹ㅁ 멋, 데 ㄹ라이 니에우 따-이 싼 쪼 꼰 짜우]
할아버지가 돌아가실 때 자손들에게 많은 재산을 물려주었다.

2차 학습!!

A Chị Hà ơi, hôm qua có người muốn gặp chị.
찌 하 어-이 홈 꽈 꼬 응어이 무온 갑 찌

하 언니, 어제 언니를 만나고 싶어 하는 사람이 있었어요.

B Ai thế em? 누군데?
아-이 테 앰

Nam hay nữ, già hay trẻ?
남 하이 느 쟈 하이 째

남자야, 여자야, 나이 들었어 아니면 젊어?

A Là một người đàn ông lịch sự, tên Sơn.
라 못 응어이 단 옹 르릭 쓰 땐 썬

예의 바르신 남자분이고, 성함은 썬이에요.

Anh ta có để lại danh thiếp đây ạ.
아잉 따 꼬 데 라이 자잉 티엡 더이 아

여기 명함 남겼어요.

B Ồ, chị phải gọi điện ngay đây.
오 찌 파-이 고이 디엔 응아이 더이

오, 지금 당장 전화해야겠다.

새 단어

- nam [남] 남자, 남쪽
- già [쟈] 늙은, 나이 든
- đàn ông [단 옹ㅁ] 남성
- nữ [느] 여자
- trẻ [째] 젊은, 어린
- lịch sự [르릭 쓰] 예의 바른, 공손한

해설

◆ **thế**

thế는 문장 끝에 써서 자신의 놀란 감정을 나타낸다. 앞의 2차 학습에서는 누군가가 자신을 찾아왔다는 말에 놀라서 '누군데?'라고 묻는 상황이다.

◆ **Nam hay nữ, già hay trẻ?**

hay는 '잘하다', '재미있다', '자주', '또는'이라는 뜻으로, 그 활용도 다양하다. '자주'의 의미로 쓰일 때는 〈hay + 형용사/동사〉의 형태이며, 선택의문문 내에 쓰일 때는 '또는'이라는 의미다. 본문에서는 선택의문문에 사용되었다.

Cô Hương hát rất hay. [꼬 흐엉 핫 젓 하이] 흐엉 선생님은 노래를 아주 잘한다.
Bộ phim này hay lắm. [보 핌 나이 하이 ㄹ람] 이 영화는 꽤 재밌다.
Tôi hay đi công tác nước ngoài.
[또이 하이 디 꽁ㅁ 딱 느억 응와이] 나는 자주 해외로 출장 간다.
Em uống cà phê hay ăn kem?
[앰 우옹 까 페 하이 안 깸] 커피 마실래 아니면 아이스크림 먹을래?

◆ **Là một người đàn ông lịch sự, tên Sơn.**

주어 anh ấy가 생략되어 있으며, Anh ấy là một người đàn ông lịch sự.와 Anh ấy tên là Sơn.이라는 두 문장이 결합된 형태다. 우리가 흔히 주어를 생략하고 '이름은 썬이고 예의바른 남자예요'라고 말하는 경우와 비슷하다고 할 수 있다.

◆ **anh ta**

'그', '그 남자'라는 의미로 anh ấy[아잉 어이]와 같은 말이다.
Anh ta là nhà báo. [아잉 따 ㄹ라 냐 바오] 그는 신문 기자다.
Anh ta là ai? [아잉 따 ㄹ라 아-이] 그는 누구입니까?

◆ **Ồ**

감탄사로, 놀랐을 때나 기쁠 때 문장 앞에 쓴다.
Ồ, ngon quá. [오, 응온 꽈] 오, 맛있네.

Ngày 18

알아두기

사람의 성격이나 외형을 나타내는 형용사

lịch sự [릭 쓰]	예의 바른	bất lịch sự [벗 릭 쓰]	예의 없는
vui tính [부이 띵]	발랄한, 쾌활한	nóng tính [농 띵]	화를 잘 내는, 성급한
dễ tính [제 띵]	온순한	khó tính [코 띵]	깐깐한
hiền lành [히엔 라잉]	선량한	ngoan [응완]	착한, 고분고분한
ngoan cố [응완 꼬]	완고한	bướng bỉnh [브엉 빙]	고집 센

Người Hàn Quốc rất nóng tính. [응어이 한 꿕 젓 농 띵]
한국 사람은 아주 성미가 급하다.

Vợ tôi vui tính lắm. [버 또이 부이 띵 람] 내 아내는 명랑하다.

già [쟈]	늙은	trẻ [째]	어린
béo [배오] / mập [멉]	뚱뚱한	gầy [거이] / ốm [옴]	마른
đẹp [댑]	예쁜, 아름다운	xấu [써우]	못생긴, 나쁜
tốt [똣]	좋은, 잘하는	giỏi [죠이]	잘하는
thấp [텁]	낮은, (키가) 작은	cao [까오]	높은, (키가) 큰
yếu [이에우]	약한	khỏe [쾌]	건강한
giàu [쟈우]	부유한	nghèo [응애오]	가난한
lười [르어이]	게으른	siêng năng [씨엥 낭]	부지런한, 근면한

A : Anh ấy thế nào? [아잉 어이 테 나오] 그 사람 어때요?

B : Anh ấy rất lười. [아잉 어이 젓 르어이] 그는 너무 게을러요.

Cô Ji An cao và đẹp. [꼬 지 안 까오 바 댑] 지안은 키가 크고 예쁘다.

평가 테스트

💬 빈칸에 알맞은 말을 넣으세요.

1. Đây là _____ của tôi.   이것은 내 명함이다.

2. Anh có việc gì _____ không?   무슨 급한 일 있으세요?

3. Hôm qua _____ muốn gặp chị.
   어제 언니를 만나고 싶어 하는 사람이 있었다.

💬 다음 문장을 해석하세요.

4. Anh cần gì ạ? _____

5. Chị phải gọi điện ngay đây. _____

6. Là một người đàn ông lịch sự, tên Sơn. _____

💬 다음 문장을 베트남어로 만드세요.

7. 그녀는 휴가 중이다. _____

8. 남자야 여자야, 나이 들었어 아니면 젊어? _____

9. 성함을 알려주시고, 전화번호를 남겨주세요. _____

정답

1. danh thiếp   2. gấp   3. có người   4. 무엇이 필요합니까? / 무엇을 도와드릴까요?
5. 지금 당장 전화해야겠다.   6. 예의 바르신 남자분이고, 성함은 썬이에요.
7. Chị ấy đang nghỉ phép.   8. Nam hay nữ, già hay trẻ?
9. Anh vui lòng cho biết tên và để lại số điện thoại.

Thức ăn nhanh
패스트푸드

- bánh xăng uých /
  bánh mì kẹp thịt
  [바잉 쌍 웍 / 바잉 미 깹 팃] 샌드위치

- hăm-bơ-gơ
  [함 버 거] 햄버거

- khoai tây chiên
  [콰이 떠이 찌엔] 감자튀김

- thịt nguội / chả lụa
  [팃 응우오이 / 짜 르루어] 햄

- xúc xích
  [쑥ㅂ 씩] 소시지

- nem chua rán [냄 쭈어 잔]
  베트남식 소시지 튀김

- xôi gà [쏘이 가]
  닭고기 찹쌀밥

- nước ngọt có ga
  [느억 응옷 꼬 가] 청량음료

Ngày 19 — A lô!

기본표현!!

A A lô, công ty xuất nhập khẩu Yoko nghe ạ.
아 르로 꽁ㅁ 띠 쒓 녑 커우 요꼬 응애 아
여보세요, 요꼬 수출입 회사입니다.

B Xin lỗi, tôi muốn gặp anh Sơn.
씬 르로이 또이 무온 갑 아잉 썬
실례지만, 전 썬 씨를 만나고 싶습니다.

A Anh Sơn ở bộ phận nào ạ? 어느 부서의 썬 씨요?
아잉 썬 어 보 펀 나오 아

B Anh Sơn giám đốc. 썬 사장님이요.
아잉 썬 쟘 독ㅂ

Tôi là Đức, vừa gặp anh Sơn hôm qua ở công ty.
또이 라 득 브어 갑 아잉 썬 홈 꽈 어 꽁ㅁ 띠
저는 득인데, 어제 썬 사장님을 회사에서 만난 사람입니다.

A Anh vui lòng giữ máy, tôi chuyển ngay đây ạ.
아잉 부이 르롱ㅁ 즈 마이 또이 쮸엔 응아이 더이 아
끊지 마세요, 바로 바꿔드리겠습니다.

B Cảm ơn chị. 고맙습니다.
깜 언 찌

Ngày 19

새 단어

- **a lô** [아 르로] 여보세요
- **bộ phận** [보 펀] 부분, 부서
- **vui lòng** [부이 르롱ㅁ] 마음에 들다, 기쁜 마음으로, ~해 주세요 (정중히 부탁할 때)
- **giữ** [즈] 유지하다, 지키다
- **chuyển** [쮜엔] 옮기다, 이사하다
- **xuất nhập khẩu** [쒓 녑 커우] 수출입
- **giám đốc** [잠 독ㅂ] 사장
- **máy** [마이] 기계

해설

◆ **A lô, công ty xuất nhập khẩu Yoko nghe ạ.**

a lô는 전화 받을 때 '여보세요'에 해당하며, 확성기로 주의를 불러 모을 때도 쓴다. '듣다' 라는 의미의 **nghe**와 함께 쓰여 '~ 전화 받았습니다'라고 표현한다. 좀 더 공손한 표현은 **xin nghe**[씬 응애]이다.

A lô, tôi nghe đây. [아 르로, 또이 응애 더이] 여보세요, 접니다.

A lô, em Min A xin nghe.
[아 르로, 앰 민 아 씬 응애] 여보세요, 민아(저) 전화 받았습니다.

◆ **xuất nhập khẩu**

수출입을 의미하는 **xuất nhập khẩu**는 '수출' 이라는 **xuất khẩu**[쒓 커우]와 '수입' 이라는 **nhập khẩu**[녑 커우]가 결합된 단어다.

Ngân hàng xuất nhập khẩu [응언 항 쒓 녑 커우] 수출입 은행

Việt Nam là nước xuất khẩu cà phê.
[비엣 남 르라 느억 쒓 커우 까 페] 베트남은 커피 수출국이다.

Trung Quốc nhập khẩu gạo từ Việt Nam.
[쭝 꿕ㅁ 녑 커우 가오 뜨 비엣 남] 중국은 베트남에서 쌀을 수입한다.

◆ **muốn gặp**

'만나고 싶다' 라는 의미로, 직접적으로 사람을 만나는 경우에 사용한다.

Anh muốn gặp nhóm nhạc nữ Hàn Quốc. [아잉 무온 갑 늄 냑 느 한 꿕]
나는 한국 걸그룹 가수를 만나고 싶다.

* 전화상에서의 **muốn gặp**은 '통화하고 싶다' 로 이해할 수 있으며, 비슷한 표현으로는 **muốn nói chuyện với**[무온 노이 쮜엔 버-이] '~와 이야기하고 싶다' 가 있다.

Tôi muốn gặp cô Minh Trang. [또이 무온 갑 꼬 밍 짱]
저는 민짱 선생님과 통화하고 싶습니다.
= **Tôi muốn nói chuyện với cô Minh Trang.**
[또이 무온 노이 쮜엔 버-이 꼬 밍 짱]

◆ **giữ máy**

giữ는 '지키다', '유지하다', '보관하다' 등의 의미이며, 여기서 **máy**는 전화기(**máy điện thoại** [마이 디엔 톼이])를 뜻한다. 따라서 **giữ máy**는 '전화기를 유지하세요', 즉 '끊지 마세요' 의 표현이다.

Anh giữ bí mật nhé. [아잉 즈 비 멋 내] 비밀을 지키세요.
Hàng ngày cha tôi tập thể dục để giữ sức khỏe.
[항 응아이 짜 또이 떱 테 죽ㅂ 데 즈 쓱 쾌]
건강을 유지하기 위해 우리 아버지는 날마다 운동을 하신다.
Ở đây nhận giữ xe. [어 더이 년 즈 쌔] 여기에 오토바이/차 주차 가능.

◆ **chuyển**

본문에서는 '옮기다', '이동하다' 의 의미인 **chuyển**이 '전화를 바꿔주겠다' 는 뜻으로 쓰였다. 회사에서는 전화가 여러 대 있어 번호 하나로 다른 전화와 연결이 가능하다. 이런 경우 **nối máy với**[노이 마이 버-이] '~와 전화 연결하다' 의 표현을 쓸 수 있다.

Cô chờ một chút, cháu chuyển máy cho mẹ ngay ạ.
[꼬 쩌 못 쭛, 짜우 쮜엔 마이 쪼 매 응아이 아]
고모 조금만 기다리세요, 제가 바로 어머니 바꿔드릴게요.
Xin nối máy với chị Lan.
[씬 노이 마이 버-이 찌 르란] 란 씨와 전화 연결 부탁드립니다. / 란 씨 바꿔 주세요.

2차 학습

A A lô, xin vui lòng cho nói chuyện với chị Hương.
아 로 씬 부이 르롱ㅁ 쪼 노이 쮀엔 버-이 찌 흐엉

여보세요. 흐엉 씨와 통화하게 해 주십시오.

B Anh có gọi nhầm số không? 잘못 거셨나요?
아잉 꼬 고이 념 쏘 콩ㅁ

Ở đây không có ai tên là Hương.
어 더이 콩ㅁ 꼬 아-이 뗀 라 흐엉

여기에는 흐엉이라는 사람은 없어요.

A Đấy không phải là văn phòng tư vấn
더이 콩ㅁ 파-이 라 반 퐁ㅁ 뜨 번

Hương Lan sao chị?
흐엉 란 싸오 찌

거기 흐엉란 컨설팅 회사 아니에요?

B Dạ không, đây là nhà riêng.
자 콩ㅁ 더이 라 냐 지엥

아니에요. 여긴 가정집이에요.

새 단어

- **nói chuyện với** [노이 쮀엔 버-이] ~와 이야기하다
- **nhầm** [념] 착각하다, 잘못 알다, 오해하다
- **tư vấn** [뜨 번] 자문하다, 컨설팅하다
- **riêng** [지엥] 개인의, 사적인

해설

◆ **gọi nhầm số**

nhầm은 '착각하다', '오해하다'의 의미로 번호를 착각해서 건 상황이므로 '잘못 걸었다'라는 표현이다.

Tôi có gọi nhầm số không? [또이 꼬 고이 녬 쏘 콩ㅁ] 제가 잘못 걸었나요?
Anh nhầm số rồi. [아잉 녬 쏘 조이] 잘못 거셨어요.

◆ **đấy**

'거기'라는 의미의 지시대명사로 화자에게는 멀리 떨어져 있고, 청자에게 가까운 상황에 사용한다. 전화상에서는 '거기 ~죠?'라는 표현이다.

Đấy là nhà cô Nguyệt Minh phải không?
[더이 르라 냐 꼬 응웻 밍 파-이 콩ㅁ] 거기 응웻민 선생님 댁이죠?

= **Đấy có phải là nhà cô Nguyệt Minh không?**
[더이 꼬 파-이 르라 냐 꼬 응웻 밍 콩ㅁ]

= **Đấy không phải là nhà cô Nguyệt Minh ạ?**
[더이 콩ㅁ 파-이 르라 냐 꼬 응웻 밍 아] 거기 응웻민 선생님 댁 아닌가요?

◆ **riêng**

'개인의', '사적인', '따로'라는 의미로 명사 뒤에 써서 공동으로 쓰는 물건이 아닌 사적인 물건을 나타낸다. 본문에서는 **nhà riêng**이라고 했기 때문에 사무실이 아닌 개인, 사적인 집, 가정집이라는 표현이다.

Đây là xe riêng. [더이 르라 쌔 지엥] 이것은 자가용이다.
Vào quân đội thì không có thời gian riêng.
[바오 꿘 도이 티 콩ㅁ 꼬 터-이 쟌 지엥] 군대에 가면 사적인 시간이 없다.

* 동사 뒤에 쓰여 '따로 ~하다'의 의미도 있다.
Tôi muốn sống riêng. [또이 무온 쏭ㅁ 지엥] 나는 따로 살고 싶다.

Ngày 19

알아두기

전화 관련 표현

xin chuyển máy cho ~ [씬 쮜엔 마이 쪼]	~ 바꿔주세요
muốn gặp ~ [무온 갑]	
muốn nói chuyện với ~ [무온 노이 쮜엔 버-이]	
nghe máy [응애 마이] / nhấc máy [녁 마이]	전화 받다
tắt máy [땃 마이] / ngắt máy [응앗 마이]	전화 끊다
đang bận máy [당 번 마이]	통화 중이다
đi ra ngoài [디 자 응와이] / đi vắng [디 방]	외출했다
không có ở đây [콩ㅁ 꼬 어 더이]	여기에 없다
không có ai tên là ~ [콩ㅁ 꼬 아-이 뗀 라]	이름이 ~인 사람은 없다
gọi nhầm số rồi [고이 념 쏘 조이]	잘못 걸었다
gọi lại sau [고이 라이 싸우]	다음에 다시 걸다
không nghe rõ [콩ㅁ 응애 조]	잘 안 들린다
để lại lời nhắn / tin nhắn [데 라이 러러-이 냔 / 띤 냔]	메시지를 남기다
có nhắn gì không? [꼬 냔 지 콩ㅁ]	메시지를 남기시겠습니까?

A : **A lô, đấy có phải là nhà Su Jin không?**
[아 로로, 더이 꼬 파-이 라 냐 수 진 콩ㅁ] 여보세요, 거기 수진이네 집이죠?

B : **Vâng, nhưng chị Su Jin đi ra ngoài rồi.**
[벙, 늉 찌 수 진 디 자 응와이 조이] 네, 그런데 수진 언니는 외출했어요.

Anh gọi điện thoại di động nhé.
[아잉 고이 디엔 톼이 지 동ㅁ 냬] 휴대전화로 거세요.

Em không nghe rõ, anh nói to đi.
[앰 콩ㅁ 응애 조, 아잉 노이 또 디] 잘 안 들려요, 크게 말씀하세요.

Hải sản 해산물

- cá thu [까 투] 참치
- cá hồi [까 호이] 연어

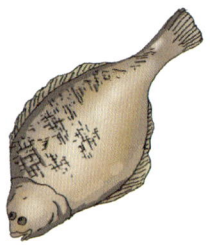

- cá chim [까 찜] 가자미
- lươn [르르언] 뱀장어
- tôm [똠] 새우

- cua [꾸어] 게
- tôm tích [똠 띡] 바닷가재

- cá cơm [까 껌] 멸치

- ốc [옥] 골뱅이

- vòm [봄] 홍합

- sò lụa
[쏘 르루어] 바지락

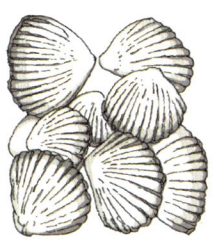
- sò huyết
[쏘 휘엣] 꼬막

- bạch tuột
[바익 뚜옷] 문어

- mực [묵] 오징어

- cá mập
[까 멉] 상어

평가 테스트

💬 빈칸에 알맞은 말을 넣으세요.

1. Anh _____ rồi. 잘못 거셨습니다.

2. Anh vui lòng _____ máy. 전화 끊지 마세요.

3. Tôi _____ anh Sơn. 나는 썬 씨와 통화하고 싶습니다.

💬 다음 문장을 해석하세요.

4. Tôi chuyển ngay đây ạ. _____

5. Ở đây không có ai tên là Hương. _____

6. Đấy không phải là văn phòng tư vấn sao chị?
   _____

💬 다음 문장을 베트남어로 만드세요.

7. 여기는 가정집입니다. _____

8. 나는 어제 회사에서 그를 만났다. _____

9. 여보세요, ABC 수출입 회사입니다. _____

정답

1. nhầm số   2. giữ   3. muốn gặp / muốn nói chuyện với   4. 바로 바꿔드리겠습니다.
5. 여기에는 흐엉이라는 사람은 없습니다.   6. 거기 컨설팅회사 아닙니까?   7. Đây là nhà riêng.
8. Tôi vừa gặp anh ấy hôm qua ở công ty.   9. A lô, công ty xuất nhập khẩu ABC (xin) nghe.

Đây là tòa nhà cao nhất ở Thành phố Hồ Chí Minh.

기본표현!!

A Đây là tòa nhà cao nhất ở Thành phố Hồ Chí Minh.
더이 라 따 냐 까오 녓 어 타잉 포 호 찌 밍
이건 호찌민시에서 가장 높은 건물이에요.

Có tất cả 68 tầng, đặc biệt có sân đỗ trực thăng trên tầng 52.
꼬 떳 까 싸우므어이땀 떵 닥 비엣 꼬 썬 도 쯕 탕 쩬 떵 남므어이하이
전체는 68층이고, 특히 52층에 헬기 착륙장이 있어요.

B Em đưa anh đi lên xem nhé?
앰 드어 아잉 디 렌 쌤 내
네가 구경시켜 줄래?

A Ở tầng 49 có thể nhìn xuống ngắm cảnh toàn thành phố.
어 떵 본므어이찐 꼬 테 닌 쑤옹 응암 까잉 똰 타잉 포
49층에서 도시 전경을 감상할 수 있어요.

B Ừ, ngắm cảnh rồi đi ăn tối đi.
으 응암 까잉 조이 디 안 또이 디
응. 경치 구경하고 나서 저녁 먹으러 가자.

A Vâng, khu nhà hàng ẩm thực ở tầng 50.
벙 쿠 냐 항 엄 특 어 떵 남므어이
네. 푸드코트는 50층에 있어요.

새 단어

- tòa nhà [따 냐] 건물
- nhất [녓] 가장, 제일
- sân đỗ trực thăng [썬 도 쯕 탕] 헬기 착륙장
- đưa [드어] 데리고 가다, 데려다 주다
- có thể [꼬 테] 가능 표현
- xuống [쑤옹] 내려가다
- toàn [똰] 전부, 완전히
- nhà hàng [냐 항] 식당
- cao [까오] (키가) 크다, 높다
- tất cả [떳 까] 전부, 모두
- trên [쩬] ~위에
- lên [렌] 올라가다
- nhìn [닌] 보다
- ngắm cảnh [응암 까잉] 경치를 구경하다
- khu [쿠] 구역
- ẩm thực [엄 특] 음식

해설

◆ tất cả, toàn

tất cả는 '모두', '전부' 라는 의미로 단독으로 쓰이기도 하며, 집합 명사 앞에 써서 전체 수량을 나타내기도 한다. 이때 tất cả 뒤에는 những[늉], các[깍], mọi[모이]를 쓸 수 있다.

Tất cả bao nhiêu tiền? [떳 까 바오 니에우 띠엔] 전부해서 얼마입니까?

Tất cả những người nữ đều mặc áo dài.
[떳 까 늉 응어이 느 데우 막 아오 자-이] 여성들 모두 아오자이를 입었다.

Ngày mai tất cả các lớp đều được nghỉ.
[응아이 마-이 떳 까 깍 르럽 데우 드억 응이] 내일은 모든 클래스가 다 쉰다.

Tất cả mọi học sinh đều học giỏi.
[떳 까 모이 혹ㅂ 씽 데우 혹ㅂ 죠이] 모든 학생들이 다 공부를 잘한다.

* toàn은 '하나도 빠짐없이', '완전히' 라는 의미로 전체를 나타내는 tất cả와 비슷하다. 순수하게 한 종류만 있는 경우에도 쓴다.

Tôi muốn đi du lịch toàn thành phố.
[또이 무온 디 주 릭 똰 타잉 포] 나는 도시 전체를 여행하고 싶다.

Ở đây toàn là hoa hồng. [어 더이 똰 라 화 홍ㅁ] 여기는 온통 장미꽃이다.

Ngày 20

◆ **đưa + 주어 + đi/đến + 장소**

'건네주다', '가져다주다'의 의미인 **đưa**를 동사 **đi**나 **đến**과 함께 쓰면 '~를 ~로 데리고 가다 / 데려다 주다' 라는 표현이 된다.

Hàng ngày cháu đưa báo cho ông Nam.
[항 응아이 짜우 드어 바오 쪼 옹ㅁ 남] 나는 날마다 남 할아버지께 신문을 가져다 드린다.

Bố đưa con đi học. [보 드어 꼰 디 혹ㅂ] 아버지는 나를 학교에 데려다 주신다.

Em sẽ đưa anh đến sân bay.
[앰 쌔 드어 아잉 덴 썬 바이] 제가 오빠를 공항에 모셔다 드릴게요.

◆ **có thể**

가능 표현으로 **được**과 함께 써서 〈**có thể** + 동사 + **được**〉의 형태로 '~할 수 있다'는 표현이다. 이때 **được**은 생략할 수 있으며, 가능한 능력을 나타낸다. **có thể**만 쓰는 경우 어떠한 일이 발생할 가능성을 나타내기도 한다.

Anh có thể nói tiếng Việt được.
[아잉 꼬 테 노이 띠엥 비엣 드억] 나는 베트남어를 할 수 있다.

Công ty chúng tôi có thể giao hàng trong 24 tiếng đồng hồ.
[꽁ㅁ 띠 쭝ㅁ 또이 꼬 테 쟈오 항 종ㅁ 하-이 므어이 본 띠엥 동ㅁ 호]
우리 회사는 24시간 내로 배달 가능합니다.

Chiều nay có thể mưa. [찌에우 나이 꼬 테 므어] 오늘 오후에 비가 내릴 수도 있다.

◆ **rồi**

문장 끝에 쓰여 '이미 ~했다'의 의미로 과거 완료를 나타낸다. **rồi** 뒤에 문장이 끝나지 않는 경우가 있는데, 이때는 '~하고 나서'로 해석한다.

Anh ấy đã đi ra ngoài rồi. [아잉 어이 다 디 자 응와이 조이]
그는 이미 밖에 나갔습니다.

Con làm bài tập rồi đi ngủ nhé. [꼰 람 바-이 떱 조이 디 응우 내]
숙제하고 나서 자렴.

2차 학습!!

A Ra Hà Nội anh đi thăm khu Landmark chưa?
자 하노이 아잉 디 탐 쿠 ㄹ랜막 쯔어
하노이 와서 랜드마크에 가 보셨어요?

B Rồi, anh đã đi xem phim nhiều lần rồi.
조이 아잉 다 디 쎔 핌 니에우 ㄹ런 조이
응, 영화 보러 여러 번 가 봤어.

Bạn của anh sống ở chung cư ngay gần đó.
반 꾸어 아잉 쏭ㅁ 어 쭝ㅁ 끄 응아이 건 도
내 친구가 바로 그 근처 아파트에 살거든.

A Em chưa vào Thành phố Hồ Chí Minh.
앰 쯔어 바오 타잉 포 호 찌 밍
전 아직 호찌민시에 못 가봤어요.

B Thành phố Hồ Chí Minh đông đúc hơn Hà Nội.
타잉 포 호 찌 밍 동ㅁ 둑ㅂ 헌 하 노이
호찌민시는 하노이보다 더 번잡해.

A Anh hay quá, em không có dịp đi nhiều
아잉 하이 꽈 앰 콩ㅁ 꼬 집 디 니에우
nơi như anh.
너이 느 아잉
좋으시겠어요, 저는 오빠처럼 여러 군데를 갈 기회가 없어요.

📖 새 단어

- ra [자] 나가다
- chung cư [쭝ㅁ 끄] 아파트
- hơn [헌] ~보다(비교)
- phim [핌] 영화
- đông đúc [동ㅁ 둑ㅂ] 번잡한, 붐비는
- như [느] ~같다, ~처럼(동등 비교)

Ngày 20

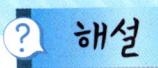

◆ Ra Hà Nội, vào Thành phố Hồ Chí Minh

'나가다'의 의미인 ra와 '들어오다'의 의미인 vào는 움직이는 방향을 나타낸다. 직역하면 하노이로 나가고, 호찌민시로 들어온다는 표현이 된다.

베트남 사람들은 남쪽으로 이동하는 경우는 vào, 북쪽으로 이동하는 경우는 ra를 쓴다. 그렇기 때문에 호찌민시에서 출발하여 하노이로 가는 것은 남쪽에서 북쪽으로 향하기 때문에 ra Hà Nội라고 쓰며, 반대로 하노이에서 호찌민시로 가는 것은 북쪽에서 남쪽으로 향하기 때문에 vào를 쓴다.

마찬가지로 중부 도시인 Huế를 간다고 표현할 때, 하노이에서 출발하면 남쪽으로 향하고 있기 때문에 vào Huế, 호찌민시에서 출발하면 북으로 향하기 때문에 ra Huế라고 쓴다.

Vào năm 1954 nhiều người miền Bắc đã đi vào miền Nam.
[바오 남 못 응인 찐 짬 남 느어이 미엔 박 다 디 바오 미엔 남]
1954년에 많은 북부 사람들이 남부로 왔다.

Muốn thăm Đại sứ quán Hàn Quốc, anh phải đi ra Hà Nội.
[무온 탐 다이 쓰 꽌 한 꾁, 아잉 파-이 디 자 하 노이]
한국 대사관을 방문하려면 하노이로 가야 합니다.

Bây giờ từ Hà Nội vào Huế có nhiều chuyến bay.
[버이 져 뜨 하 노이 바오 훼 꼬 니에우 쮜엔 바이]
요즘은 하노이에서 후에로 가는 항공편이 많이 있다.

Lái ô tô từ Thành phố Hồ Chí Minh ra Huế mất rất nhiều thời gian.
[르라-이 오 또 뜨 타잉 포 호 찌 밍 자 훼 멋 젓 니에우 터-이 쟌]
호찌민시에서 후에로 운전해서 가면 시간이 아주 많이 걸린다.

문법코너

비교 표현

1 동등 비교

'~만큼 ~하다'라는 의미로 비슷한 정도나 수준의 대상을 비교할 때 사용하며, '같은', '~만큼'의 의미인 bằng[방] 또는 '~같은', '~처럼'의 비유의 의미인 như[느]를 활용한다.

〈대상 1 + 형용사 + bằng / như + 대상 2〉

Phòng tôi to bằng phòng này. [퐁ㅁ 또이 또 방 퐁ㅁ 나이]
내 방은 이 방만큼 크다.

Cô gái ấy cao như người mẫu. [꼬 가-이 어이 까오 느 응어이 머우]
그 아가씨는 모델처럼 키가 크다.

★ '서로'라는 의미의 nhau[냐우]와 결합하여 bằng nhau 또는 như nhau로 쓸 수 있다.

〈대상 1 và 대상 2 + 형용사 + bằng nhau/như nhau〉

Cô Hương và Su Ji học giỏi như nhau.
[꼬 흐엉 바 수 지 혹ㅂ 죠이 느 냐우] 흐엉과 수지는 비슷하게 공부를 잘한다.

Số tiền mua xe và xây nhà gần bằng nhau.
[쏘 띠엔 무어 쌔 바 써이 냐 건 방 냐우] 차를 사는 금액과 집을 짓는 금액은 서로 거의 같다.

2 우등 비교

'~보다 ~하다'라는 의미로 정도의 차이를 비교할 때 사용하며, '~보다'의 의미인 hơn을 활용한다.

〈대상 1 + 형용사 + hơn + 대상 2〉

Chồng tôi đẹp trai hơn anh ấy. [쫑ㅁ 또이 댑 짜-이 헌 아잉 어이]
우리 남편이 저 남자보다 더 잘생겼다.

Ngày 20

★ 두 개의 비교 대상이 이미 언급된 경우에는 hơn 뒤의 대상 2를 생략할 수 있으며, 수치는 문장 끝에 쓴다.

〈대상 1 + 형용사 + hơn + (대상 2) + 숫자 + 단위 명사〉

Chị ấy thấp hơn tôi 5cm nhưng lại cao hơn em gái tôi 3cm.
[찌 어이 텁 헌 또이 남 쌍띠맷 능 르라이 까오 헌 앰 가-이 또이 바 쌍띠맷]
그녀는 나보다 5cm 작지만 내 여동생보다는 3cm 더 크다.

(센티미터는 **xăng-ti-mét** [쌍띠맷]으로 읽는다.)

3 최상급

'가장', '제일'의 의미로 **nhất**을 활용한다.

〈대상 1 + 형용사 + nhất〉

Cái váy màu trắng đẹp nhất. [까-이 바이 마우 짱 댑 녓]
흰색 치마가 제일 예쁘다.

*비교 표현에 대해 예를 들어 살펴보자.

Tên [뗀] 이름	Chiều cao [찌에우 까오] 키	Tuổi [뚜오이] 나이
Mi Jin 미 진	163 cm	24
Su Ji 수 지	163 cm	24
Tuấn 뚠	175 cm	27
Huy 휘	170 cm	22

★ 동등 비교

Mi Jin cao bằng Su Ji. [미 진 까오 방 수 지] 미진과 수지는 키가 같다.
= **Mi Jin và Su Ji cao bằng nhau.** [미 진 바 수 지 까오 방 냐우]

★ 우등 비교

Huy thấp hơn Tuấn (5cm). [휘 텁 헌 뚠 (남 쌍띠맷)] 휘는 뚜언보다 키가 (5cm) 작다.
= Tuấn cao hơn Huy (5cm). [뚠 까오 헌 휘 (남 쌍띠맷)]
뚜언은 휘보다 키가 (5cm) 크다.

A : Tuấn và Huy, ai cao hơn? [뚠 바 휘, 아-이 까오 헌]
뚜언과 휘 중 누가 키가 더 큽니까?
B : Tuấn cao hơn. [뚠 까오 헌] 뚜언이 더 큽니다.

★ 최상급

Tuấn cao nhất. [뚠 까오 녓] 뚜언은 키가 제일 크다.

나이 비교 표현

동갑은 bằng tuổi nhau라고 한다.

Mi jin và Su Ji bằng tuổi nhau. [미 진 바 수 지 방 뚜오이 냐우]
미진과 수지는 동갑이다.

나이를 비교할 때는 '어리다'의 trẻ[째], '늙다'의 già[쟈], '나이가 많다'의 nhiều tuổi[니에우 뚜오이] / lớn tuổi[르런 뚜오이], '나이가 적다'의 ít tuổi[잇 뚜오이]를 활용한다.

Mi Jin trẻ hơn Tuấn (3 tuổi). [미 진 째 헌 뚠 (바 뚜오이)]
미진은 뚜언보다 (3살) 어리다.
= Mi Jin ít tuổi hơn Tuấn. [미 진 잇 뚜오이 헌 뚠] 미진은 뚜언보다 나이가 적다.
= Tuấn nhiều hơn Mi Jin 3 tuổi. [뚠 니에우 헌 미 진 바 뚜오이]
뚜언은 미진보다 3살 많다.
Tuấn nhiều tuổi nhất. [뚠 니에우 뚜오이 녓] 뚜언이 가장 나이가 많다.
Huy trẻ nhất. [휘 째 녓] 휘는 가장 어리다.

평가 테스트

💬 빈칸에 알맞은 말을 넣으세요.

1. Đặc biệt có sân đỗ trực thăng _____ tầng 52.
   특히 52층에 헬기 착륙장이 있습니다.

2. Bạn của anh sống ở chung cư _____ đó.
   내 친구가 바로 그 근처 아파트에 산다.

3. Đây là tòa nhà _____ ở Thành phố Hồ Chí Minh.
   이건 호찌민시에서 가장 높은 건물이다.

💬 다음 문장을 해석하세요.

4. Tôi chưa vào Thành phố Hồ Chí Minh. _____

5. Ngắm cảnh rồi đi ăn tối đi. _____

6. Em không có dịp đi nhiều nơi như anh. _____

💬 다음 문장을 베트남어로 만드세요.

7. 호찌민시가 하노이보다 더 번잡하다. _____

8. 나는 영화 보러 여러 번 가 봤다. _____

정답

1. trên   2. ngay gần   3. cao nhất   4. 나는 아직 호찌민시에 못 가봤다.
5. 경치 구경하고 나서 저녁 먹으러 가자.   6. 나는 오빠처럼 여러 군데를 갈 기회가 없다.
7. Thành phố Hồ Chí Minh đông đúc hơn Hà Nội.   8. Tôi đã đi xem phim nhiều lần rồi.

Tên các loài hoa 꽃

- **hoa hồng**
[화 홍ㅁ] 장미

- **hoa sen**
[화 쌘] 연꽃

- **hoa phong lan**
[화 퐁ㅁ ㄹ란] 난초

- **hoa mai** [화 마-이]
매화

- **hoa violet**
[화 비올랫] 제비꽃

- **hoa thược dược**
[화 트억 즈억] 달리아

- **hoa hướng dương**
[화 흐엉 즈엉] 해바라기

- **hoa diên vĩ**
[화 지엔 비] 붓꽃

- **hoa cẩm chướng**
[화 껌 쯔엉] 카네이션

- hoa anh đào

  [화 아잉 다오] 벚꽃

- hoa trà my /
  hoa hải đường

  [화 짜 미 / 화 하-이 드엉] 동백꽃

- hoa ly / hoa bách hợp

  [화 르리 / 화 바익 헙] 백합

- hoa lay ơn

  [화 르라이 언] 글라디올러스

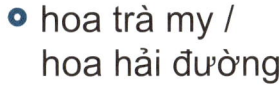

- hoa cúc

  [화 꾹ㅂ] 국화

- hoa đỗ quyên

  [화 도 꿔엔] 진달래

- hoa calla / hoa Loa kèn

  [화 깔라 / 화 르로아 깬] 카라

- hoa đinh hương

  [화 딩 흐엉] 비단향꽃무

- hoa sao nháy

  [화 싸오 냐이] 코스모스

Ngày 21 — Sở thích của em là gì?

기본표현!!

A Lan ơi, sở thích của em là gì? 란아, 너의 취미는 뭐니?

B Dạ, em thích chụp ảnh và đi du lịch đấy.
네, 전 사진 찍는 것과 여행 가는 것을 좋아해요.

Vì em thích trải nghiệm mọi nơi mới lạ.
저는 새롭고 낯선 곳을 경험하는 걸 좋아하거든요.

A Ồ, chắc là em đi nhiều nơi rồi phải không?
우와, 틀림없이 넌 많은 곳을 가 봤겠네?

B Dạ phải, với em đi du lịch không những để giải trí mà còn để học hỏi.
맞아요, 저에게 여행은 여가를 위한 것뿐만 아니라 학습(체험)하기 위해서예요.

새 단어

- **sở thích** [써 틱] 취미
- **du lịch** [주 르릭] 여행
- **trải nghiệm** [짜-이 응이엠] 경험하다, 체험하다
- **mới lạ** [머-이 르라] 새롭고 낯선, 새로운
- **với** [버-이] ~와 함께, ~에게
- **không những ~ mà còn ~** [콩ㅁ 늉 ~ 마 꼰 ~] ~뿐만 아니라 ~하다
- **học hỏi** [혹ㅂ 호이] 학습하다, 체험하다
- **chụp ảnh** [쭙 아잉] 사진 찍다
- **đấy** [더이] 강조 표현(문장 끝)
- **mọi** [모이] 모든
- **chắc là** [짝 르라] 틀림없이
- **giải trí** [쟈-이 찌] 오락, 레저, 여가

Ngày 21

해설

◆ **đấy**

'그것', '거기'라는 지시대명사 역할 이외에, 문장의 끝에 쓰여 강조의 의미를 나타낸다. 굳이 해석을 하지는 않는다.

Chị đi đâu? [찌 디 더우]
= Chị đi đâu đấy? [찌 디 더우 더이] 언니 어디 가세요?
Túi xách đó của em đấy. [뚜이 싸익 도 꾸어 앰 더이] 그 가방은 제 거예요.

◆ **mọi**

'모든'의 의미로 tất cả와 비슷하며, 〈mọi + 명사〉의 형태로 쓴다.

Mọi người đều đi làm. [모이 응어이 데우 디 람] 모든 사람들이 일하러 간다.
Tôi muốn đi mọi nơi trên thế giới.
[또이 무온 디 모이 너-이 쩬 테 져-이] 나는 전 세계를 가고 싶다.

시간 관련 명사 앞에 mọi를 쓰면 '매'라는 의미로, 주기적인 시간을 의미하는 hàng[항]과 비슷하다.

mọi tháng [모이 탕] 매달 / mọi năm [모이 남] 매년

〈tất cả các + 명사〉의 형태에서는 các 대신 mọi로 바꾸어 쓸 수 있다.

Tất cả các học sinh ở đây đều học tiếng Việt.
[떳 까 깍 혹ㅂ 씽 어 더이 데우 혹ㅂ 띠엥 비엣]
= Tất cả mọi học sinh ở đây đều học tiếng Việt.
[떳 까 모이 혹ㅂ 씽 어 더이 데우 혹ㅂ 띠엥 비엣]
여기에 있는 모든 학생들은 베트남어를 공부한다.

◆ **chắc là**

chắc은 '확실히', '틀림없이'의 의미이지만, là와 결합하여 문장 앞에 쓰이면 어느 정도 확신에 차서 '아마/틀림없이 ~일 것이다'라는 추측 표현이 된다.

A : **Có chắc không?** [꼬 짝 콩ㅁ] 확실해요?
B : **Chắc chứ!** [짝 쯔] 확실하지!
Chắc là cô Lan đã về nước.
[짝 라 꼬 란 다 베 느억] 분명 란 선생님은 귀국하셨을 거야.

◆ **với ~**

'~에게', '~와 함께'의 의미인 với를 문장의 제일 앞에 쓰면 자격을 나타내는 '~에게는', '~한테', '~로서는'으로 해석한다.

Với anh, cần nghỉ nhiều để giảm căng thẳng.
[버-이 아잉, 껀 응이 니에우 데 쟘 깡 탕]
당신에게는 스트레스 해소를 위한 휴식이 필요해요.

◆ **không những ~ mà còn ~**

서로 보충 관계가 있는 요소를 연결해 주는 역할로 '~ 뿐만 아니라 ~하다'라는 구문이다. 문장 끝에는 강조하는 의미로 nữa[느어]를 붙이기도 한다.

Anh Tuấn không những nói tiếng Hàn mà còn nói tiếng Pháp (nữa).
[아잉 뛴 콩ㅁ 늉 노이 띠엥 한 마 꼰 노이 띠엥 팝 (느어)]
뚜언은 한국어뿐만 아니라 프랑스어까지도 한다.

Cô ấy không những thông minh mà còn đảm đang nữa.
[꼬 어이 콩ㅁ 늉 통ㅁ 밍 마 꼰 담 당 느어] 그녀는 똑똑하면서 책임감도 있다.

Ngày 21

문법코너

취미 묻고 답하기

'취미'는 sở thích[써 틱]이다. 대답할 때는 의문사 gì 대신에 취미를 넣는다.

A : Sở thích của anh là gì? [써 틱 꾸어 아잉 르라 지] 형의 취미는 뭐예요?

B : Sở thích của anh là xem phim. [써 틱 꾸어 아잉 르라 쌤 핌]
　　내 취미는 영화 보는 거야.

다른 표현으로, '한가한'이라는 rỗi / rảnh을 활용한다. 대답할 때는 làm gì 대신 행동을 넣는다.

A : Khi rỗi, anh thường làm gì? [키 조이, 아잉 트엉 르람 지]
　　한가할 때 보통 무엇을 합니까?

B : Khi rỗi, anh thường nghe nhạc. [키 조이, 아잉 트엉 응애 냑]
　　한가할 때는 보통 음악을 들어.

* 취미 관련 단어

xem phim [쌤 핌]	영화 감상	đi du lịch [디 주 르릭]	여행 가기
leo núi [르래오 누이]	등산	đi cắm trại [디 깜 짜이]	캠핑 가기
đọc truyện tranh [독ㅂ 쮜엔 짜잉]	만화책 읽기	chơi thể thao [쩌-이 테 타오]	운동하기
chụp ảnh [쭙 아잉]	사진 찍기	vẽ tranh [배 짜잉]	그림 그리기
chơi ghi-ta [쩌-이 기 따]	기타 치기	nấu ăn [너우 안]	요리하기

2차 학습!!

A Vào dịp nghỉ phép, anh chị thường làm gì?
바오 집 응이 팹 아잉 찌 트엉 람 지
휴가 때 보통 뭘 하세요?

B Vợ chồng anh vốn thích chơi thể thao,
버 쫑ㅁ 아잉 본 틱 쩌-이 테 타오
nhưng gần đây không chơi như trước được.
능 건 더이 콤ㅁ 쩌-이 느 쯔억 드억
우리 부부는 원래 운동을 좋아하는데 요즘은 평소처럼은 못 해.

Bởi vì con anh mới một tuổi.
버-이 비 꼰 아잉 머-이 못 뚜오이
아이가 이제 겨우 한 살이라서.

A Vì Sài Gòn nóng quá nên em không thích
비 싸-이 곤 농ㅁ 꽈 넨 앰 콩ㅁ 틱
chơi thể thao.
쩌-이 테 타오
사이공은 너무 더워서 전 운동하는 걸 좋아하지 않아요.

B Nhưng em có chơi thể thao nhiều thì mới khỏe.
능 앰 꼬 쩌-이 테 타오 니에우 티 머-이 쾌
그래도 운동을 많이 해야만 건강해.

Ngày 21

새 단어

- vợ chồng [버 쫑ㅁ] 부부
- chơi [쩌-이] 놀다
- con [꼰] 아이, 자식
- vốn [본] 본래, 원래
- thể thao [테 타오] 운동, 스포츠
- mới [머-이] 새로운, 비로소

해설

◆ như

'～처럼', '만큼' 이라는 의미로, 비교·비유 표현에 해당한다. 보통 형용사나 동사 뒤에 위치하며 như 뒤에는 단어·구문·문장이 올 수 있다. 본문에서는 '전', '앞'을 의미하는 trước 과 함께 '예전처럼'의 표현으로 쓰였다.

Cô ấy ăn như mèo. [꼬 어이 안 느 매오]
그녀는 고양이처럼 먹는다. ('적게 먹는다'는 의미)

Khi gặp lại em, anh vui như trúng số độc đắc.
[키 갑 ㄹ라이 앰, 아잉 부이 느 쫑ㅁ 쏘 독ㅂ 닥]
너를 다시 만났을 때 난 로또 1등 당첨된 듯이 기뻤어.

Anh hãy làm như hướng dẫn. [아잉 하이 ㄹ람 느 흐엉 전] 안내대로 하세요.

◆ vì / bởi vì ~ nên ~

'～ 때문에', '왜냐하면' 이라는 뜻으로 (bởi) vì 뒤에는 원인을 쓴다.

A : **Tại sao em mệt?** [따이 싸오 앰 멧] 왜 피곤하니?
B : **Bởi vì từ sáng đến tối em đi tham quan nhiều nơi.**
[버-이 비 뜨 쌍 덴 또이 앰 디 탐 꽌 니에우 너-이]
왜냐하면 아침부터 저녁까지 여러 군데를 구경했거든요.

★ nên 뒤에는 결과를 나타내는 내용이 나오며, 원인을 나타내는 vì와 결합하여 〈vì + 원인 + nên + 결과〉의 구문 형태로 쓸 수 있다.

  Vì em bị ốm nên em đi gặp bác sĩ. [비 앰 비 옴 넨 앰 디 갑 박 씨]
  나는 아파서 병원에 간다.

원인과 결과의 주어가 동일한 경우에는 둘 중 하나를 생략할 수 있다.
  Vì em bị ốm nên đi gặp bác sĩ. [비 앰 비 옴 넨 디 갑 박 씨]
  = **Vì bị ốm nên em đi gặp bác sĩ.** [비 비 옴 넨 앰 디 갑 박 씨]

nên의 앞에는 당연히 원인이 제시되므로 vì를 생략할 수 있다.
  Em bị ốm nên đi gặp bác sĩ. [앰 비 옴 넨 디 갑 박 씨]

원인과 결과를 나타내는 문장의 순서를 바꿀 수 있으며, 이 경우에 nên은 생략한다.
  Em đi gặp bác sĩ vì bị ốm. [앰 디 갑 박 씨 비 비 옴]

◆ **có A thì mới B**

조건과 결과, 두 가지 요소를 연결하는 표현으로, 조건 A가 충족되어야만 비로소 결과 B를 얻을 수 있다는 뜻이다.

  Em có học chăm chỉ thì mới thi đỗ.
  [앰 꼬 혹ㅂ 짬 찌 티 머-이 티 도] 열심히 공부해야만 시험에 합격할 수 있어.

  Có làm thì mới có ăn. [꼬 르람 티 머-이 꼬 안] 일을 해야만 먹고 살 수 있다. (속담)

평가 테스트

💬 빈칸에 알맞은 말을 넣으세요.

1. _____ của bạn là gì? 당신의 취미는 무엇입니까?

2. Em có chơi thể thao nhiều _____ khỏe.
   운동을 많이 해야만 건강해.

3. _____ em đi nhiều nơi rồi. 틀림없이 너는 많은 곳을 가 봤을 거야.

💬 주어진 단어를 배열하여 올바른 문장을 만드세요.

4. tôi / mọi / trải nghiệm / mới lạ / thích / nơi
   _____
   나는 새로운 곳을 경험하는 것을 좋아한다.

5. mới / bởi vì / một tuổi / con anh
   _____
   아이가 이제 겨우 한 살이라서.

💬 다음 문장을 베트남어로 만드세요.

6. 최근에는 예전처럼 운동하지 못했다. _____

7. 나는 사진 찍는 것과 여행을 좋아한다. _____

8. 저에게 여행은 여가뿐만 아니라 학습(체험)하기 위해서예요.
   _____

정답

1. Sở thích   2. thì mới   3. Chắc là   4. Tôi thích trải nghiệm mọi nơi mới lạ.
5. Bởi vì con anh mới một tuổi.   6. Gần đây tôi không chơi thể thao như trước được.
7. Tôi thích chụp ảnh và đi du lịch (đấy).
8. Với em đi du lịch không những để giải trí mà còn để học hỏi.

các môn thể thao
운동

- bóng đá
[봉 ㅁ 다] 축구

- bóng rổ
[봉 ㅁ 조] 농구

- bóng chuyền
[봉 ㅁ 쮜엔] 배구

- bóng chày
[봉 ㅁ 짜이] 야구

- bóng bàn
[봉 ㅁ 반] 탁구

- bida
[비자] 당구

- bô-ling
[볼링] 볼링

- quần vợt
[꿘 벗] 테니스

- cầu lông
[꺼우 르롱ㅁ] 배드민턴

- gôn [곤] 골프

- quyền anh

[꿴 아잉] 복싱

- bơi lội

[버-이 르로이] 수영

- trượt tuyết

[쯔엇 뛰엣] 스키

- trượt batin

[쯔엇 바띤] 스케이팅

- chạy bộ

[짜이 보] 달리기

- thể dục

[테 죽ㅂ] 체조

- câu cá

[꺼우 까] 낚시

- cưỡi ngựa

[끄어이 응어] 승마

Ngày 22
Tôi muốn thuê một phòng đôi.

기본표현!!

A Tôi muốn thuê một phòng đôi. 2인실에 투숙하고 싶습니다.
또이 무온 투에 못 퐁ㅁ 도이

B Phòng đôi tiện nghi đầy đủ, có loại giá 1 triệu
퐁ㅁ 도이 띠엔 응이 더이 두 꼬 르아이 쟈 못 찌에우
và 1 triệu 2 một đêm ạ.
바 못 찌에우 하-이 못 뎀 아
2인실은 편의시설을 다 갖추고 있고, 하룻밤에 백만 동인 방과 백이십만 동인 방이 있습니다.

A Hai loại đó khác nhau như thế nào?
하-이 르아이 도 칵 냐우 느 테 나오
그 두 방은 어떻게 다릅니까?

B Dạ, so với loại 1 triệu thì phòng loại 1 triệu 2
자 쏘 버-이 르아이 못 찌에우 티 퐁ㅁ 르아이 못 찌에우 하-이
rộng hơn và hướng nhìn ra biển.
종ㅁ 헌 바 흐엉 닌 자 비엔
네, 백만 동인 방에 비해 백이십만 동인 방은 더 넓고 바다가 보입니다.

새 단어

- **thuê** [투에] 빌리다, 임대하다
- **tiện nghi** [띠엔 응이] 편의시설
- **loại** [르아이] 종류
- **so với** [쏘 버-이] ~와 비교하다
- **hướng** [흐엉] 방향
- **phòng đôi** [퐁ㅁ 도이] 2인실
- **đầy đủ** [더이 두] 충분한
- **khác** [칵] 다르다
- **rộng** [종ㅁ] 넓다

Ngày 22

? 해설

◆ **thuê**

'빌리다' 라는 의미의 thuê는 대가를 지불하고 빌리는 경우에 사용한다. 무상으로 빌리는 경우에는 mượn[므언]을, 이자를 지불하며 빌리는 경우에는 vay[바이]를 쓴다.

Tôi muốn thuê nhà. [또이 무온 투에 냐] 나는 집을 임대하고 싶다.

Chị có thể mượn sách này ở thư viện.
[찌 꼬 테 므언 싸익 나이 어 트 비엔] 당신은 이 책을 도서관에서 빌릴 수 있다.

Chúng tôi đã vay tiền ở ngân hàng để xây nhà.
[쭝ㅁ 또이 다 바이 띠엔 어 응언 항 데 써이 냐] 우리는 집을 짓기 위해 은행에서 돈을 빌렸다.

◆ **loại**

〈loại + 명사〉의 형태로 써서 '어떤 종류의 것'을 나타낸다.

Anh thích đọc loại sách nào? [아잉 틱 독ㅂ 르와이 싸익 나오]
당신은 어떤 종류의 책을 좋아합니까?

Em xem loại phim nào? [앰 쌤 르와이 핌 나오] 너는 어떤 장르의 영화를 보니?

◆ **khác nhau**

khác은 '다르다'의 의미로 〈A khác (với) B〉의 형태로 써서 'A는 B와 다르다'는 표현이다. 뒤에 nhau를 붙이면 '서로 다르다'라는 의미가 되며, 이때 앞의 주어는 항상 복수 형태여야 한다. khác의 반대말은 giống[종ㅁ]이다.

Thời tiết ở Hàn Quốc khác (với) thời tiết ở Việt Nam.
[터-이 띠엣 어 한 꾁 칵 (버-이) 터-이 띠엣 어 비엣 남] 한국의 날씨는 베트남의 날씨와 다르다.

Sở thích của tôi và anh trai tôi khác nhau.
[써 틱 꾸어 또이 바 아잉 짜-이 또이 칵 냐우] 나와 내 형의 취미는 서로 다르다.

Áo này và áo kia cỡ giống nhau nhưng màu khác nhau.
[아오 나이 바 아오 끼어 꺼 종ㅁ 냐우 능 마우 칵 냐우]
이 옷과 저 옷은 사이즈는 같지만 색상이 서로 다르다.

◆ so với ~ thì ~

'~에 비하면'이라는 표현으로, thì 뒤에는 항상 hơn을 이용한 우등 비교 표현이 나온다. thì를 삭제하고 so với ~를 문장 끝에 쓸 수도 있다.

So với mùa hè ở Hàn Quốc thì mùa hè ở Việt Nam nóng hơn.
[쏘 버-이 무어 해 어 한 꿕 티 무어 해 어 비엣 남 농ㅁ 헌]
한국의 여름에 비하면 베트남의 여름은 더 덥다.

= Mùa hè ở Việt Nam nóng hơn so với mùa hè ở Hàn Quốc.
[무어 해 어 비엣 남 농ㅁ 헌 쏘 버-이 무어 해 어 한 꿕]
베트남의 여름은 한국의 여름에 비해 더 덥다.

Huế [훼] 후에

베트남의 고도(古都) Huế는 중부 지방에 위치하며, 베트남의 마지막 왕조인 Nguyễn[응웬] 왕조 봉건 시대에 베트남의 수도였다. Huế는 매우 적막하고 낭만적이며, 독창적인 건축물들로 유명한데, 이곳에서는 신비로움을 간직한 왕릉들과 궁전 건축 양식들이 볼 만하다. 특히 궁중 음식과 궁중에서 시작된 다양한 형태의 음악 예술이 오늘날까지도 전해 내려오고 있다. 2000년도부터 Huế 페스티벌을 개최하여 많은 관광객들을 유치하였으며, 베트남의 유명한 관광 도시가 되었다. Huế는 유네스코 세계문화유적으로 지정되었다.

Ngày 22

알아두기

호텔에서 유용한 단어와 표현

phòng đơn [퐁ㅁ 던]	1인실, 싱글룸
phòng đôi [퐁ㅁ 도이]	2인실, 더블룸
tiện nghi đầy đủ [띠엔 응이 더이 두]	편의시설 모두 갖춤
hai ngày một đêm [하-이 응아이 못 뎀]	1박 2일
đặt phòng [닷 퐁ㅁ]	방(객실)을 예약하다
thuê phòng [투에 퐁ㅁ]	방을 빌리다(투숙하다)
nhận phòng [년 퐁ㅁ]	입실하다, 체크인하다
trả phòng [짜 퐁ㅁ]	퇴실하다, 체크아웃하다
nhân viên tiếp tân [년 비엔 띠엡 떤]	프런트 직원

A : Tôi muốn đặt một phòng đơn. [또이 무온 닷 못 퐁ㅁ 던]
  싱글룸 하나를 예약하고 싶습니다.

B : Dạ, anh nhận phòng vào ngày nào? [자, 아잉 년 퐁ㅁ 바오 응아이 나오]
  네. 언제 체크인 하실 겁니까?

A : Ngày 10, thứ Hai tuần sau. [응아이 므어이, 트 하-이 뚠 싸우]
  다음 주 월요일, 10일이요.
  Giá bao nhiêu một đêm? [쟈 바오 니에우 못 뎀] 하룻밤에 얼마입니까?

B : 100 đô một đêm ạ. [못 짬 도 못 뎀 아] 하룻밤에 100달러입니다.
  Anh sẽ ở mấy ngày? [아잉 쌔 어 머이 응아이] 며칠 묵으시겠습니까?

A : Tôi sẽ ở hai đêm. [또이 쌔 어 하-이 뎀] 이틀 묵겠습니다.

2차 학습!!

A A lô, tiếp tân xin nghe ạ! 여보세요, 프런트입니다!
아 로 띠엡 떤 씬 응애 아

B Tôi ở phòng 703, xin lỗi giờ trả phòng là mấy giờ?
또이 어 퐁ㅁ 바이콩ㅁ바 씬 로이 져 짜 퐁ㅁ 라 머이 져
703호입니다, 실례지만 퇴실 시간은 몇 시입니까?

A Dạ, 12 giờ trưa. 네, 정오 12시입니다.
자 므어이하-이 져 쯔어

Anh cần giúp gì không ạ? 무엇을 도와드릴까요?
아잉 껀 즙 지 콩ㅁ 아

B Tôi muốn trả phòng muộn vài giờ, có được không?
또이 무온 짜 퐁ㅁ 무온 바-이 져 꼬 드억 콩ㅁ
몇 시간 늦게 퇴실하고 싶은데, 가능할까요?

A Dạ được ạ. 가능합니다.
자 드억 아

B Hãy mang cho tôi một bình nước nóng.
하이 망 쪼 또이 못 빙 느억 농ㅁ
따뜻한 물 한 병만 가져다주십시오.

A Dạ, chúng tôi sẽ phục vụ ngay ạ.
자 쭝ㅁ 또이 쌔 푹ㅂ부 응아이 아
네, 바로 가져다 드리겠습니다.

새 단어

- tiếp tân [띠엡 떤] 프런트, 손님을 접대하다
- muộn [무온] 늦은
- bình [빙] 병
- trả [짜] 돌려주다, 지불하다
- vài [바-이] 몇몇, 조금
- phục vụ [푹ㅂ부] 봉사하다, 서비스하다

해설

◆ trả

'되돌려주다', '지불하다'의 의미로, 빌린 것을 되돌려 줄 때, 또는 돈을 지불할 때 쓴다. 호텔에서는 빌린 방을 되돌려준다는 의미로 '퇴실하다', '체크아웃하다'의 뜻으로 쓰인다.

Hôm nay em sẽ trả tiền. [홈 나이 앰 쌔 짜 띠엔] 오늘은 제가 살게요.

Thứ hai tuần sau anh trả sách nhé. [트 하-이 뚼 싸우 아잉 짜 싸익 내]
다음 주 월요일에 책 돌려주세요.

Tôi muốn trả phòng. [또이 무온 짜 퐁ㅁ] 체크아웃하고 싶습니다.

◆ muộn

'늦은'의 의미로 시간적으로 늦는 상황을 나타내며, trễ[쩨]와 같은 말이다. 반대말은 '이른', '빠른'의 sớm[썸]이다.

Xin lỗi, tôi đến muộn. [씬 르로이, 또이 덴 무온] 죄송합니다, 늦었습니다.

Chúc anh sớm bình phục nhé. [쭉ㅂ 아잉 썸 빙 푹ㅂ 내] 빨리 나으시길 바랍니다.

★ 속도가 빠르고 느린 것은 nhanh[냐잉]과 chậm[쩜]을 쓴다.

Anh ấy chạy rất nhanh. [아잉 어이 짜이 젓 냐잉] 그는 아주 빨리 달린다.

Nguy hiểm quá, đi chậm lại nhé. [응위 히엠 꽈, 디 쩜 르라이 내]
너무 위험해, 천천히 가.

◆ vài

vài는 '몇몇의', '약간', '조금'의 의미로 많지 않은 수량을 나타낸다.

Tôi muốn mua vài quả cam. [또이 무온 무어 바-이 꽈 깜]
나는 오렌지 몇 개를 사고 싶다.

Em sẽ đi du lịch trong vài tháng. [앰 쌔 디 주 르릭 쫑ㅁ 바-이 탕]
저는 몇 개월 동안 여행 갈 거예요.

◆ (có) được không

가능이나 허락을 나타내는 được으로, 문장 끝에 써서 '~ 해도 됩니까?', '~해도 괜찮습니까?', '가능합니까?'의 표현이다. 긍정 대답은 được, 부정 대답은 không được이다.

A : Tôi muốn hút thuốc lá, có được không?
[또이 무온 훗 투옥 ㄹ라, 꼬 드억 콩ㅁ] 담배를 피고 싶은데, 피워도 될까요?

B : Được, anh hút đi. [드억, 아잉 훗 디] 됩니다, 피우세요.

Không được, ở đây cấm hút thuốc lá.
[콩ㅁ 드억, 어 더이 껌 훗 투옥 ㄹ라] 안됩니다, 여기는 금연입니다.

◆ chúng tôi sẽ phục vụ ngay ạ.

phục vụ는 '서비스하다', '봉사하다'의 의미가 있어서 직역하면 '즉시 서비스해 드리겠습니다.'이다. 본문에서는 따뜻한 물을 가져다 달라고 요청했기 때문에 '즉시 (뜨거운 물을) 가져다 드리겠습니다.'로 이해하면 된다.

nhân viên phục vụ [년 비엔 푹ㅂ 부] 종업원

Khách sạn này phục vụ tốt. [카익 싼 나이 푹ㅂ 부 똣] 이 호텔은 서비스가 좋다.

Vịnh Hạ Long   할롱만(灣)

Hạ Long[하 ㄹ롱ㅁ]만은 베트남의 유명한 명승지 중 하나다. Hạ Long만은 베트남의 동북해에 위치하고 있으며, 작은 섬들이 옹기종기 모여 절경을 이룬다. 하늘에서 내려다보면 크고 작은 섬들이 기복이 있어 용이 내려앉은 형상을 하고 있는데, 이 때문에 Hạ Long(下龍: 용이 내려옴)이라 이름 지었다. 1994년에 유네스코 세계자연유산으로 지정되었다. 수도 하노이에서 170km 떨어져 있어서 차로 3~4시간 가량 소요되는데, 배로 둘러보는 관광 형식은 베트남을 찾는 외국 관광객들에게 아주 매력적이다. 이곳은 베트남을 방문한 사람들에게 잊지 못할 환상적인 추억을 남겨 준다.

평가 테스트

💬 빈칸에 알맞은 말을 넣으세요.

1. Hai loại đó _____ như thế nào? 그 두 종류는 어떻게 다릅니까?

2. Chúng tôi sẽ phục vụ _____ ạ. 당장 서비스해 드리겠습니다.

3. _____ phòng này thì phòng kia rộng hơn.
   이 방에 비해 저 방이 더 넓다.

💬 주어진 단어를 배열하여 올바른 문장을 만드세요.

4. xin / tiếp tân / nghe / a lô / ạ
   _____
   여보세요. 프런트입니다.

5. cần / không / anh / gì / ạ / giúp
   _____
   무엇을 도와드릴까요?

6. bình / mang / nước nóng / hãy / tôi / một / cho
   _____
   따뜻한 물 한 병 가져다 주십시오.

💬 다음 문장을 베트남어로 만드세요.

7. 나는 방을 빌리고 싶다. _____

8. 나는 몇 시간 늦게 퇴실하고 싶다. _____

9. 2인실은 편의 시설을 다 갖추고 있다. _____

정답

1. khác nhau
2. ngay
3. So với
4. A lô, tiếp tân xin nghe ạ.
5. Anh cần giúp gì không ạ?
6. Hãy mang cho tôi một bình nước nóng.
7. Tôi muốn thuê phòng.
8. Tôi muốn trả phòng muộn vài giờ.
9. Phòng đôi tiện nghi đầy đủ.

Các hoạt động thường ngày
일상 활동

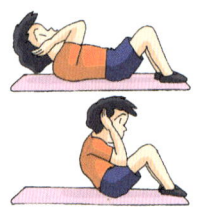
- vận động / tập thể dục
[번 동ㅁ / 떱 테 죽ㅂ] 운동을 하다

- chơi bóng đá
[쩌–이 봉ㅁ 다] 축구를 하다

- bơi lội ở hồ bơi
[버–이 르로이 어 호 버–이]
수영장에서 수영을 하다

- nghỉ ở nhà
[응이 어 냐] 집에서 쉬다

- xem tivi
[쌤 띠비] TV를 보다

- đọc báo
[독ㅂ 바오] 신문을 읽다

- nghe nhạc
[응애 냐] 음악을 듣다

- nói điện thoại với bạn
[노이 디엔 톼이 버–이 반]
친구와 전화로 통화하다

- mua sắm
[무어 쌈] 쇼핑하다

- **quét dọn nhà**
[꿰ㅅ 존 냐] 집을 청소하다

- **rửa bát đĩa**
[즈어 밧 디어] 접시를 닦다

- **giặt quần áo**
[쟛 꿘 아오] 빨래를 하다

- **thu dọn bàn ăn**
[투 존 반 안] 식탁을 차리다

- **sử dụng máy giặt**
[쓰 중ㅁ 마이 쟛] 세탁기를 돌리다

- **uống cà phê**
[우옹 까 페] 커피를 마시다

- **uống nước**
[우옹 느억] 물을 마시다

- **chờ xe buýt**
[쩌 쌔 븻] 버스를 기다리다

- **đi taxi** [디 딱씨]
택시를 타다

Ngày 23 — Anh đã đi An Giang lần nào chưa?

기본표현!!

A Bao giờ anh sẽ trở về Hàn Quốc?
바오 져 아잉 쌔 쩌 베 한 꾁
언제 한국으로 돌아가실 거예요?

B Tôi chưa biết chính xác. 아직은 확실히 모르겠습니다.
또이 쯔어 비엣 찡 싹

Tùy vào công việc, có lẽ tôi sẽ về nước vào năm sau.
뛰 바오 꽁ㅁ 비엑 꼬 래 또이 쌔 베 느억 바오 남 싸우
업무에 달려 있는데, 아마 내년에 귀국할 겁니다.

Sau đó tôi lại đi Mỹ. 그러고 나서 다시 미국에 갈 겁니다.
싸우 도 또이 라이 디 미

A Trước khi về nước, anh hãy đến dùng
쯔억 키 베 느억 아잉 하이 덴 중ㅁ
bữa với gia đình tôi.
브어 버-이 쟈 딩 또이
귀국하시기 전에 저희 가족이랑 식사해요.

B Cảm ơn anh, khi có kế hoạch cụ thể,
깜 언 아잉 키 꼬 께 화익 꾸 테
tôi sẽ báo trước với anh.
또이 쌔 바오 쯔억 버-이 아잉
감사합니다. 구체적인 계획이 생기면 사전에 말씀드리겠습니다.

새 단어

- **bao giờ** [바오 져] 언제(의문사)
- **chính xác** [찡 싹] 정확한, 옳은
- **sau đó** [싸우 도] 그러고 나서, 그 후
- **cụ thể** [꾸 테] 구체적인
- **trở về** [쩌 베] 돌아가다, 돌아오다
- **tùy** [뛰] ~에 따라, ~에 의하여
- **bữa** [브어] 끼니
- **báo** [바오] 알리다, 신문

해설

Ngày 23

◆ **tùy**

'~에 따라', '~에 의하여' 라는 의미이며, tùy theo[뛰 태오] 또는 tùy vào[뛰 바오]로 쓰여 '~에 달려 있다', '~에 따라 다르다' 라는 표현이 된다. 〈tùy + 인칭대명사〉의 형태는 '~뜻대로', '~마음대로' 라는 표현이다.

Tùy trường hợp, giá có thể thay đổi.
[뛰 쯔엉 헙, 쟈 꼬 테 타이 도이] 상황에 따라 가격이 변동될 수 있다.

A : **Mấy giờ chúng ta bắt đầu đi?** [머이 져 쭝 따 밧 더우 디]
우리 몇 시에 출발할까?

B : **Tùy anh.** [뛰 아잉] 오빠 마음대로 해요.

◆ **sau đó**

직역하면 '그 이후', '그 뒤' 라는 뜻으로 행동의 순서를 나타낸다. 앞 문장의 행동이 먼저 일어나고, 뒤 문장의 행동이 나중에 일어남을 표현한다. 이 두 문장을 trước khi[쯔억 키] 또는 sau khi[싸우 키]를 써서 한 문장으로 연결할 수 있다. 〈Trước khi / Sau khi + 주어 + 동사, 주어 + 동사〉의 형태로 쓰며 주어가 동일한 경우 앞의 주어를 생략한다. Trước khi는 '~하기 전에', Sau khi는 '~한 후에' 라는 의미다.

Tôi rửa tay. Sau đó tôi ăn cơm. [또이 즈어 따이. 싸우 도 또이 안 껌]
나는 손을 씻는다. 그러고 나서 밥을 먹는다.

→ **Sau khi rửa tay, tôi ăn cơm.** [싸우 키 즈어 따이, 또이 안 껌]
손을 씻은 후, 나는 밥을 먹는다.

= **Trước khi ăn cơm, tôi rửa tay.** [쯔억 키 안 껌, 또이 즈어 따이]
밥을 먹기 전, 나는 손을 씻는다.

◆ **lại**

★ 〈lại + 동사〉의 형태로 '또', '역시'의 표현이다. 어떠한 행동이 동일하게 반복적으로 일어나는 것을 나타내며, 그 대상이나 장소, 시간 등은 같을 수도 있고 다를 수도 있다.

Tôi gặp cô ấy ở Paris, tôi lại gặp cô ấy ở Hà Nội.
[또이 갑 꼬 어이 어 파리, 또이 르라이 갑 꼬 어이 어 하 노이]
나는 그녀를 파리에서 만났는데, 하노이에서 또 만났다.

Ở Nhà hát Thành phố, tôi gặp Lan, tôi lại gặp Mai.
[어 냐 핫 타잉 포, 또이 갑 란, 또이 르라이 갑 마-이]
오페라하우스에서 나는 란을 만났고, 마이도 만났다.

★ 〈lại + 동사〉의 형태로 '오히려', '의외로'의 표현이다. 문장 내에 nhưng이나 mà 등 역접관계사를 함께 쓸 수도 있다.

Tôi mua bút chì, (sao / nhưng) chị lại đưa bút bi?
[또이 무어 붓 찌, (싸오/능) 찌 르라이 드어 붓 비]
나는 연필을 사려고 하는데, 왜 볼펜을 주는 거예요?

★ 〈동사 + lại〉의 형태로 '다시'의 표현이다. 어떠한 행동을 의도적으로 반복할 때 쓰며, 이미 한 것을 좀 더 좋은 방향으로 개선하고자 하는 의미로도 쓴다.

Phim đó hay lắm. Khi có thời gian tôi sẽ xem lại.
[핌 도 하이 르람. 키 꼬 터-이 쟌 또이 쌔 쌤 르라이] 그 영화 너무 재미있어. 한가할 때 다시 볼 거야.

Tôi làm bánh lần này không ngon. Lần sau tôi sẽ làm lại.
[또이 르람 바잉 르런 나이 콩ㅁ 응온. 르런 싸우 또이 쌔 르람 르라이]
내가 이번에 만든 빵은 맛이 없어. 다음 번에 다시 만들 거야.

Ngày 23

문법코너

bao giờ

'언제'라는 의미의 의문사로, 위치에 따라 시제가 달라진다. 문장 제일 앞에 쓰면 앞으로 일어날 일의 시간을 묻는 표현이고, 문장 끝에 쓰면 이미 일어난 일의 시간을 묻는 표현이 된다. 시제를 나타내는 **đã**나 **sẽ**는 함께 써도 되고 생략해도 된다.

A : Bao giờ anh (sẽ) sang Việt Nam? [바오 져 아잉 (쌔) 쌍 비엣 남]
베트남에 언제 오실 거예요?

B : Tuần sau anh sang Việt Nam. [뛴 싸우 아잉 쌍 비엣 남]
다음 주에 베트남에 갑니다.

A : Anh (đã) sang Việt Nam bao giờ? [아잉 (다) 쌍 비엣 남 바오 져]
베트남에 언제 오셨어요?

B : Anh (đã) sang Việt Nam tháng trước. [아잉 (다) 쌍 비엣 남 탕 쯔억]
지난달에 베트남에 왔습니다.

★ bao giờ 대신 '언제'의 의미인 khi nào[키 나오], lúc nào[르룩ㅂ 나오], ngày nào[응아이 나오] 등을 써도 같은 표현이 된다.

A : Ông nhập viện khi nào? [옹ㅁ 녑 비엔 키 나오] 병원에 언제 입원하셨어요?
B : Tối hôm qua. [또이 홈 꽈] 어젯밤에.

A : Khi nào chị về nước? [키 나오 찌 베 느억] 언제 귀국하실 거예요?
B : Hai năm sau chị về nước. [하-이 남 싸우 찌 베 느억] 2년 뒤에 귀국할 거야.

A : Ngày mai lúc nào em có thời gian?
[응아이 마-이 르룩ㅂ 나오 앰 꼬 터-이 쟌] 넌 내일 언제 시간이 있니?
B : Sau 2 giờ chiều. [싸우 하-이 져 찌에우] 오후 2시 이후에요.

A : Ngày nào em đi làm lại? [응아이 나오 앰 디 르람 르라이] 언제 다시 출근할 거야?
B : Từ ngày kia. [뜨 응아이 끼어] 모레부터요.

đã ~ lần nào chưa?

đã ~ bao giờ chưa[다 ~ 바오 져 쯔어]와 마찬가지로 과거에 어떠한 행동이 일어났는지의 여부(경험)를 묻는 표현으로, 긍정 대답은 Rồi, 부정 대답은 Chưa로 한다.

A : Em đã ăn món ăn Việt Nam lần nào chưa?
[앰 다 안 몬 안 비엣 남 르런 나오 쯔어] 너는 베트남 음식 먹어 봤니?

B : Rồi, em đã ăn rồi. [조이, 앰 다 안 조이] 네, 저는 먹어봤어요.

Chưa, em chưa ăn (lần nào). [쯔어, 앰 쯔어 안 (르런 나오)]
아직요, 저는 아직 안 먹어봤어요.

Đây là lần đầu tiên em ăn món ăn Việt Nam.
[더이 라 르런 더우 띠엔 앰 안 몬 안 비엣 남] 베트남 음식은 이번이 처음이에요.

A : Chị đã đi Mỹ bao giờ chưa? [찌 다 디 미 바오 져 쯔어] 미국에 가보셨어요?

B : Rồi, chị đã đi rồi. [조이, 찌 다 디 조이] 네, 가봤습니다.

Chưa, chị chưa bao giờ đi Mỹ. [쯔어, 찌 쯔어 바오 져 디 미]
아직요, 아직 안 가봤습니다.

2차 학습

A Anh đã đi An Giang lần nào chưa?
아잉 다 디 안 쟝 런 나오 쯔어
안장에 가본 적 있습니까?

B Chưa, ở miền Nam tôi chỉ mới đi Thành phố
쯔어 어 미엔 남 또이 찌 머-이 디 타잉 포
Hồ Chí Minh thôi.
호 찌 밍 토이
아직이요, 남부는 호찌민시만 가봤습니다.

A Anh làm việc ở Việt Nam,
아잉 르람 비엑 어 비엣 남
sớm muộn gì cũng sẽ đi các tỉnh miền Nam.
썸 무온 지 꿍 쌔 디 깍 띵 미엔 남
베트남에서 일하시면 언젠가는 남부 지역도 가게 되실 거예요.

B Chắc chắn rồi. 틀림없이 그렇겠죠.
짝 짠 조이
Tôi hi vọng sẽ đi vào cuối năm nay.
또이 히 봉ㅁ 쌔 디 바오 꾸오이 남 나이
저는 올해 말에 가기를 희망합니다.

A Tốt đấy. 좋죠.
똣 더이
Vì sau tháng Sáu thì ở đó không còn nóng nữa.
비 싸우 탕 싸우 티 어 도 콩ㅁ 꼰 농ㅁ 느어
6월 이후에는 그곳이 덥지 않으니까요.

새 단어

- sớm muộn [썸 무온] 언젠가는
- chắc chắn [짝 짠] 확실한, 틀림없는
- tỉnh [띵] 성(행정 단위)
- hy vọng [히 봉ㅁ] 바라다, 희망하다

해설

♦ **sớm muộn gì cũng**

'빠른', '이른'의 sớm과 '늦은'의 muộn이 결합된 단어로, 어떠한 사건이 확실히 언젠가 일어날 것임을 나타낸다.

> **Mọi người sớm muộn gì cũng sẽ biết chuyện ấy.**
> [모이 응어이 썸 무온 지 꿍 쌔 비엣 쮜엔 어이]
> 모든 사람들이 언젠가는 그 이야기를 알게 될 것이다.

♦ **chắc chắn**

'확실한', '틀림없는'의 뜻으로 확실함을 나타낸다.

> **Điều này chưa chắc chắn.** [디에우 나이 쯔어 짝 짠] 이 일은 아직 확실치 않다.
> **Ừ, chắc chắn.** [으, 짝 짠] 응, 확실해.

추측 표현으로, 반드시 그럴 것이라는 확신을 내포한다.

> A : **Em muốn thi đỗ.** [앰 무온 티 도] 시험에 합격하고 싶어요.
> B : **Chắc chắn rồi.** [짝 짠 조이] 틀림없이 합격할 거야.

♦ **hi vọng**

'희망' 또는 '바라다', '희망하다'의 의미인 hi vọng 뒤에는 보통 절이 와서 '~하기를 희망하다(바라다)'가 된다.

> **Đừng đánh mất hi vọng!** [등 다잉 멋 히 봉ㅁ] 희망을 절대 잃지 마라!
> **Em hi vọng lần này sẽ thành công.** [앰 히 봉ㅁ 르런 나이 쌔 타잉 꽁ㅁ]
> 나는 이번엔 성공하기를 희망한다.

Ngày 23

◆ **còn**

접속사일 때는 '그런데', 동사로는 '남다', 부사로는 '여전히'라는 뜻이다. 부사로 쓰인 còn은 어떠한 상태가 끊임없이 지속되고 있음을 나타내며 vẫn, vẫn còn으로 바꾸어 쓸 수 있다.

Tôi còn làm việc ở đài truyền hình. [또이 꼰 르람 비엑 어 다-이 쮜엔 힝]
나는 아직도 방송국에서 일한다.

Ông Tuấn vẫn khỏe. [옹ㅁ 뚠 번 쾌] 뚜언 할아버지는 여전히 건강하시다.

Mẹ vẫn còn trẻ và đẹp. [매 번 꼰 째 바 댑] 어머니는 여전히 젊고 아름다우시다.

◆ **không ~ nữa**

'더 이상 ~하지 않다'는 의미로 어떠한 상태나 행동이 지속되고 있지 않음을 나타낸다.

Anh không yêu cô ấy nữa. [아잉 콩ㅁ 이에우 꼬 어이 느어]
난 더 이상 그녀를 사랑하지 않아.

No rồi, em không ăn nữa. [노 조이, 앰 콩ㅁ 안 느어]
배불러요, 더 이상 안 먹을래요.

An Giang [안 쟝] 안장

An Giang은 서남부 지역에 속해 있으며, 구룡 강(메콩델타)에서 4번째로 큰 면적(3536.7km²)과 가장 많은 인구 수를 자랑한다. An Giang에는 Long Xuyên[르롱ㅁ 쒸엔]과 Châu Đốc[쩌우 독ㅂ] 두 도시가 있는데, 캄보디아 접경 지역에서 문화 교류의 장이 이루어지기도 하고 베트남 서남부의 특이한 생태를 엿볼 수 있다. An Giang은 하천이 많고, 충적토로 평야 면적이 넓어 농업이 발달하기 좋은 조건을 갖추고 있다. 또한 강 유역의 특산물과 다양한 민물고기를 이용한 음식 문화가 발달해 있다. 이곳의 자연경관은 소박하고 정겨운 한 폭의 그림과 같고, Sam[쌈] 산 축제, 소 싸움 축제, 수상 시장도 관광객들을 매혹시킨다.

Rau củ 채소

- bắp cải

  [밥 까-이] 배추

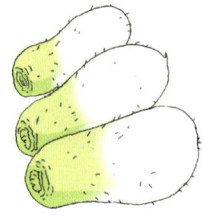

- củ cải [꾸 까-이] 무

- khoai tây

  [콰이 떠이] 감자

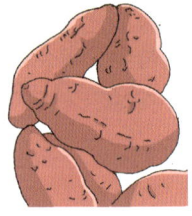

- khoai lang

  [콰이 ㄹ랑] 고구마

- tỏi [또이] 마늘

- hành tây

  [하잉 떠이] 양파

- ớt [엇] 고추
  ớt hiểm

  [엇 히엠] 작고 매운 고추

- cà [까] 가지

- nấm [넘] 버섯

- **rau muống**
[자우 무옹] 공심채

- **bí đỏ** [비 도] 호박

- **mướp đắng**
[므업 당] 여주

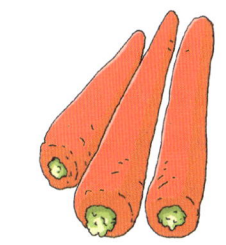
- **cà rốt** [까 좃] 당근

- **dưa leo**
[즈어 르래오] 오이

- **bó xôi / rau bina**
[보 쏘이 / 자우 비나] 시금치

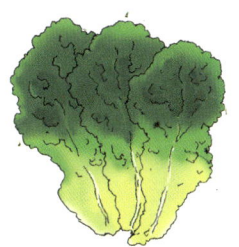
- **xà lách**
[싸 르라익] 상추

- **giá**
[쟈] 숙주

- **rau ngò**
[자우 웅오] 고수

평가 테스트

💬 빈칸에 알맞은 말을 넣으세요.

1. _____ công việc. 업무에 달려 있어.

2. _____ anh sẽ trở về Hàn Quốc?
   언제 한국으로 돌아가실 거예요?

3. Anh đã đi Thành phố Hồ Chí Minh _____?
   호찌민시에 가본 적 있습니까?

💬 주어진 단어를 배열하여 올바른 문장을 만드세요.

4. thì / đó / không còn / sau / nóng / ở / tháng Sáu / nữa / vì
   _____
   왜냐하면 6월 이후에는 그곳이 더 이상 덥지 않기 때문입니다.

5. với anh / báo trước / kế hoạch / tôi / khi / sẽ / có / cụ thể
   _____
   구체적인 계획이 생기면 사전에 말씀드리겠습니다.

💬 다음 문장을 베트남어로 만드세요.

6. 나는 올해 말에 가기를 희망합니다. _____

7. 아마 나는 내년에 귀국할 것이다. _____

정답

1. Tùy vào 2. Bao giờ 3. bao giờ chưa / lần nào chưa
4. Vì sau tháng Sáu thì ở đó không còn nóng nữa. 5. Khi có kế hoạch cụ thể, tôi sẽ báo trước với anh.
6. Tôi hy vọng sẽ đi vào cuối năm nay. 7. Có lẽ tôi về nước vào năm sau.

Cho em hỏi đường.

기본표현!!

A Xin lỗi chị, cho em hỏi đường.
씬 르오이 찌 쪼 앰 호이 드엉
실례합니다만 길 좀 묻겠습니다.

Em muốn đi đến Chùa Một Cột,
앰 무온 디 덴 쭈어 못 꼿

đi thế nào cho nhanh ạ?
디 테 나오 쪼 냐잉 아
전 일주사에 가고 싶은데요, 빨리 가려면 어떻게 가야 하나요?

B Em đi thẳng hết phố này, rẽ trái.
앰 디 탕 헷 포 나이 재 짜-이
이 길 끝까지 직진하다가 왼쪽으로 돌렴.

A Đi hết phố này có xa không chị?
디 헷 포 나이 꼬 싸 콩ㅁ 찌
이 길 끝까지 가는데 먼가요?

B Không xa đâu, từ đây đến đó
콩ㅁ 싸 더우 뜨 더이 덴 도

khoảng một cây số, đi bộ được.
쾅 못 꺼이 쏘 디 보 드억
전혀 멀지 않아, 여기서 거기까지 약 1km이니 걸어갈 수 있어.

A Cảm ơn chị nhiều ạ. 감사합니다.
깜 언 찌 니에우 아

새 단어

- hỏi [호이] 묻다, 질문하다
- nhanh [냐잉] 빠르다
- hết [헷] 전부, 동나다, 다하다
- rẽ [재] 돌다, 회전하다
- xa [싸] 멀다
- đi bộ [디 보] 걸어가다
- đường [드엉] 길, 도로, 설탕
- đi thẳng [디 탕] 똑바로 가다, 직진하다
- phố [포] 거리, 도로
- trái [짜-이] 왼쪽
- cây số [꺼이 쏘] 킬로미터 (km)

해설

◆ **cho em hỏi đường / đi thế nào cho nhanh**

두 표현에서 공통적으로 사용된 단어는 **cho**이다. cho 용법은 아주 다양한데, 〈cho + (인칭대명사) + 동사〉의 형태로 쓰면 어떠한 일을 허락받는 상황을 나타내며 '~로 하여금 ~하게 하다'의 의미이다.

Cho em hỏi đường. [쪼 앰 호이 드엉]
저로 하여금 길을 묻도록 해 주세요. → 길 좀 묻겠습니다.

Cho xem hộ chiếu. [쪼 쌤 호 찌에우] 여권을 보게 해 주세요. → 여권 좀 보여 주세요.

〈cho + 형용사〉의 형태는 '~하게', '~을 위해'로 해석한다.

Em tập thể dục cho khỏe. [앰 떱 테 죽ㅂ 쪼 쾌] 나는 건강을 위해 운동을 한다.

Cuối tuần, chúng ta hãy quét dọn nhà cho sạch.
[꾸오이 뚠, 쭝ㅁ 따 하이 꽷 존 냐 쪼 싸익] 주말에 깨끗이 집 청소하자.

◆ **hết**

동사 뒤에 쓰여 더 이상 할 것이 남아 있지 않아 행동이 완전히 끝났음을 나타내며, xong[쏭ㅁ]과 비슷하다.

Tôi làm hết bài tập rồi. [또이 르람 헷 바-이 떱 조이] 나는 과제를 끝마쳤습니다.
= **Tôi làm xong bài tập rồi.** [또이 르람 쏭ㅁ 바-이 떱 조이]

Em ăn hết đi. [앰 안 헷 디] 다 먹으렴.

Ngày 24

〈hết + 명사〉의 형태로 '더 이상 남아 있지 않다'의 의미가 있다.

　　Hết chỗ rồi. [헷 쪼 조이] 좌석 매진입니다.

　　Tôi hết tiền rồi. [또이 헷 띠엔 조이] 나는 돈을 다 썼다.

tất cả[떳 까]처럼 '전부'를 의미하기도 한다.

　　Tất cả bao nhiêu tiền? [떳 까 바오 니에우 띠엔]

　　= Hết bao nhiêu tiền? [헷 바오 니에우 띠엔] 전부 해서 얼마입니까?

◆ không + 형용사 + đâu

구어체에서 강한 부정의 의미로 답하는 표현이다. 같은 표현으로 〈có + 형용사 + gì đâu〉가 있다. 이때 có를 긍정의 의미로 이해하지 않도록 주의한다.

　　Không khó đâu! [콩 코 더우] 어렵지 않아요!

　　= Có khó gì đâu! [꼬 코 지 더우]

　　Không đẹp đâu! [콩 댑 더우] 예쁘지 않아요!

　　= Có đẹp gì đâu! [꼬 댑 지 더우]

Chùa Một Cột [쭈어 못 꼿] 일주사(一柱寺)

Chùa Một Cột (Nhất Trụ tháp[녓 쭈 탑])은 베트남의 수도인 하노이 시내에 있는 오래된 사찰로, 연우사 Diên Hựu tự[지엔 흐우 뜨]라고도 불린다. 하노이를 상징함과 동시에 베트남의 불교를 상징하기 때문에 베트남 인들에게는 매우 성스러운 곳이다.

일주사는 1049년 리 왕조 시대에 Lý Thái Tông[리 타-이 똥ㅁ, 李太宗 1028~1054] 왕의 꿈을 해석하여 지어졌다. 관세음보살이 Lý Thái Tông 왕의 손을 잡고 연좌로 인도하였다는 이야기를 들은 Thiền Tuệ[티엔 뛔] 스님은 꿈속의 이야기처럼 높은 기둥을 세우고 그 위에 연좌를 만들어서 관세음보살상을 모시라고 조언하였다. 이 조언이 받아들여져 기둥이 하나인 독특한 사찰이 건설된 것이다. 일주사는 목재로 만들어졌으며 주춧돌의 직경은 1.2m에 달한다. 매년 음력 4월 8일에 왕, 스님, 백성들이 사찰 앞에 모여 성스럽게 차례를 지내고 나라의 평안을 바라는 의식을 행했다. 1954년에 프랑스군이 철수하면서 사찰을 훼손시켰으나 당시 정부의 지시에 따라 다시 복원되었다.

2차 학습!!

A Tôi muốn đi đến bưu điện thành phố.
또이 무온 디 덴 브우 디엔 타잉 포
저는 시 우체국에 가고 싶어요.

Từ đây đến đó mất bao lâu?
뜨 더이 덴 도 멋 바오 러우
여기서 거기까지 얼마나 걸립니까?

B Mất khoảng 30 phút nếu không tắc đường.
멋 쾅 바므어이 풋 네우 콩 딱 드엉
길이 안 막히면 약 30분 걸립니다.

Tôi sẽ cố gắng tránh những đường hay tắc.
또이 쌔 꼬 강 짜잉 늉 드엉 하이 딱
자주 막히는 길을 피하도록 노력할게요.

A Nhà thờ Đức Bà ở gần đó phải không, anh?
냐 터 득 바 어 건 도 파-이 콩 아잉
그 근처에 성모마리아 성당이 있죠?

B Đúng rồi, ở ngay trước bưu điện.
둥 조이 어 응아이 쯔억 브우 디엔
맞습니다, 우체국 바로 앞에 있습니다.

A Vậy anh đi nhanh giúp.
버이 아잉 디 냐잉 줍
그럼 빨리 좀 가 주세요.

Tôi đang vội. 전 지금 급합니다.
또이 당 보이

Ngày 24

새 단어

- **bao lâu** [바오 르러우] 얼마나 (기간)
- **cố gắng** [꼬 강] 노력하다, 애쓰다
- **nhà thờ** [냐 터] 교회, 성당
- **giúp** [쥽] 돕다
- **tắc đường** [딱 드엉] 길이 막히다
- **tránh** [짜잉] 피하다
- **Đức Bà** [득 바] 성모마리아
- **vội** [보이] 서두르는, 급한

해설

◆ **Từ đây đến đó mất bao lâu?**

bao lâu는 어떠한 행동이 일어나는 시간을 묻는 의문사이다. 과거를 나타내는 đã와 미래를 나타내는 sẽ를 함께 써서 시제를 구분 지을 수 있다. 과거는 문장 끝에 완료를 나타내는 rồi를 함께 쓸 수 있으며, 미래는 문장 끝에 '더', '추가로'의 의미인 nữa를 함께 쓸 수 있다. 대답은 bao lâu 대신에 기간을 쓴다.

A : **Từ đây đến đó mất bao lâu?** [뜨 더이 덴 도 멋 바오 르러우]
여기서 거기까지 얼마나 걸립니까?

B : **Từ đây đến đó mất khoảng 10 phút.** [뜨 더이 덴 도 멋 쾅 므어이 풋]
여기서 거기까지 약 10분 걸립니다.

A : **Anh đã học tiếng Việt bao lâu (rồi)?**
[아잉 다 혹ㅂ 띠엥 비엣 바오 르러우 (조이)] 당신은 베트남어를 얼마 동안 배웠습니까?

B : **Tôi đã học tiếng Việt sáu tháng rồi.**
[또이 다 혹ㅂ 띠엥 비엣 싸우 탕 조이] 나는 베트남어를 6개월 배웠습니다.

A : **Anh sẽ học tiếng Việt bao lâu (nữa)?**
[아잉 쌔 혹ㅂ 띠엥 비엣 바오 르러우 (느어)]
당신은 베트남어를 얼마나 더 배우실 겁니까?

B : **Tôi sẽ học tiếng Việt sáu tháng nữa.**
[또이 쌔 혹ㅂ 띠엥 비엣 싸우 탕 느어] 나는 6개월 더 베트남어를 배울 겁니다.

◆ **nếu ~**

원래 〈nếu + 조건 + thì + 결과〉의 형태로 써서 가정을 나타내는 구문인데, 〈결과 + nếu + 조건〉의 형태로 문장이 도치된 상태이다. 해석은 동일하게 '~ 한다면 ~하다'로 한다.

Mất khoảng ba mươi phút nếu không tắc đường.
[멋 쾅 바 므어이 풋 네우 콩ㅁ 딱 드엉] 길이 안 막히면 약 30분 걸린다.

= Nếu không tắc đường thì mất khoảng ba mươi phút.
[네우 콩ㅁ 딱 드엉 티 멋 쾅 바 므어이 풋]

◆ **cố gắng**

'노력하다', '애쓰다'의 의미다. 단독으로 쓸 수도 있고 〈cố gắng + 동사〉의 형태로 써서 '~하도록 노력하다', '힘쓰다'의 의미가 된다.

Em sẽ cố gắng. [앰 쌔 꼬 강] 노력하겠습니다.

Anh cố gắng đến sớm. [아잉 꼬 강 덴 썸] 빨리 가도록 노력할게.

◆ **giúp**

'돕다'의 의미인데, 〈동사 + giúp〉의 형태일 때는 어떠한 일을 대신해 준다는 표현이다.

Anh không biết giúp em thế nào. [아잉 콩ㅁ 비엣 줍 앰 테 나오]
내가 너를 어떻게 도와야 할지 모르겠어.

Con nấu cơm giúp mẹ nhé. [꼰 너우 껌 줍 매 냬]
대신 밥을 지어주렴. (엄마가 아이에게)

다른 사람에게 도움을 요청할 때 좀 더 공손하게 말하고 싶다면 문장 앞에 Làm ơn[람 언]을 붙인다.

Làm ơn gọi giúp bác sĩ. [람 언 고이 줍 박 씨] 의사 선생님 좀 불러주세요.

Nhà thờ Đức Bà [냐 터 득 바] 성모마리아 대성당

프랑스는 베트남의 사이공시를 점령하자마자(1859) 가톨릭교의 미사를 볼 수 있도록 서둘러 교회를 세웠다. 1863년과 1865년에 두 개의 교회가 세워졌는데 그 규모가 너무 작아서 1877년에 도심인 1군에 성모마리아 대성당을 건설하기 시작했다.

시멘트, 철근을 비롯하여 나사 하나까지 모든 건축 자재는 프랑스에서 가져왔다. 건축물의 외관은 마르세유에서 만든 벽돌로 만들어져 칠을 하지 않고 그냥 두어도 이끼가 끼지 않으며, 오늘날까지 선홍빛을 유지하고 있다. 성당 정면의 작은 광장 중심에 있는 평화의 성모 마리아상은 피에트라산타(로마에서 약 500km 떨어진 도시)에서 조각해 베트남으로 가져왔고 1959년 2월 15일에 성당 앞에 세워졌다.

성모마리아 대성당은 종교적인 가치뿐만 아니라 프랑스 점령기(1884~1945)에 대한 증거물이기 때문에 베트남 사람들에게는 아주 특색 있는 건축물 중 하나이다.

Bưu điện trung tâm Sài Gòn [브우 디엔 쭝ㅁ 떰 싸-이 곤] 사이공 중앙우체국

성모마리아 대성당 바로 앞에 위치한 사이공 중앙우체국은 호찌민시의 대표적인 건축물들 중 하나로, 호찌민시를 방문하는 여행객들의 관광 명소이다.

1886년부터 1891년까지 프랑스 사람에 의해 건축되었으며, 유럽의 건축양식과 동양적인 장식이 한데 어우러진 건물이다. 건물의 앞쪽은 직사각형 모양마다 장식이 되어 있으며 그 위에는 전신, 전기 분야 발명가들의 이름이 새겨져 있다. 오늘날 이곳은 여전히 호찌민시의 가장 큰 중앙우체국으로 사용되고 있다.

문법코너

길 묻는 표현

직접적으로 '길을 묻겠습니다.' 라는 표현 : Cho em hỏi đường. [쪼 앰 호이 드엉]
가고자 하는 곳이 어디에 있는지 묻는 표현 :

주어	+	có biết		+	장소	+	ở đâu không?
주어	+	muốn đi đến		+	장소		
		Làm ơn chỉ giúp tôi đường đến	+	장소		

Anh có biết nhà sách ABC **ở đâu không**?
[아잉 꼬 비엣 냐 싸익 아배쎄 어 더우 콩ㅁ] ABC 서점이 어디 있는지 아세요?

Tôi muốn đi đến nhà sách ABC. [또이 무온 디 덴 냐 싸익 아배쎄]
ABC 서점에 가고 싶습니다.

Làm ơn chỉ giúp tôi đường đến nhà sách ABC.
[라람 언 찌 줍 또이 드엉 덴 냐 싸익 아배쎄] ABC 서점 가는 길을 알려주십시오.

★ 길 관련 표현

bên (tay) phải [벤 (따이) 파-이]	오른(손)쪽
bên (tay) trái [벤 (따이) 짜-이]	왼(손)쪽
bên này [벤 나이]	이쪽
bên kia [벤 끼어]	건너편
ngã tư [응아 뜨]	사거리
sang đường [쌍 드엉]	길을 건너다
đi thẳng [디 탕]	직진하다
rẽ trái [재 짜-이] / quẹo trái [꽤오 짜-이]	좌회전하다
rẽ phải [재 파-이] / quẹo phải [꽤오 파-이]	우회전하다
quay lại [꽈이 르라이]	돌아가다(유턴하다)

Ngày 24

A : Xin lỗi, cho tôi hỏi đường. Anh có biết Tháp Hà Nội ở đâu không?
[씬 로로이, 쪼 또이 호이 드엉. 아잉 꼬 비엣 탑 하 노이 어 더우 콩ㅁ]
실례합니다만 길 좀 묻겠습니다. 하노이 타워가 어디에 있는지 아세요?

B : Chị đi thẳng đường này đến ngã tư rồi sang đường.
[찌 디 탕 드엉 나이 덴 응아 뜨 조이 쌍 드엉] 사거리까지 직진한 후 길을 건너세요.

Tháp Hà Nội ở bên tay phải. [탑 하 노이 어 벤 따이 파-이]
하노이 타워가 오른쪽에 있습니다.

phương tiện giao thông
교통수단

- xe hơi / xe ô tô

[쌔 허-이 / 쌔 오 또] 자동차

- xe buýt [쌔 뷧] 버스

- xe đò [쌔 도] 시외버스

- xe lửa cao tốc

[쌔 르르어 까오 똑ㅂ] 고속열차

- xe lửa

[쌔 르르어] 기차

- tàu điện ngầm

[따우 디엔 응엄] 지하철

- tàu / thuyền

[따우 / 튀엔] 배

- xuồng / ghe

[쑤옹 / 개] 보트

- du thuyền

[주 튀엔] 요트

- xe tải [쌔 따-이] 트럭

- kinh khí cầu
[낑 키 꺼우] 기중기

- xe van
[쌔 밴] 소형 밴

- xe (gắn) máy / xe môtô
[쌔 (간) 마이 / 쌔 모또] 오토바이

- xe tay ga
[쌔 따이 가] 스쿠터

- xe đạp
[쌔 답] 자전거

- máy bay
[마이 바이] 비행기

- máy bay hạng nhẹ
[마이 바이 항 냬] 경비행기

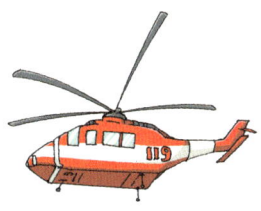
- trực thăng
[쯕 탕] 헬리콥터

평가 테스트

💬 빈칸에 알맞은 말을 넣으세요.

1. Nhà thờ Đức Bà _____ trước bưu điện.
   성모마리아 성당은 우체국 바로 앞에 있습니다.

2. Mất khoảng 30 phút _____ không tắc đường.
   길이 안 막히면 약 30분 걸린다.

💬 주어진 단어를 배열하여 올바른 문장을 만드세요.

3. cho / thế nào / nhanh / đi
   _____
   빨리 가려면 어떻게 가야 합니까?

4. mất / đây / đến / bao lâu / đó / từ
   _____
   여기서 거기까지 얼마나 걸립니까?

5. tránh / những / đường / tôi / hay / sẽ / tắc / cố gắng
   _____
   자주 막히는 길을 피하도록 노력하겠습니다.

💬 다음 문장을 베트남어로 만드세요.

6. 전혀 멀지 않아요! _____

7. 저는 지금 급합니다. _____

8. 이 길 끝까지 직진하다가 왼쪽으로 도세요. _____

정답

1. ở ngay　　2. nếu　　3. Đi thế nào cho nhanh?
4. Từ đây đến đó mất bao lâu?　　5. Tôi sẽ cố gắng tránh những đường hay tắc.
6. Không xa đâu! / Có xa gì đâu!　　7. Tôi đang vội.　　8. Em đi thẳng hết phố / đường này, rẽ trái.

Khu đi quốc tế ở đâu?

기본표현!!

A Chị ơi, quầy làm thủ tục bay ở đâu?
찌 어-이 꿰이 르람 투 뚝ㅂ 바이 어 더우
비행 수속 카운터는 어디에 있습니까?

Tôi đi Hàn Quốc, chuyến bay 11 giờ 40 phút,
또이 디 한 꾁 쮜엔 바이 므어이못 져 본므어이 풋
hãng Vietnam airlines.
항 비엣남 에라인
저는 한국에 가고, 베트남 에어라인 11시 40분 항공편입니다.

B Chị hãy đến khu đi quốc tế, đăng ký ở quầy
찌 하이 덴 쿠 디 꿕 떼 당 끼 어 꿰이
nào của Vietnam airlines cũng được.
나오 꾸어 비엣남 에라인 꿍ㅁ 드억
국제선 출발 구역에 가셔서 베트남 에어라인의 카운터 아무데서나 다 체크인이 됩니다.

A Nhưng mà khu đi quốc tế ở đâu?
능 마 쿠 디 꿕 떼 어 더우
하지만 국제선 출발 구역은 어디에 있습니까?

B Để tôi hướng dẫn chị, đây là khu đi quốc nội,
데 또이 흐엉 전 찌 더이 라 쿠 디 꿕 노이
chị băng qua khu đến quốc nội bên kia rồi lên
찌 방 꽈 쿠 덴 꿕 노이 벤 끼어 조이 렌
tầng 3 nhé!
떵 바 냬
제가 안내해 드릴게요. 여기는 국내선 출발 구역이에요, 저기 국내선 도착 구역을 가로질러 가신 후 3층으로 올라가세요!

새 단어

- quầy [꿔이] 카운터
- bay [바이] 날다
- hãng [항] 회사, 대기업
- quốc tế [꾁 떼] 국제
- nhưng mà [능 마] 그런데
- quốc nội [꾁 노이] 국내
- khu đến [쿠 덴] 도착 구역
- thủ tục [투 뚝ㅂ] 수속, 절차
- chuyến bay [쮀엔 바이] 항공편
- khu đi [쿠 디] 출발 구역
- đăng ký [당 끼] 등록하다
- hướng dẫn [흐엉 전] 안내하다, 지도하다
- băng qua [방 꽈] 가로지르다

해설

◆ **chuyến bay**

'(운행) 편', '(멀리 떠나는) 여행'을 나타내는 chuyến 뒤에 교통수단을 붙여서 그 운송 수단의 운행 편을 나타낸다. bay는 máy bay를 의미하므로 chuyến bay는 '항공편'을 뜻한다. 그 밖에도 버스 편 **chuyến xe buýt**[쮀엔 쌔 븻], 기차 편 **chuyến tàu lửa**[쮀엔 따우 르어] 등이 있다.

> Mỗi ngày có ba chuyến bay đi Hàn Quốc.
> [모이 응아이 꼬 바 쮀엔 바이 디 한 꾁] 매일 한국에 가는 비행기는 3편 있습니다.

◆ **~ nào cũng được**

〈명사 + nào cũng được〉의 형태로 어떠한 것이든 다 받아들이겠다는 표현이다. '~든지 상관없다(다 된다)'로 해석한다.

> Người nào cũng được. [응어이 나오 꿍ㅁ 드억] 누구든지 상관없다.
> Lúc nào cũng được. [로룩ㅂ 나오 꿍ㅁ 드억] 언제든지 상관없다.
> Chỗ nào cũng được. [쪼 나오 꿍ㅁ 드억] 어디든지 상관없다.

Ngày 25

◆ nhưng mà
구어체에서 사용하며 '그러나', '하지만'의 의미인 nhưng과 같다.

A : Con đi ngủ sớm đi. [꼰 디 응우 썸 디] 일찍 자렴.

B : Nhưng mà con chưa làm bài tập xong.
[능 마 꼰 쯔어 르람 바-이 떱 쏭ㅁ] 하지만 아직 숙제를 다 못 했어요.

◆ để
'두다', '~을 위해'의 의미를 지니는 để가 〈Để + 주어 + 동사〉의 형태로 쓰여 '~가 ~하다', '~하게 내버려두다'의 표현이다.

Để điện thoại trên bàn. [데 디엔 퇴이 쩬 반] 책상 위에 전화기를 두다.

Tôi thường xem tivi để giải trí.
[또이 트엉 쌤 띠비 데 쟈-이 찌] 나는 여가를 위해 주로 텔레비전을 본다.

Để tôi xem thực đơn. [데 또이 쌤 특 던] 메뉴 좀 보겠습니다.

Để chị ấy một mình. [데 찌 어이 못 밍] 그녀를 혼자 내버려 둬.

Để tôi giúp bạn nhé! [데 또이 쥽 반 내] 내가 너를 도울게!

문법코너

공항 관련 단어

sân bay [썬 바이]	공항
xe đẩy [쌔 더이]	카트
thang cuốn [탕 꾸온]	에스컬레이터
thang máy [탕 마이]	엘리베이터
tiếp viên hàng không [띠엡 비엔 항 콩ㅁ]	승무원
nhân viên an ninh [년 비엔 안 닝]	보안 직원
băng chuyền hành lý [방 쮜엔 하잉 리]	수하물 벨트
hành lý ký gửi [하잉 리 끼 그이]	부치는 수하물
hành lý xách tay [하잉 리 싸익 따이]	소지하는 수하물
hành lý dễ vỡ [하잉 리 제 버]	깨지기 쉬운 수하물
hành lý quá khổ [하잉 리 꽈 코]	규격 초과 수하물
hàng cấm [항 껌]	금지품
hàng miễn thuế [항 미엔 투에]	면세품
dịch vụ ưu tiên [직 부 으우 띠엔]	VIP 서비스
cất cánh [껏 까잉]	이륙
hạ cánh [하 까잉]	착륙
chuyến bay bị hoãn [쮜엔 바이 비 환]	지연
chuyến bay bị hủy [쮜엔 바이 비 휘]	결항
hải quan [하-이 꽌]	세관

Xin vui lòng cho hành lý vào kiểm tra an ninh.
[씬 부이 르롱ㅁ 쪼 하잉 리 바오 끼엠 짜 안 닝] 보안검색대에 수하물을 통과시키십시오.

Đây là hàng cấm, xin hãy gặp nhân viên an ninh để được hướng dẫn.
[더이 라 항 껌, 씬 하이 갑 년 비엔 안 닝 데 드억 흐엉 전]
이것은 금지품입니다, 보안 직원을 만나 안내받으십시오.

〈기내에서〉

Chúc quý khách một chuyến bay tốt đẹp.
[쭉ㅂ 뀌 카익 못 쮜엔 바이 똣 댑] 편안하고 즐거운 여행되시길 바랍니다.

Đây là chuyến bay không hút thuốc.
[더이 르라 쮜엔 바이 콩ㅁ 훗 투옥] 금연 항공편입니다.

Xin vui lòng không hút thuốc trong suốt chuyến bay, kể cả trong nhà vệ sinh.
[씬 부이 르롱ㅁ 콩ㅁ 훗 투옥 쫑ㅁ 쑤옷 쮜엔 바이, 깨 까 쫑ㅁ 냐 베 씽]
화장실을 포함하여 운항 중에는 담배를 피우지 마십시오.

Xin vui lòng không sử dụng nhà vệ sinh lúc này.
[씬 부이 르롱ㅁ 콩ㅁ 쓰 중ㅁ 냐 베 씽 르룩ㅂ 나이] 지금은 화장실을 사용하지 마십시오.

Máy bay đang đi qua vùng thời tiết xấu, xin quý khách hãy trở về chỗ ngồi và cài dây an toàn.
[마이 바이 당 디 꽈 붕ㅁ 터-이 띠엣 써우, 씬 뀌 카익 하이 쩌 베 쪼 응오이 바 까-이 저이 안 똰]
항공기가 난기류를 통과하고 있습니다. 승객 여러분은 자리로 돌아오셔서 안전벨트를 착용해 주십시오.

Chuyến bay KE603 sắp hạ cánh xuống sân bay quốc tế Tân Sơn Nhất.
[쮜엔 바이 까 애 싸우 콩ㅁ 바 쌉 하 까잉 쑤옹 썬 바이 꾁 떼 떤 썬 녓]
KE603편이 떤썬녓 국제 공항에 곧 착륙합니다.

Chào mừng quý khách đến với Thành phố Hồ Chí Minh, giờ địa phương bây giờ là 11 giờ 20 phút.
[짜오 믕 뀌 카익 덴 버-이 타잉 포 호 찌 밍, 져 디어 프엉 버이 져 르라 므어이 못 져 하-이 므어이 풋]
호찌민시에 도착한 승객 여러분을 환영합니다, 지금 현지 시간은 11시 20분입니다.

Ông có gì cần / phải khai báo không?
[옹ㅁ 꼬 지 껀 / 파-이 카-이 바오 콩ㅁ] 신고할 물품이 있습니까?

Hãy ký tên vào đây. [하이 끼 뗀 바오 더이] 여기에 서명하십시오.

Đây là tờ khai nhập cảnh, xin hãy điền vào và ký tên.
[더이 르라 떠 카-이 녑 까잉, 씬 하이 디엔 바오 바 끼 뗀]
입국 신고서입니다, 기입하시고 서명하십시오.

2차 학습!!

A Chào chị! 안녕하세요!
짜오 찌

B Chị đến muộn quá, xin vui lòng cho xem hộ chiếu.
찌 덴 무온 꽈 씬 부이 르롱ㅁ 쪼 쌤 호 찌에우
너무 늦게 오셨네요, 여권을 보여주십시오.

A Đây ạ! 여기 있습니다!
더이 아

Tôi có hai kiện hành lý ký gửi. 부칠 짐 두 개가 있습니다.
또이 꼬 하-이 끼엔 하잉 리 끼 그이

Xin xếp chỗ cho tôi ở khu vực lối đi.
씬 쎕 쪼 쪼 또이 어 쿠 븍 르로이 디
통로 쪽으로 자리를 배정해 주세요.

B Xin lỗi chị, cả khu vực lối đi lẫn
씬 르로이 찌 까 쿠 븍 르로이 디 르런
khu vực cửa sổ đều hết chỗ.
쿠 븍 끄어 쏘 데우 헷 쪼
죄송합니다만 통로 쪽과 창가 쪽 모두 좌석이 없습니다.

Chị thông cảm ngồi ghế ở giữa.
찌 통ㅁ 깜 응오이 게 어 즈어
가운데 자리에 앉는 것을 양해 바랍니다.

Đây là thẻ lên máy bay và hộ chiếu của chị.
더이 라 태 르렌 마이 바이 바 호 찌에우 꾸어 찌
이것은 여권과 탑승권입니다.

Ngày 25

📑 새 단어

- **hộ chiếu** [호 찌에우] 여권
- **xếp** [쎕] 정리하다, 배열하다
- **lối đi** [로이 디] 통로, 복도
- **thông cảm** [통 깜] 이해하다, 양해하다
- **thẻ** [태] 카드, 표
- **kiện** [끼엔] 꾸러미, 소포
- **cả ~ lẫn ~** [까 ~ 런 ~] 모두
- **cửa sổ** [끄어 쏘] 창문
- **ghế** [게] 의자

❓ 해설

◆ cả A lẫn B (đều)

하나의 문장 속에서 대등한 관계가 있는 두 가지 요소를 연결하기 위해 사용하는 구문으로 và[바]와 의미는 같지만 강조의 의미도 내포하고 있다. 'A와 B 둘 다', 'A는 물론 B까지도'로 해석한다.

Tôi nói được cả tiếng Anh lẫn tiếng Việt.
[또이 노이 드억 까 띠엥 아잉 런 띠엥 비엣] 나는 영어는 물론 베트남어까지도 할 수 있다.

Cả chị lẫn em đều rất xinh đẹp. [까 찌 런 앰 데우 젓 씽 댑]
언니와 동생 둘 다 매우 예쁘다.

★ **cả**는 '전부', '모두'를 나타내는 **tất cả**와 마찬가지로 명사 앞에 써서 집합명사의 전체 수량을 가리키는 단어이지만, **những, các, mọi**와 함께 쓸 수 없다. 의미상으로도 약간의 차이가 있다.

cả gia đình [까 쟈 딩] 하나의 가족 구성원들 모두
Tất cả các gia đình [떳 까 깍 쟈 딩] 가족들 모두 (여러 가족)
Cả lớp đi công viên nước. [까 럽 디 꽁 비엔 느억] 반 전체가 워터파크에 갔다.

Cả 뒤에 시간 명사를 쓰면 '그 시간 내내'의 의미다.

Cả tuần [까 뚠] 일주일 내내

Cả ngày tôi chỉ đọc sách thôi. [까 응아이 또이 찌 독ㅂ 싸익 토이]
나는 하루 종일 책만 읽었다.

Cả năm tôi sẽ du lịch khắp nơi trên thế giới.
[까 남 또이 쌔 주 르릭 캅 너-이 쩬 테 져-이] 나는 일 년 내내 세계 이곳저곳을 여행할 것이다.

◆ **thông cảm**

'동감하다', '이해하다', '양해하다'의 의미로 '미안합니다 xin lỗi[씬 르로이]'와 유사한 사과 표현이다. xin lỗi의 경우에는 자신이 잘못했다는 뜻을 내포하고 있는 반면 xin thông cảm의 경우에는 자신의 잘못에 대해 상대방이 이해해 주고 양해해 주기를 바라는 뜻이 담겨 있다.

Điều này khó thông cảm. [디에우 나이 코 통ㅁ 깜] 이 일은 이해하기 힘들다.

Em thông cảm nhé! [앰 통ㅁ 깜 내] 네가 이해해 줘!

Chị xin lỗi nhé! [찌 씬 르로이 내] 내가 미안해!

평가 테스트

💬 빈칸에 알맞은 말을 넣으세요.

1. Chị băng qua khu đến quốc nội bên kia _____ lên tầng 3 nhé.
   저기 국내선 도착 구역을 가로질러 가신 후, 3층으로 올라가세요.

2. _____ khu vực lối đi _____ khu vực cửa sổ đều hết chỗ.
   통로 쪽과 창가 쪽 모두 자리가 없습니다.

💬 주어진 단어를 배열하여 올바른 문장을 만드세요.

3. nào / cũng được / quầy
   아무 카운터나 다 됩니다.
   _____

4. vui lòng / xin / cho / hộ chiếu / xem
   여권을 보여주십시오.
   _____

5. kiện / hành lý / hai / tôi / ký gửi / có
   부칠 짐 두 개가 있습니다.
   _____

💬 다음 문장을 베트남어로 만드세요.

6. 비행 수속 카운터는 어디에 있습니까? _____

7. 이것은 당신의 여권과 탑승권입니다. _____

8. 가운데 자리에 앉는 것을 양해 바랍니다. _____

정답

1. rồi
2. Cả, lẫn
3. Quầy nào cũng được.
4. Xin vui lòng cho xem hộ chiếu.
5. Tôi có hai kiện hành lý ký gửi.
6. Quầy làm thủ tục bay ở đâu?
7. Đây là thẻ lên máy bay và hộ chiếu của chị / anh.
8. Xin thông cảm ngồi ghế ở giữa.

Động vật 동물

- sư tử [쓰 뜨] 사자

- hổ / cọp
[호 / 꼽] 호랑이

- voi [보이] 코끼리

- gấu [거우] 곰

- hươu cao cổ
[흐어우 까오 꼬] 기린

- cáo [까오] 여우

- rắn [잔] 뱀

- cá sấu
[까 써우] 악어

- hươu sao
[흐어우 싸오] 사슴

- khỉ [키] 원숭이

- sóc [쏙ㅂ] 다람쥐

- rùa [주어] 거북

- ngựa [응어] 말

- cừu [끄우] 양

- dê [제] 염소

- lợn / heo [르런 / 해오] 돼지

- thỏ [토] 토끼

- chuột [쭈웃] 쥐

- chó [쪼] 개
- mèo [매오] 고양이
- gà [가] 닭

- vịt [빗] 오리
- chim [찜] 새
- bò [보] 소

- trâu [쩌우] 물소
- thằn lằn [탄 르란] 도마뱀

Cổ chân tôi rất đau.

기본표현!!

A Chị bị đau ở đâu? 어디가 아프세요?
찌 비 다우 어 더우

B Sáng nay tôi bị ngã và bây giờ cổ chân tôi rất đau.
쌍 나이 또이 비 응아 바 버이 져 꼬 쩐 또이 젓 다우
오늘 아침에 제가 넘어졌고, 지금은 발목이 너무 아파요.

A Để tôi xem. 어디 봅시다.
데 또이 쌤

Chị phải đi chụp X-quang xương cổ chân nhé.
찌 파-이 디 쭙 익씨 꽝 쓰엉 꼬 쩐 내
발목뼈 엑스레이를 찍으러 가셔야겠네요.

B Có nghiêm trọng lắm không bác sĩ?
꼬 응이엠 쫑ㅁ 람 콩ㅁ 박 씨
아주 심각한가요, 의사 선생님?

A Nhìn bên ngoài thì dường như không có gì nguy hiểm.
닌 벤 응와이 티 즈엉 느 콩ㅁ 꼬 지 응위 히엠
겉으로 보기에는 위험하지 않은 것 같습니다.

Hi vọng chị chỉ bị bong gân. 그냥 단순히 삔 것이길 바라요.
히 봉ㅁ 찌 찌 비 봉ㅁ 건

Chị hãy an tâm nhé. 걱정하지 마세요.
찌 하이 안 떰 내

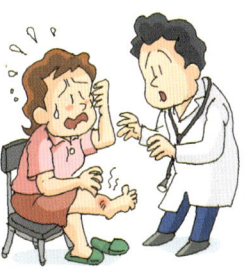

새 단어

- bị [비] 당하다(좋지 않은 일)
- ngã [응아] 넘어지다
- X-quang [익씨 꽝] 엑스레이
- nghiêm trọng [응이엠 쫑ㅁ] 엄중한, 심각한
- dường như [즈엉 느] ~처럼 보이다
- bong gân [봉ㅁ 건] 삐다
- đau [다우] 아프다
- cổ chân [꼬 쩐] 발목
- xương [쓰엉] 뼈
- bên ngoài [벤 응와이] 바깥쪽
- nguy hiểm [응위 히엠] 위험한
- an tâm [안 떰] 안심하다, 걱정이 없다

해설

◆ dường như

'~처럼 보인다', '~인 것 같다' 라는 의미로 문장 제일 앞에 써서 어떤 일에 대해 불확실한 추측을 나타낸다. 비슷한 표현으로는 hình như가 있다. '아마도' 라는 추측을 나타내는 có lẽ와도 유사하다.

Dường như anh ấy có nhiều tiền.
[즈엉 느 아잉 어이 꼬 니에우 띠엔] 그는 돈이 많은 것처럼 보인다.

Hình như tôi bị cảm. [힝 느 또이 비 깜] 감기에 걸린 것 같다.

Có lẽ tôi bị mất ví ở chợ.
[꼬 르래 또이 비 멋 비 어 쩌] 아마도 시장에서 지갑을 잃어버린 것 같다.

◆ không có gì ~

không có만으로도 '없다' 라는 의미이지만, '무엇' 이라는 의문사 gì와 결합하여 '아무것도 없다', '전혀 없다' 라는 강조의 의미를 지닌다.

không có gì는 '고맙다' cám ơn[깜 언]에 대한 대답으로 쓰여 '아무것도 아니에요', '별거 아니에요', '천만에요' 의 의미로 사용되기도 하는데 그 뒤에 형용사를 써서 '전혀 ~하지 않다' 의 표현이 된다.

Ngày 26

A : **Cám ơn anh rất nhiều.** [깜 언 아잉 젓 니에우] 너무 감사합니다.

B : **Không có gì.** [콩ㅁ 꼬 지] 천만에요.

A : **Hôm nay chị đẹp quá! Có chuyện gì vậy?**
[홈 나이 찌 댑 꽈! 꼬 쮜엔 지 버이] 오늘 너무 예뻐요! 무슨 일 있으세요?

B : **Không có gì đặc biệt.** [콩ㅁ 꼬 지 닥 비엣] 특별한 거 없어.

★ gì 대신 '누구'라는 의문사 ai를 쓰면 '아무도 없다'의 표현이다.

Trong lớp này không có ai nói tiếng Việt.
[쫑ㅁ 르럽 나이 콩ㅁ 꼬 아-이 노이 띠엥 비엣] 이 교실에 베트남어를 하는 사람은 아무도 없다.

2차 학습

A Anh bị cảm lạnh nhẹ thôi, đây là toa thuốc.
아잉 비 깜 르라잉 내 토이 더이 라 똬 투옥
가벼운 감기입니다. 여기 처방전입니다.

Hãy dùng khẩu trang để tránh lây bệnh.
하이 중 커우 짱 데 짜잉 르라이 베잉
전염을 피하도록 마스크를 착용하세요.

B Thuốc uống thế nào ạ? 약은 어떻게 복용합니까?
투옥 우옹 테 나오 아

A Mỗi ngày ba lần sau bữa ăn.
모이 응아이 바 런 싸우 브어 안
매일 식후 3번이요.

Tuần sau trở lại tái khám. 다음 주에 와서 재검 받으세요.
뚠 싸우 쩌 르라이 따-이 캄

B Trường hợp bệnh khỏi hẳn thì có cần quay lại
쯔엉 헙 베잉 코이 한 티 꼬 껀 꽈이 르라이
không ạ?
콩 아
완전히 나은 경우엔 올 필요가 있습니까?

A Nếu thế thì không quay lại cũng được.
네우 테 티 콩 꽈이 르라이 꿍 드억
만약 그러시면 안 오셔도 됩니다.

Ngày 26

새 단어

- cảm lạnh [깜 르라잉] 감기
- toa thuốc [따 투옥] 처방전
- tránh [짜잉] 피하다, 비키다
- uống [우옹] 마시다
- trường hợp [쯔엉 헙] 상황, 경우
- hẳn [한] 확실히, 완전히
- nhẹ [내] 가벼운, 순한
- khẩu trang [커우 짱] 마스크
- lây bệnh [르러이 베잉] 병이 옮다, 전염되다
- tái khám [따-이 캄] 재검하다
- khỏi [코이] 병이 낫다
- quay lại [꽈이 르라이] 되돌아가다

해설

◆ tránh

'피하다'의 의미로, 뒤에 동사가 오면 '~하는 것을 피하다'라는 표현이다.

Chúng ta vào quán cà phê để tránh mưa.
[쭝 따 바오 꽌 까 페 데 짜잉 므어] 비를 피하러 커피숍으로 들어가자.

Tránh ra đi! [짜잉 자 디] 비키세요!

Trong mấy ngày chị nên tránh tắm hơi.
[쫑 머이 응아이 찌 넨 짜잉 땀 허-이] 며칠 동안 사우나는 피하는 게 좋겠습니다.

◆ uống thuốc

'마시다'의 의미로 쓰이는 uống은 '약을 먹다'라는 표현으로도 사용된다. 이때 '먹다'라는 동사 ăn은 쓰지 않는다.

Em muốn uống nước. [앰 무온 우옹 느억] 나는 물을 마시고 싶다.

Chị đã uống thuốc chưa? [찌 다 우옹 투옥 쯔어] 약 드셨어요?

◆ **sau bữa ăn**

약 복용과 관련하여 '식후'라는 표현이다. '식전'은 trước bữa ăn[쯔억 브어 안]이다. trước[쯔억] / trong[쫑ㅁ] / sau[싸우] 뒤에는 명사를 쓰고, 뒤에 동사가 오게 되면 trước khi[쯔억 키] / trong khi[쫑ㅁ 키] / sau khi[싸우 키]를 쓴다.

Trước bữa ăn tôi phải rửa tay. [쯔억 브어 안 또이 파-이 즈어 따이]
식사 전에 나는 손을 씻어야 한다.

= Trước khi ăn cơm tôi phải rửa tay. [쯔억 키 안 껌 또이 파-이 즈어 따이]
밥을 먹기 전에 나는 손을 씻어야 한다.

Trong cuộc họp tôi nghe điện thoại. [쫑ㅁ 꾸옥 홉 또이 응애 디엔 톼이]
회의 중에 전화를 받았다.

= Trong khi họp tôi nghe điện thoại. [쫑ㅁ 키 홉 또이 응애 디엔 톼이]
회의하는 동안에 전화를 받았다.

Sau đám cưới, chú rể và cô dâu đi tuần trăng mật.
[싸우 담 끄어이, 쭈 제 바 꼬 저우 디 뛴 짱 멋] 결혼식 후에 신랑과 신부는 신혼여행을 간다.

= Sau khi cưới chú rể và cô dâu đi tuần trăng mật.
[싸우 키 끄어이, 쭈 제 바 꼬 저우 디 뛴 짱 멋] 결혼한 후에 신랑과 신부는 신혼여행을 간다.

◆ **tái khám**

tái khám은 '다시 진찰하다', '재검하다'의 의미다.

Không cần tái khám. [콩ㅁ 껀 따-이 캄] 재검할 필요 없습니다.

tái sử dụng [따-이 쓰 중ㅁ] 재활용하다

tái sinh [따-이 씽] 재생하다

Ngày 26

문법코너

Chị bị đau ở đâu?

'어디에 통증이 있으세요?', '어디가 아프세요?' 라는 표현으로, 직접적으로 어느 부위가 아픈지 묻는 질문이다. 대답할 때는 '어디에'의 ở đâu 대신 아픈 부위를 넣는다.

A : Anh bị đau ở đâu? [아잉 비 다우 어 더우] 어디가 아프세요?
B : Tôi bị đau bụng. [또이 비 다우 붕ㅁ] 나는 배가 아픕니다.

이외에도 몸 상태가 어떤가를 묻는 표현으로 '어때요?'에 해당하는 thế nào와 làm sao를 활용할 수 있다. bị làm sao는 원래 타인의 좋지 못한 상황에 관심을 두고 묻는 표현으로 '무슨 일이세요?', '어떻게 된 거예요?' 라는 의미이지만, 몸 상태가 좋아 보이지 않는 경우에 사용하면 '어디가 편찮으세요?'가 된다.

A : Anh bị làm sao? [아잉 비 르람 싸오] 어디 편찮으세요?
  = Anh bị đau thế nào? [아잉 비 다우 테 나오] 어떻게 아프시죠?
B : Tôi bị nhức đầu. [또이 비 늑 더우] 나는 머리가 아픕니다.

★ 수동태를 나타내는 bị
〈주어 + bị + 동사 / 형용사〉의 형태로 좋지 않은 상황에 처해 있음을 나타내거나 〈주어1 + bị + 주어2 + 동사〉의 형태로 타인에 의해 좋지 않은 일을 당했음을 나타낸다. 이때 해석은 '주어 2가 ~하는 것을 주어 1이 당했다'로 한다. 수동태 문장을 능동태 문장으로 고칠 때는 bị를 삭제하고 〈주어2 + 동사 + 주어1〉로 쓰고 '주어 2가 주어 1을 ~했다'로 해석한다.

Tôi bị mệt. [또이 비 멧] 나는 피곤하다.
Tôi bị đau tay. [또이 비 다우 따이] 나는 손이 아프다.
Tôi bị mẹ mắng. [또이 비 매 망] 나는 어머니에게 혼이 났다. (수동)
→ Mẹ mắng tôi. [매 망 또이] 어머니가 나를 혼냈다. (능동)

반대로 좋은 일인 경우에는 được을 쓴다.

Rất vui được gặp em. [젓 부이 드억 갑 앰] 너를 만나게 돼서 너무 기뻐.
Tôi được thầy khen. [또이 드억 터이 캔] 나는 선생님께 칭찬을 받았다. (수동)
→ Thầy khen tôi. [터이 캔 또이] 선생님이 나를 칭찬했다. (능동)

Bệnh tật 질병

- cảm [깜] 감기

- cảm cúm
[깜 꿈] 독감

- ho [호] 기침

- cảm sổ mũi
[깜 쏘 무이] 코감기

- ách xì / nhảy mũi
[아익 씨 / 냐이 무이] 재채기

- nhiễm lạnh
[니엠 라잉] 오한

- đau đầu / nhức đầu
[다우 더우 / 늑 더우] 두통

- nhiệt / sốt
[니엣 / 쏫] 열

- dị ứng
[지 응] 알레르기

- **nôn mửa / ói**
[논 므어 / 오이] 구토

- **buồn nôn / muốn ói**
[부온 논 / 무온 오이] 구역질

- **chóng mặt**
[쫑ㅁ 맛] 현기증

- **chảy máu mũi**
[짜이 마우 무이] 코피나다

- **bỏng** [봉ㅁ] 화상

- **mụn nước**
[문 느억] 물집

- **vết thương**
[벳 트엉] 상처

- **huyết áp**
[휘엣 압] 혈압

- **chứng mất ngủ**
[쯩 멋 응우] 불면증

평가 테스트

📝 빈칸에 알맞은 말을 넣으세요.

1. Nếu thế thì không quay lại _____.
   만약 그러시면 안 오셔도 됩니다.

2. Hãy dùng khẩu trang _____ lây bệnh.
   전염을 피하도록 마스크를 쓰세요.

3. Nhìn bên ngoài thì _____ không có gì nguy hiểm.
   겉으로 보기에는 위험하지 않은 것 같다.

📝 주어진 단어를 배열하여 올바른 문장을 만드세요.

4. ở / chị / đâu / bị / đau
   _____어디가 아프세요?_____

5. chị / bị / chỉ / bong gân / hy vọng
   _____그냥 단순히 삔 것이길 바라요._____

6. sau / 3 lần / bữa ăn / mỗi ngày
   _____매일 식후 3번이요._____

📝 다음 문장을 베트남어로 만드세요.

7. 이것은 처방전입니다. _____

8. 오늘 아침에 나는 넘어졌다. _____

9. 아주 심각한가요, 의사 선생님? _____

정답

1. cũng được   2. để tránh   3. dường như   4. Chị bị đau ở đâu?
5. Hy vọng chị chỉ bị bong gân.   6. Mỗi ngày 3 lần sau bữa ăn.
7. Đây là toa thuốc.   8. Sáng nay tôi bị ngã.   9. Có nghiêm trọng lắm không bác sĩ?

Ngày 27 — Tôi muốn xem nhà để thuê.

기본표현!!

A Tôi xem quảng cáo và muốn xem nhà để thuê.
또이 쌤 꽝 까오 바 무온 쌤 냐 데 투에
저는 광고를 봤는데, 임대할 집을 보고 싶습니다.

B Anh thuê để ở hay để làm văn phòng?
아잉 투에 데 어 하이 데 람 반 퐁ㅁ
주거용으로요, 아니면 사무실용으로요?

A Tôi muốn thuê vừa làm văn phòng ở tầng một vừa sống ở tầng trên.
또이 무온 투에 브어 람 반 퐁ㅁ 어 떵 못 브어 쏭ㅁ 어 떵 쩬
1층은 사무실로 하고 윗층에서 살기도 하는 임대를 원합니다.

B Vậy thì rất thuận tiện, nhà có ba tầng, tiện nghi không thiếu gì cả.
버이 티 젓 퉌 띠엔 냐 꼬 바 떵 띠엔 응이 콩ㅁ 티에우 지 까
그러면 아주 편리하죠, 3층짜리 집인데 편의 시설을 모두 갖추고 있습니다.

A Khu vực này có an ninh không ạ?
쿠 븍 나이 꼬 안 닝 콩ㅁ 아
이 지역은 안전합니까?

B Khu vực này lúc nào cũng rất an ninh và yên tĩnh.
쿠 븍 나이 루ㄱ 나오 꿍ㅁ 젓 안 닝 바 이엔 띵
이 지역은 언제나 아주 안전하고 조용합니다.

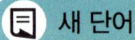

- **quảng cáo** [꽝 까오] 광고
- **thiếu** [티에우] 부족한
- **an ninh** [안 닝] 안전하다
- **thuận tiện** [퇀 띠엔] 편리한
- **khu vực** [쿠 븍] 구역, 지역
- **yên tĩnh** [이엔 띵] 조용한

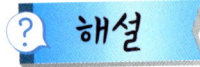

◆ vừa ~ vừa ~

vừa가 단독으로 쓰이면 '알맞은', '적당한' 또는 근접 과거를 나타내 '이제 막 ~했다'의 의미이지만, 〈vừa + 동사 + vừa + 동사〉의 형태로 쓰일 때는 두 가지의 행동이 동시에 일어남을 나타낸다.

Đôi giày này rất vừa với tôi. [도이 쟈이 나이 젓 브어 버-이 또이]
이 신발은 나에게 꼭 맞는다.

Em vừa làm việc xong. [앰 브어 람 비엑 쏭ㅁ] 나는 방금 막 일을 끝마쳤다.

Chị ấy thường vừa uống cà phê vừa đọc sách.
[찌 어이 트엉 브어 우옹 까 페 브어 독ㅂ 싸익] 그녀는 보통 커피를 마시면서 책을 읽는다.

★ vừa + 형용사 + vừa + 형용사

사람이나 사물이 지니고 있는 둘 이상의 비슷한 성질을 묘사하기 위해 쓰며, 강조의 의미를 지닌다.

Anh Trung vừa cao vừa đẹp trai. [아잉 쭝ㅁ 브어 까오 브어 댑 짜-이]
쭝 오빠는 키도 큰데다가 잘생기기까지 했다.

Các món ăn nhà hàng này vừa tươi vừa ngon.
[깍 몬 안 냐 항 나이 브어 뜨어이 브어 응온] 이 식당의 음식은 신선한데다가 맛도 있다.

Ngày 27

◆ không thiếu gì cả

〈Không + 동사/형용사 + gì cả〉의 형태로 써서 어떠한 행동, 상태, 과정 등을 완전히 부정하기 위한 표현이다. cả 대신 hết[헷]을 써도 되며, '전혀 ~하지 않는다', '전혀 ~함이 없다.'로 해석한다.

Nhà em ấy giàu nên không thiếu gì cả.
[냐 앰 어이 쟈우 넨 콩ㅁ 티에우 지 까] 그 애의 집은 부유해서 전혀 부족함이 없다.

Suốt ngày rất buồn nên tôi không ăn gì hết.
[쑤옷 응아이 젓 부온 넨 또이 콩ㅁ 안 지 헷] 하루 종일 너무 슬퍼서 전혀 먹지 않았다.

★ '가다' 라는 의미의 동사 đi는 항상 장소를 나타내는 의문사 đâu와 함께 쓰므로, '아무데도 가지 않았다' 는 표현은 의문사 gì 대신 đâu를 써야 한다.

Nếu ngày mai trời mưa thì tôi không đi đâu cả.
[네우 응아이 마-이 쩌-이 므어 티 또이 콩ㅁ 디 더우 까]
만약 내일 비가 온다면 나는 아무데도 가지 않을 것이다.

◆ lúc nào cũng

'언제나, 항상' 이라는 뜻으로 시간에 구애받지 않고 어떠한 행동이 규칙적으로 또는 자주 일어남을 나타내는 표현이다. lúc nào 대신 '언제'의 의미인 bao giờ[바오 저]를 쓰기도 한다. 이때 주어의 위치는 lúc nào cũng 앞에 위치하기도 하며, 〈lúc nào + 주어 + cũng〉으로 쓸 수도 있다.

Chị Lan lúc nào cũng đến đúng giờ. [찌 란 르룩ㅂ 나오 꿍ㅁ 덴 둥ㅁ 져]
란은 언제나 정시에 온다.

Lúc nào anh ấy cũng nóng tính. [르룩ㅂ 나오 아잉 어이 꿍ㅁ 농ㅁ 띵]
그는 언제나 성미가 급하다.

2차 학습

A Phòng này cho thuê bao nhiêu tiền một tháng ạ?
퐁ㅁ 나이 쪼 투에 바오 니에우 띠엔 못 탕 아
이 방은 한 달 임대료가 얼마입니까?

B Anh muốn thuê bao lâu?
아잉 무온 투에 바오 러우
얼마 동안 임대하실 건가요?

A Tôi muốn ở lâu dài, ít nhất là một năm.
또이 무온 어 러우 자-이 잇 녓 라 못 남
저는 오랫동안, 적어도 1년 정도 머물고 싶습니다.

B Vậy thì tiền thuê mỗi tháng là ba triệu rưỡi đồng.
버이 티 띠엔 투에 모이 탕 라 바 찌에우 즈어이 동ㅁ
그러면 임대료는 매달 삼백오십만 동입니다.

Tiền điện và tiền nước tính riêng, dùng bao
띠엔 디엔 바 띠엔 느억 띵 지엥 중ㅁ 바오
nhiêu tính bấy nhiêu.
니에우 띵 버이 니에우
전기요금과 수도요금은 별도며, 쓰는 만큼 계산합니다.

A Tôi trả tiền thuê từng tháng được chứ ạ?
또이 짜 띠엔 투에 뜽 탕 드억 쯔 아
매달 임대료를 지불해도 됩니까?

B Dĩ nhiên rồi. 물론입니다.
지 니엔 조이

새 단어

- **lâu dài** [러우 자-이] 오랫동안
- **tiền điện** [띠엔 디엔] 전기요금
- **tính** [띵] 계산하다
- **từng** [뜽] ~마다
- **ít nhất** [잇 녓] 최소한, 적어도
- **tiền nước** [띠엔 느억] 수도요금
- **bấy nhiêu** [버이 니에우] 얼마
- **dĩ nhiên** [지 니엔] 당연히, 물론

Ngày 27

❓ 해설

◆ ít nhất (là)

적은 수량을 나타내는 ít과 '가장'이라는 최상급을 나타내는 nhất이 결합된 형태로 '최소한', '적어도'의 의미가 된다.

Tôi muốn nghỉ làm, ít nhất là 1 tháng.
[또이 무온 응이 람, 잇 녓 라 못 탕] 나는 적어도 한 달은 일을 쉬고 싶다.

Phải học ít nhất 3 năm nữa để trở thành bác sĩ.
[파-이 혹ㅂ 잇 녓 바 남 느어 데 쩌 타잉 박 씨]
의사가 되기 위해서는 적어도 3년은 더 공부해야 한다.

◆ ba triệu rưỡi

'절반'을 나타내는 단어로는 rưỡi[즈어이]와 nửa[느어]가 있다. 어느 특정 단위를 기준으로 그 단위의 절반에 해당하면 nửa를 쓰고, 그 단위에 절반이 추가가 되는 경우에는 rưỡi를 쓴다. 〈nửa + 단위〉, 〈단위 + rưỡi〉의 형태로 쓴다.

3 giờ 30 phút [바 져 바 므어이 풋] 3시 30분 = **3 giờ rưỡi** [바 져 즈어이] 3시 반
1 tiếng [못 띠엥] 한 시간 / **nửa tiếng** [느어 띠엥] 30분
một tiếng rưỡi [못 띠엥 즈어이] 한 시간 반
1 cân [못 껀] 1kg / **nửa cân** [느어 껀] 0.5kg
một cân rưỡi [못 껀 즈어이] 1.5kg

★ 본문에 쓰인 triệu는 백만에 해당하는 단위로 그 절반은 50만이다. 따라서 ba triệu rưỡi는 350만을 뜻한다. ba triệu năm trăm nghìn[바 찌에우 남 짬 응인]과 같은 표현이다. 마찬가지로 một trăm rưỡi[못 짬 즈어이]는 150, một nghìn rưỡi[못 응인 즈어이]는 1500을 나타낸다.

◆ bao nhiêu ~ bấy nhiêu

〈동사 + bao nhiêu + 동사 + bấy nhiêu〉의 형태로 '~하는 만큼 ~하다'라는 의미로 사용된다.

Ăn bao nhiêu trả bấy nhiêu. [안 바오 니에우 짜 버이 니에우]
먹은 만큼 지불한다.

Tôi kiếm được bao nhiêu tiền thì xài bấy nhiêu.
[또이 끼엠 드억 바오 니에우 띠엔 티 싸-이 버이 니에우] 나는 버는 만큼 돈을 쓴다.

◆ **từng**

'각각 ~마다', '~별(別)로'의 의미로 〈từng + 명사〉의 형태로 쓴다.

Chia nhóm theo từng độ tuổi. [찌어 뇸 태오 뜽 도 뚜오이]
연령별로 그룹을 나눈다.

Từng tháng tôi tiết kiệm 100 nghìn won. [뜽 탕 또이 띠엣 끼엠 못 짬 응인 원]
나는 매달 십만 원을 저축한다.

Anh ấy đến gặp từng người. [아잉 어이 덴 갑 뜽 응어이]
그는 한 사람 한 사람 만나러 다닌다.

Xe ôm [쌔 옴]과 xích lô [씩 르로], 오토바이 택시와 시클로

베트남에서 가장 인상적인 것 중의 하나가 바로 거리의 끝없이 이어지는 오토바이 행렬이다. Xe ôm과 xích lô는 편리하고 기동성 있는(어떤 장소로 빠르게 이동할 때) 교통 수단으로 간편한 택시 형태인데, 길모퉁이나 사거리에서 손님을 기다린다.

Xích lô는 자전거의 뒤나 앞에 자리를 만들어 사람을 추가적으로 태울 수 있게 변형한 것이다. 보편적으로는 앞쪽에 승객이 타고, 뒤쪽에 운전사가 탄다. 그렇기 때문에 거리 풍경을 감상하기에 안성맞춤인 교통수단이다.

Xe ôm은 오토바이를 이용한 교통수단으로, 운전자 뒤에 짐을 싣거나 승객을 태운다. 보통 오토바이의 뒤에 앉는 사람은 안전을 위해 운전자의 어깨에 손을 얹거나 끌어안는데, 베트남어로 ôm은 '안다', '껴안다'의 의미를 가지고 있다. 그래서 이 교통 수단을 xe ôm이라 부른다.

Xe ôm과 xích lô의 운전자는 다양한 장소를 알고 있기 때문에 여행객들에게 훌륭한 가이드가 되기도 한다. 특히 찜통 같은 더위 속에서는 서민들의 교통 수단으로 많은 사랑을 받는다. 오늘날 경제가 발전하면서 대도시에서는 많이 사라지고 있지만, 여전히 베트남 사람들의 삶의 모습을 보여준다.

평가 테스트

💬 빈칸에 알맞은 말을 넣으세요.

1. Tôi muốn ở lâu dài, _____ là một năm.
   저는 오랫동안, 적어도 1년 정도 머물고 싶습니다.

2. Khu vực này _____ rất an ninh và yên tĩnh.
   이 지역은 언제나 아주 안전하고 조용합니다.

3. Tiền điện và tiền nước tính riêng, dùng _____ tính _____.
   전기요금과 수도요금은 별도로, 쓰는 만큼 계산합니다.

💬 주어진 단어를 배열하여 올바른 문장을 만드세요.

4. gì / không / thiếu / tiện nghi / cả
   _____
   편의 시설을 모두 갖추고 있다.

5. tôi / được / tháng / trả / ạ / từng / tiền thuê / chứ
   _____
   제가 매달 임대료를 지불해도 됩니까?

💬 다음 문장을 베트남어로 만드세요.

6. 얼마 동안 임대하기를 원하세요? _____

7. 이 방은 한 달 임대료가 얼마입니까? _____

8. 임대료는 매달 삼백오십만 동입니다. _____

정답

1. ít nhất   2. lúc nào cũng   3. bao nhiêu, bấy nhiêu
4. Tiện nghi không thiếu gì cả.   5. Tôi trả tiền thuê từng tháng được chứ ạ?
6. Anh muốn thuê bao lâu?   7. Phòng này cho thuê bao nhiêu tiền một tháng ạ?
8. Tiền thuê mỗi tháng là ba triệu rưỡi đồng.

Thành phố 도시

- **tòa thị chính**
[따 티 찡] 시청

- **chợ** [쩌] 시장

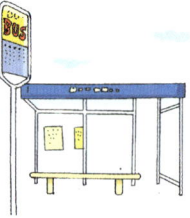
- **trạm xe buýt**
[짬 쌔 붲] 버스 정류장

- **trường học**
[쯔엉 혹ㅂ] 학교

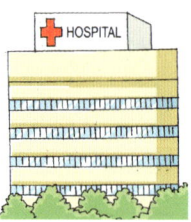
- **bệnh viện**
[베잉 비엔] 병원

- **ga xe lửa**
[가 쌔 르어] 기차역

- **cửa hàng**
[끄어 항] 가게

- **nhà thờ**
[냐 터] 교회, 성당

- **sở cảnh sát**
[써 까잉 쌋] 경찰서

- vỉa hè /
  đường cho người đi bộ
  [비어 해 / 드엉 쪼 응어이 디 보]
  인도, 보도

- đường cho xe chạy
  [드엉 쪼 쌔 짜이]
  두 인도 사이의 도로, 차도

- lối sang đường
  [로이 쌍 드엉] 횡단보도

- đèn đường
  [댄 드엉] 가로등

- đèn giao thông
  [댄 쟈오 통ㅁ] 교통신호등

- bảng hiệu giao thông
  [방 히에우 쟈오 통ㅁ] 도로 표지

- hẻm [햄] 골목

- giao lộ / vòng xoay
  [쟈오 르로 / 봉ㅁ 쐐이] 로터리

- bãi đỗ xe
  [바-이 도 쌔] 주차, 주차장

Ngày 28

Công ty chúng tôi nổi tiếng với tua đi Huế bằng xe lửa.

기본표현!!

A Anh đã có kế hoạch đi đâu chưa ạ?
아잉 다 꼬 께 화익 디 더우 쯔어 아
어디로 가실지 정하셨습니까?

B Chưa, tôi muốn tham khảo thông tin trước đã.
쯔어 또이 무온 탐 카오 통 띤 쯔억 다
아직요, 우선 정보를 얻고 싶습니다.

A Công ty chúng tôi nổi tiếng với tua đi
꽁 띠 쭝 또이 노이 띠엥 버-이 뚜어 디
Huế bằng xe lửa.
훼 방 쌔 르어
저희 회사는 기차로 후에에 가는 여행 패키지로 유명합니다.

B Giá tua đấy vào mùa hè thế nào?
쟈 뚜어 더이 바오 무어 해 테 나오
그 여행 패키지는 여름에 가격이 어떻게 됩니까?

A Giá thay đổi tùy theo số người đi và loại khách sạn.
쟈 타이 도이 뛰 태오 쏘 응어이 디 바 르아이 카익 싼
가격은 인원수와 호텔 종류에 따라 변합니다.

Ngoài ra chúng tôi còn thiết kế tua theo yêu cầu.
응와이 자 쭝 또이 꼰 티엣 께 뚜어 태오 이에우 꺼우
그밖에 요구대로 패키지를 설계하기도 합니다.

Ngày 28

새 단어

- tham khảo [탐 카오] 참고하다
- nổi tiếng [노이 띠엥] 유명하다
- thay đổi [타이 도이] 바꾸다, 변경하다
- khách sạn [카익 싼] 호텔
- yêu cầu [이에우 꺼우] 요구하다
- thông tin [통 띤] 정보, 통신
- tua [뚜어] 투어, 여행 패키지
- tùy theo [뛰 태오] ~에 따라
- thiết kế [티엣 께] 설계하다, 디자인하다

해설

◆ **trước đã**

동사 앞에 써서 과거를 나타내는 **đã**를 문장 끝에 쓰면 '우선', '먼저'의 뜻이 된다.

A : **Chúng ta đi ăn cơm đi.** [쭝 따 디 안 껌 디] 우리 밥 먹으러 가죠.
B : **Anh làm việc này xong đã.** [아잉 람 비엑 나이 쏭 다] 이 일 먼저 끝마치고.

A : **7 giờ rồi, con dậy đi!** [바이 져 조이, 꼰 저이 디] 7시야, 일어나렴.
B : **Con ngủ một chút nữa đã.** [꼰 응우 못 쭛 느어 다] 조금만 더 자고요.

Uống cà phê trước đã. [우옹 까 페 쯔윽 다] 커피 먼저 마시고요.

◆ **nổi tiếng với**

'유명한' 이라는 의미의 **nổi tiếng**은 전치사 **với**와 함께 쓰여 '~로 유명하다' 라는 뜻이 된다.

Đây là ca sĩ nổi tiếng ở Hàn Quốc. [더이 라 까 씨 노이 띠엥 어 한 꿕]
이분은 한국에서 유명한 가수다.

Nhà hàng này nổi tiếng với thịt lạc đà. [냐 항 나이 노이 띠엥 버-이 팃 라짝 다]
이 음식점은 낙타 고기로 유명하다.

◆ **Ngoài ra ~ còn ~**

추가적이거나 점진적인 상태를 나타내는 표현으로 '그 밖에', '그 이외에 ~까지도'의 의미다. 어떠한 행동이나 사건들에 하나의 사건이 더 추가되는 것을 강조하기 위해 쓴다.

Ngoài ra, tôi còn có nhiều việc khác.
[응와이 자, 또이 꼰 꼬 니에우 비엑 칵] 그 밖에도 나는 다른 일이 많이 있다.

Tôi đói quá, ngoài ra tôi còn buồn ngủ.
[또이 도이 꽈, 응와이 자 또이 꼰 부온 응우] 배가 너무 고픈데다가 졸리기까지 하다.

★ 경우에 따라서는 '~ 뿐만 아니라 ~도'의 의미인 **không những ~ mà còn ~** 구문과 바꾸어 쓸 수 있다.

Tôi học tiếng Ý, ngoài ra tôi còn học tiếng Nhật.
[또이 혹ㅂ 띠엥 이, 응와이 자 또이 꼰 혹ㅂ 띠엥 녓]
나는 이태리어를 공부하고, 그 이외에 일본어까지도 공부한다.

= **Tôi không những học tiếng Ý mà còn học tiếng Nhật.**
  [또이 콩ㅁ 늉 혹ㅂ 띠엥 이 마 꼰 혹ㅂ 띠엥 녓]
  나는 이태리어를 공부할 뿐 아니라 일본어도 공부한다.

Ngày 28

알아두기

여행 관련 유용한 표현

Đi du lịch theo tua [디 주 르릭 태오 뚜어] 여행 패키지로 가다
★ tua는 프랑스어의 tour에 어원을 두고 있으며, 여행 패키지 tua trọn gói[뚜어 쫀 고이]의 줄임말로 이해한다.

Đi du lịch ba lô [디 주 르릭 바 르로] 배낭여행 가다
★ ba lô는 '배낭'을 의미한다. 비슷한 표현으로 '스스로 가다' tự đi[뜨 디]가 있다.

Đi một chiều hay hai chiều? [디 못 찌에우 하이 하-이 찌에우]
편도로 갑니까? 아니면 왕복으로 갑니까?
★ chiều는 '오후' 또는 '방향'을 뜻한다. 때문에 một chiều는 '한 방향', 즉 '편도'를, hai chiều는 '두 방향', 즉 '왕복'을 의미한다. khứ hồi[크 호이]도 '왕복'을 뜻한다.

Đây là đường một chiều. [더이 르라 드엉 못 찌에우] 여기는 일방통행입니다.

문법코너

bằng 용법

① **동등 비교** : 〈A + 형용사 bằng + B〉 또는 〈A và B + 형용사 bằng nhau〉
'A는 B만큼 ~하다' 또는 'A와 B는 ~가 서로 같다'로 해석한다.

Anh trai tôi cao bằng tôi.
[아잉 짜-이 또이 까오 방 또이] 우리 형은 키가 나만 하다.

= **Anh trai tôi và tôi cao bằng nhau.**
[아잉 짜-이 또이 바 또이 까오 방 냐우] 우리 형과 나는 키가 같다.

② **재료** : 〈được làm bằng + 재료〉

'~으로 만들다', '만들었다'로 해석한다. 재료가 무엇인지 묻고자 할 때는 의문사 gì를 쓴다.

A : Bánh phở được làm bằng gì? [바잉 퍼 드억 르람 방 지]
쌀국수 면은 무엇으로 만듭니까?

B : Bánh phở được làm bằng bột gạo. [바잉 퍼 드억 르람 방 봇 가오]
쌀국수 면은 쌀가루로 만든다.

Ví này được làm bằng da bò.
[비 나이 드억 르람 방 자 보] 이 지갑은 소가죽으로 만들었다.

③ **수단** : 〈동사 + bằng + 수단〉

'~로 ~하다'로 해석한다. 수단이 무엇인지 묻고자 할 때는 의문사 gì를 쓴다. 문장에 쓰인 동사가 '가다', '오다'의 의미를 지니는 경우에는 '~을 타다'로 해석된다.

A : Anh đến đây bằng gì? [아잉 덴 더이 방 지]
당신은 여기에 뭘 타고 오셨습니까?

B : Tôi đến đây bằng xe đạp. [또이 덴 더이 방 쌔 답]
나는 자전거를 타고 여기에 왔습니다.

★ 걸어가는 경우는 bằng을 쓰지 않고 '걷다'라는 의미의 đi bộ[디 보]로 표현함을 유의한다.

Tôi thường đi bộ đến trường. [또이 트엉 디 보 덴 쯔엉]
나는 보통 걸어서 학교에 간다.

Dạo này ít khi viết thư bằng tay. [자오 나이 잇 키 비엣 트 방 따이]
요즘 손으로 편지 쓰는 것은 드물다.

Tôi lau mồ hôi bằng khăn. [또이 르라우 모 호이 방 칸]
나는 수건으로 땀을 닦는다.

2차 학습

2차학습!!

A Anh có biết du lịch miền Tây Nam Bộ nổi tiếng
아잉 꼬 비엣 주 르릭 미엔 떠이 남 보 노이 띠엥
nhất là ở đâu không?
녓 라 어 더우 콩ㅁ
서남부 지역 여행지로 가장 유명한 곳이 어딘지 아세요?

B Tôi đã từng đi tua Mỹ Tho với các bạn Hàn Quốc.
또이 다 뜽 디 뚜어 미 토 버-이 깍 반 한 꿕
나는 한국 친구들과 함께 미토로 여행을 간 적이 있어.

Mọi người đều rất thích. 모두들 아주 좋아했어.
모이 응어이 데우 젓 틱

A Tua đấy có gì hấp dẫn? 그곳의 여행은 무슨 매력이 있어요?
뚜어 더이 꼬 지 헙 전

B Em có thể đi về trong ngày và được trải nghiệm
앰 꼬 테 디 베 쫑ㅁ 응아이 바 드억 짜-이 응이엠
nào là cảnh sông nước nào là cuộc sống con
나오 라 까잉 쏭ㅁ 느억 나오 라 꾸옥 쏭ㅁ 꼰
người miền Tây (Nam Bộ).
응어이 미엔 떠이 남 보
하루 만에 다녀올 수 있고, 서남부 지역 사람들의 생활이라든지 강 풍경을 경험하게 돼.

A Em phải liên hệ đặt tua ngay mới được.
앰 파-이 르리엔 헤 닷 뚜어 응아이 머-이 드억
당장 여행 예약 연락을 해야겠어요.

새 단어

- **miền Tây** [미엔 떠이] 서부 지역(베트남의 서남부 지역)
- **Nam Bộ** [남 보] 남부 지역
- **trải nghiệm** [짜-이 응이엠] 경험하다
- **cuộc sống** [꾸옥 쏭ㅁ] 삶, 생활
- **hấp dẫn** [헙 전] 매력 있는, 흥미 있는
- **sông** [쏭ㅁ] 강
- **liên hệ** [리리엔 헤] 연락하다

해설

◆ **~ nhất là ~**

최상급 표현으로 '가장'의 의미인 nhất을 써서 '가장 ~한 것은'으로 해석한다.

Trong lớp này người cao nhất là tôi.
[쫑ㅁ 르럽 나이 응어이 까오 녓 라 또이] 이 교실에서 가장 큰 사람은 나다.

Ở Hà Nội một trong những món ăn sáng phổ biến nhất là phở.
[어 하 노이 못 쫑ㅁ 늉 몬 안 쌍 포 비엔 녓 라 퍼]
하노이에서 아침 음식들 중 가장 보편적인 것은 쌀국수다.

◆ **đã từng ~**

'~한 적이 있다'라는 표현으로 과거의 경험을 나타낸다.

Tôi đã từng sống ở Việt Nam. [또이 다 뜽 쏭ㅁ 어 비엣 남]
나는 베트남에서 산 적이 있다.

Em đã từng làm việc ở công ty Hàn Quốc.
[앰 다 뜽 르람 비엑 어 꽁ㅁ 띠 한 꿕] 나는 한국 회사에서 일한 적이 있다.

Ngày 28

◆ **nào là ~ nào là ~**

문장 내에서 언급되었던 내용이나 일들을 예를 들어 열거하기 위해 사용하는 표현이다. 〈nào + là 명사, nào là + 명사〉의 형태로 쓰여 '~라든지, ~라든지'로 해석한다.

Tôi đi siêu thị mua rất nhiều thứ : nào là sữa, nào là hoa quả, nào là thịt….
[또이 디 씨에우 티 무어 젓 니에우 트 : 나오 르라 쓰어, 나오 르라 화 꽈, 나오 르라 팃…]
나는 마트에 가서 많은 것을 샀다 : 우유라든지, 과일이라든지, 고기라든지….

★ 비슷한 표현으로 〈명사 + này, 명사 + này…〉가 있다.

Tôi thích ăn nhiều loại trái cây : táo này, cam này, sầu riêng này….
[또이 틱 안 니에우 르라이 짜-이 꺼이 : 따오 나이, 깜 나이, 써우 지엥 나이…]
나는 여러 종류의 과일을 좋아한다 : 사과라든지, 오렌지라든지, 두리안이라든지….

◆ **phải ~ mới được**

'~해야만 비로소 가능하다'라는 의미로, 문장 끝에 써서 반드시 앞의 일이 충족되어야만 함을 나타낸다.

A : **Làm thế nào để thi đỗ?** [르람 테 나오 데 티 도]
시험에 합격하려면 어떻게 해야 하나요?

B : **Phải học chăm chỉ mới được.** [파-이 혹ㅂ 짬 찌 머-이 드억]
공부를 열심히 해야만 가능해.

★ 〈조건 + thì mới + 결과 + được〉의 형태로 써서 앞의 조건이 충족되어야만 비로소 뒤의 결과를 얻을 수 있다는 표현이다.

Phải có thời gian thì mới đi du lịch nước ngoài được.
[파-이 꼬 터-이 쟌 티 머-이 디 주 르릭 느억 응와이 드억]
시간이 있어야만 비로소 외국 여행을 갈 수 있다.

Phong cảnh 풍경

- sông [쏭ㅁ] 강

- suối [쑤오이] 개울

- thung lũng
  [퉁ㅁ 르룽ㅁ] 계곡

- cao nguyên
  [까오 응웬] 고원

- hang động
  [항 동ㅁ] 동굴

- đá [다] 돌, 바위

- dốc [족ㅂ] 비탈

- sa mạc
  [싸 막] 사막

- núi [누이] 산

- rừng [증] 숲

- đồng bằng

  [동ㅁ방] 평야, 평원

- thảo nguyên

  [타오 응웬] 초원

- đèo / đồi

  [대오 / 도이] 언덕, 구릉

- vách đá

  [바익 다] 절벽

- hồ [호] 호수

- thác nước

  [탁 느억] 폭포

- núi lửa

  [누이 르르어] 화산

- đảo [다오] 섬

평가 테스트

💬 빈칸에 알맞은 말을 넣으세요.

1. Em phải liên hệ đặt tua ngay _____.
   당장 여행 예약 연락을 해야겠어요.

2. Tôi _____ đi tua Mỹ Tho với các bạn Hàn Quốc.
   나는 한국 친구들과 함께 미토로 여행을 간 적이 있다.

3. _____ chúng tôi còn thiết kế tua theo yêu cầu.
   그 밖에 요구대로 패키지를 설계하기도 합니다.

💬 주어진 단어를 배열하여 올바른 문장을 만드세요.

4. đã / kế hoạch / anh / đi / đâu / có / chưa
   _____당신은 어디로 갈지 계획이 있습니까?_____

5. tham khảo / muốn / trước đã / thông tin / tôi
   _____나는 우선 정보를 얻고 싶다._____

6. anh / ở đâu / du lịch miền Tây / không / nổi tiếng nhất là / có / biết
   _____당신은 서부 지역 여행지로 가장 유명한 곳이 어딘지 아십니까?_____

💬 다음 문장을 베트남어로 만드세요.

7. 하루 만에 다녀올 수 있다. _____

8. 우리 회사는 후에(Huế)로 가는 여행 패키지로 유명하다. _____

9. 가격은 인원수와 호텔 종류에 따라 변한다. _____

정답

1. mới được   2. đã từng   3. Ngoài ra
4. Anh đã có kế hoạch đi đâu chưa?   5. Tôi muốn tham khảo thông tin trước đã.
6. Anh có biết du lịch miền Tây nổi tiếng nhất là ở đâu không?   7. Có thể đi về trong ngày.
8. Công ty chúng tôi nổi tiếng với tua đi Huế.   9. Giá thay đổi tùy theo số người đi và loại khách sạn.

Tôi muốn lập tài khoản tiết kiệm tiền Đô.

기본표현!!

A Tôi muốn lập tài khoản tiết kiệm tiền Đô.
또이 무온 르럽 따-이 콴 띠엣 끼엠 띠엔 도
저는 달러 적금 통장을 개설하고 싶어요.

B Anh hãy điền vào mẫu này, ký tên và cho mượn
아잉 하이 디엔 바오 머우 나이 끼 뗀 바 쪼 므언
hộ chiếu.
호 찌에우
이 양식을 작성하여 서명하시고, 여권을 주십시오.

A Lãi suất gửi tiền Đô ở đây thế nào ạ?
르라-이 쒓 그이 띠엔 도 어 더이 테 나오 아
여기에 달러를 예금하면 이율이 어때요?

B Đây là bảng thông tin các loại tiền gửi.
더이 르라 방 통 띤 깍 르라이 띠엔 그이
이것이 각종 예금 이자율표입니다.

A Lãi suất tiết kiệm ngắn hạn tiền Đô không cao cũng
르라-이 쒓 띠엣 끼엠 응안 한 띠엔 도 콩 까오 꿍
không thấp hơn so với tiền Việt phải không?
콩 텁 헌 쏘 버-이 띠엔 비엣 파-이 콩
달러 단기 적금 이율은 베트남 돈에 비해 높지도 낮지도 않네요?

새 단어

- **lập** [르럽] 세우다, 설립하다
- **tiền Đô** [띠엔 도] 달러
- **mẫu** [머우] 모델, 양식
- **bảng** [방] 표, 알림판
- **tiết kiệm** [띠엣 끼엠] 절약하다, 저축하다
- **điền** [디엔] 써넣다, 기입하다
- **hộ chiếu** [호 찌에우] 여권
- **ngắn hạn** [응안 한] 단기

해설

◆ **lập tài khoản tiết kiệm**

lập은 원래 '세우다', '설립하다', mở는 '열다', '켜다'의 의미다. 은행에서 계좌를 '개설하다'는 의미로도 lập 또는 mở를 쓴다.

> Tôi muốn lập tài khoản. [또이 무온 르럽 따-이 콴] 나는 계좌를 개설하고 싶습니다.
> = Tôi muốn mở tài khoản. [또이 무온 머 따-이 콴]

◆ **điền vào**

'~안을 채우다', '~에 기입하다'의 의미로, 빈칸에 써넣을 때 쓰는 표현이다.

> Anh hãy điền vào mẫu này.
> [아잉 하이 디엔 바오 머우 나이] 이 양식을 작성해 주세요.
>
> Hãy điền vào chỗ trống. [하이 디엔 바오 쪼 쫑ㅁ] 빈칸을 채워 넣으세요.

◆ **tiền gửi**

gửi는 '보내다', '맡기다'의 의미로, 편지를 보내거나 은행에 돈을 맡기거나 짐을 맡기는 등의 표현에 활용한다. 은행에서 gửi tiền이라는 표현을 사용하면 '돈을 보내다', '송금하다'의 의미 또는 '돈을 맡기다', '입금하다'의 의미를 지니기 때문에 문맥에 맞춰 이해해야 한다. 송금하는 경우에는 chuyển khoản[쮜엔 콴]을 쓰기도 한다. 본문에 쓰인 tiền gửi는 '예금'을 뜻한다.

> Tôi muốn rút tiền gửi. [또이 무온 줏 띠엔 그이] 나는 예금을 인출하고 싶습니다.
>
> Hàng tháng anh trai tôi gửi tiền cho bố mẹ.
> [항 탕 아잉 짜-이 또이 그이 띠엔 쪼 보 매] 매달 우리 형은 부모님께 송금한다.
>
> Em muốn gửi tiền vào tài khoản.
> [앰 무온 그이 띠엔 바오 따-이 콴] 나는 계좌에 입금하고 싶습니다.

◆ **không ~ cũng không ~**

〈không + 형용사 + cũng không + 형용사〉의 형태로 써서 '~한 것도 아니고, 그렇다고 ~한 것도 아니다'라는 표현이다. 이때 형용사는 의미가 대립되는 반의어 관계의 단어를 쓰며, 사물이나 사람의 현 상태가 어느 한쪽으로 치우치지 않고 중립적임을 나타낸다.

Ngày 29

Tôi không cao cũng không thấp. [또이 콩ㅁ 까오 꿍ㅁ 콩ㅁ 텁]
나는 크지는 않지만 그렇다고 작지도 않다.

Tiếng Việt không khó cũng không dễ. [띠엥 비엣 콩ㅁ 코 꿍ㅁ 콩ㅁ 제]
베트남어는 어렵지도 쉽지도 않다.

알아두기

은행 관련 표현

tỉ giá [띠 쟈]	환율
lãi suất [르라-이 쉿]	이자, 금리
tiền gửi [띠엔 그이]	예금
tài khoản [따-이 콴]	계좌
thẻ rút tiền [태 줏 띠엔]	현금 인출 카드
thẻ tín dụng [태 띤 중ㅁ]	신용카드
máy rút tiền [마이 줏 띠엔]	현금 인출기
chủ tài khoản [쭈 따-이 콴]	예금주
số tài khoản [쏘 따-이 콴]	계좌 번호
sổ ngân hàng [쏘 응언 항]	(은행) 통장

Tỉ giá hôm nay thế nào? [띠 쟈 홈 나이 테 나오] 오늘 환율이 어떻습니까?

Tôi trả tiền bằng thẻ tín dụng được không?
[또이 짜 띠엔 방 태 띤 중ㅁ 드억 콩ㅁ] 신용카드로 지불해도 됩니까?

Anh có biết máy rút tiền ở đâu không?
[아잉 꼬 비엣 마이 줏 띠엔 어 더우 콩ㅁ] 현금인출기가 어디에 있는지 아세요?

Khi đi ngân hàng, em mang theo sổ ngân hàng và hộ chiếu nhé.
[키 디 응언 항, 앰 망 태오 쏘 응언 항 바 호 찌에우 냬] 은행갈 때 통장과 여권을 가지고 가렴.

베트남의 화폐

베트남의 화폐 단위는 동(đồng)이다. 100동, 200동, 500동, 1000동, 2000동, 5000동은 동전과 지폐가 있지만, 동전의 활용도가 낮아 2011년부터는 생산하지 않는다. 2003년부터 지폐 위조를 방지하기 위해 일반 종이 대신 polymer를 사용한다. 현재 폴리머로 만든 1만 동, 2만 동, 5만 동, 10만 동, 20만 동, 50만 동 지폐와 종이로 만든 5천 동 이하 지폐가 시장에서 통용된다. 지폐는 색상과 크기, 디자인이 모두 다르지만 앞면에는 공통적으로 호찌민의 얼굴이 들어가 있다.

★ 종이 지폐

★ Polimer 지폐

2차 학습!!

A Tôi muốn đổi tiền Đô ra tiền Việt.
또이 무온 도이 띠엔 도 자 띠엔 비엣
저는 달러를 베트남 돈으로 환전하고 싶습니다.

Tỉ giá Đô la hôm nay thế nào?
띠 쟈 도 라 홈 나이 테 나오
오늘 달러 환율은 어떻습니까?

B Hôm nay tỉ giá 1 đô là
홈 나이 띠 쟈 못 도 라
21.230 đồng.
하-이 므어이 못 응인 하-이 짬 바 므어이 동ㅁ
오늘 환율은 1달러에 21,230동입니다.

A Ồ, tỉ giá Đô la càng ngày càng tăng nhỉ.
오 띠 쟈 도 라 깡 응아이 깡 땅 니
아, 달러 환율은 나날이 오르네요.

B Vâng, so với tuần trước hôm nay tỉ giá đã tăng
벙 쏘 버-이 뛴 쯔억 홈 나이 띠 쟈 다 땅
lên hơn 200 đồng.
렌 헌 하-이 짬 동ㅁ
네, 지난주에 비해 오늘 환율은 200동 더 올랐습니다.

새 단어

- tỉ giá [띠 쟈] 환율
- tăng [땅] 오르다, 증가하다
- Đô la (=Đô) [도 라] 달러

해설

◆ đổi tiền

'바꾸다', '교환하다' 의 의미인 đổi를 tiền과 함께 쓰면 '환전하다' 라는 표현이 된다.

A : **Em thường đổi tiền ở đâu?**
[앰 트엉 도이 띠엔 어 더우] 너는 보통 어디서 환전하니?

B : **Em thường đổi tiền ở cửa hàng vàng bạc.**
[앰 트엉 도이 띠엔 어 끄어 항 방 박] 저는 보통 금은방에서 환전을 해요.

★ '바꾸다' 라는 의미를 지닌 단어로 thay[타이]가 있는데 đổi와는 그 쓰임이 약간 다르다. đổi는 물건과 물건을 맞바꾸는 표현인 반면 thay는 다른 것으로 교체하는 표현이다.

Máy này hết pin rồi, phải thay pin mới.
[마이 나이 헷 삔 조이, 파-이 타이 삔 머-이]
이 기계는 건전지가 다 닳았어, 새 건전지로 바꿔야만 해.

Áo này to quá, em có thể đổi được không ạ?
[아오 나이 또 꽈, 앰 꼬 테 도이 드억 콩ㅁ 아] 이 옷은 너무 커요, 교환할 수 있을까요?

★ 'A를 B로 바꾸다' 라는 표현으로 〈đổi + A + ra[자] / thành[타잉] / lấy[러러이] / sang[쌍] / bằng[방] + B〉의 형태로 쓸 수도 있다.

Tôi muốn đổi áo màu đen lấy áo màu đỏ.
[또이 무온 도이 아오 마우 댄 러러이 아오 마우 도] 나는 검은색 옷을 빨간색 옷으로 바꾸고 싶다.

◆ càng ngày càng ~

상태를 나타내는 동사나 형용사의 앞에 써서 시간이 지남에 따라 상태가 점점 변해 가는 모습을 나타낸다. '나날이 더 ~하다' 로 해석하며 ngày càng ~과 비슷하지만 좀 더 강조의 의미가 있다.

Chồng tôi càng ngày càng béo. [쫑ㅁ 또이 깡 응아이 깡 배오]
내 남편은 나날이 더 뚱뚱해진다.

Kinh tế Việt Nam ngày càng phát triển. [낑 떼 비엣 남 응아이 깡 팟 찌엔]
베트남 경제는 나날이 발전해 간다.

Ngày 29

◆ **tăng lên**

'증가하다', '늘어나다'의 의미인 **tăng**은 '올라가다'의 의미인 **lên**과 함께 쓴다. 반대로 '감소하다', '줄어들다'는 **giảm xuống**[쟘 쑤옹]이다.

Càng ngày càng giá xăng dầu càng tăng lên.
[깡 응아이 깡 쟈 쌍 저우 깡 땅 르렌] 나날이 기름 값이 점점 더 오른다.

Dạo này tôi nhiều việc quá, nên đã giảm xuống 3 ký.
[자오 나이 또이 니에우 비엑 꽈, 넨 다 쟘 쑤옹 바 끼] 요즘 일이 너무 많아서 3킬로 빠졌다.

Từ trái nghĩa 반의어

sạch / sạch sẽ ↔ bẩn / dơ bẩn
[싸익 / 싸익 쌔] 깨끗한   [번 / 저 번] 더러운

gầy / ốm ↔ mảnh mai / thon thả ↔ béo / mập
[거이 / 옴] 마른   [마잉 마-이 / 톤 타] 날씬한   [배오 / 맙] 뚱뚱한

nhẹ / nhẹ nhàng ↔ nặng / nặng nề   chi tiêu ↔ tiết kiệm
[내 / 내 냥] 가벼운   [낭 / 낭 네] 무거운   [찌 띠에우] 소비하다   [띠엣 끼엠] 절약하다

mở [머] 열린 ↔ đóng [동] 닫힌   tối / tối tăm ↔ sáng / sáng sủa
                                [또이 / 또이 땀] 어두운   [쌍 / 쌍 쑤어] 밝은

ướt / ướt át ↔ **khô / khô ráo**　　**đi ra** ↔ **đi vào**
[으엇 / 으엇 앗] 젖은　[코 / 코 자오] 마른　　[디 자] 나가다　[디 바오] 들어가다

cười ↔ **khóc**　　**nói** ↔ **ngậm miệng / im miệng**
[끄어이] 웃다　[콕ㅂ] 울다　　[노이] 말하다　[응엄 미엥 / 임 미엥] 입을 다물다

đi lên ↔ **đi xuống**　　**thua** ↔ **thắng**
[디 르렌] 올라가다　[디 쑤옹] 내려가다　　[투어] 패하다　[탕] 이기다

평가 테스트

💬 빈칸에 알맞은 말을 넣으세요.

1. Tỉ giá Đô la _____ tăng. 달러 환율은 나날이 오른다.

2. Tôi muốn _____ tiền Đô _____ tiền Việt.
   나는 달러를 베트남 돈으로 환전하고 싶다.

3. _____ hôm nay tỉ giá đã tăng lên hơn 200 đồng.
   오늘 환율은 지난주에 비해 200동 더 올랐다.

💬 주어진 단어를 배열하여 올바른 문장을 만드세요.

4. cho / hộ chiếu / mượn
   _____
   여권을 주십시오.

5. tiết kiệm / lãi suất / không cao / ngắn hạn / cũng không thấp
   _____
   단기 적금 이율은 높지도 않고 그렇다고 낮지도 않다.

💬 다음 문장을 베트남어로 만드세요.

6. 이 양식을 작성하세요. _____

7. 오늘 달러 환율은 어떻습니까? _____

8. 나는 적금 통장을 개설하고 싶다. _____

정답

1. càng ngày càng
2. đổi, ra
3. So với tuần trước
4. Cho mượn hộ chiếu.
5. Lãi suất tiết kiệm ngắn hạn không cao cũng không thấp.
6. Hãy điền vào mẫu này.
7. Tỉ giá Đô la hôm nay thế nào?
8. Tôi muốn lập tài khoản tiết kiệm.

Ngày 30 — Món nào được khách ưa thích hơn?

기본표현!!

A Chị hãy giới thiệu một thực đơn phù hợp.
찌 하이 져-이 티에우 못 특 던 푸 헙
알맞은 메뉴를 소개해 주십시오.

B Các anh chị muốn dùng món Việt hay món Tây?
깍 아잉 찌 무온 중ㅁ 몬 비엣 하이 몬 떠이
베트남 음식을 드시고 싶으세요, 아니면 서양 음식을 드시고 싶으세요?

A Ở nhà hàng này món nào được khách ưa thích hơn?
어 냐 항 나이 몬 나오 드억 카익 으어 틱 헌
이 음식점은 손님들이 어떤 음식을 더 선호합니까?

B Món Việt cũng ngon mà món Tây cũng rất đặc biệt.
몬 비엣 꿍ㅁ 응온 마 몬 떠이 꿍ㅁ 젓 닥 비엣
베트남 음식도 맛이 있는데 서양 음식도 아주 특별합니다.

Hôm nay các anh chị dùng thử món Việt nhé!
홈 나이 깍 아잉 찌 중ㅁ 트 몬 비엣 내
오늘은 베트남 음식을 한 번 드셔 보세요!

새 단어

- **giới thiệu** [져-이 티에우] 소개하다
- **phù hợp** [푸 헙] 알맞다, 적당하다
- **ưa thích** [으어 틱] 선호하다, 좋아하다
- **thử** [트] 시도하다, 해보다
- **thực đơn** [특 던] 메뉴
- **món** [몬] 음식
- **ngon** [응온] 맛있는

해설

◆ **Ở nhà hàng này món nào được khách ưa thích hơn?**

được을 사용한 수동태 문장으로, 능동태인 Ở nhà hàng này khách ưa thích món nào hơn?으로도 바꿀 수 있다. 이 문장에서 (ưa) thích + 명사 + nào/gì hơn?의 구문이 활용되며 '어떤/무슨 ~를 더 좋아합니까?' 라고 어느 것/무엇을 선호하는지 묻는 표현이다.

A : **Màu tím và màu hồng, em thích màu nào hơn?**
   [마우 띰 바 마우 홍ㅁ, 앰 틱 마우 나오 헌]
   보라색과 분홍색 중 너는 무슨 색을 더 좋아하니?

B : **Em thích màu tím hơn.** [앰 틱 마우 띰 헌] 저는 보라색을 더 좋아해요.

A : **Em thích bóng đá hơn hay bóng chày hơn?**
   [앰 틱 봉ㅁ 다 헌 하이 봉ㅁ 짜이 헌] 넌 축구를 더 좋아하니 아니면 야구를 더 좋아하니?

B : **Em không thích cả hai.** [앰 콩ㅁ 틱 까 하-이] 저는 둘 다 안 좋아해요.

◆ **Món Việt cũng ngon mà món Tây cũng rất đặc biệt.**

〈주어1 + cũng + 형용사/동사 + mà + 주어2 + cũng + 형용사/동사〉의 형태로 '~도 ~하지만 ~도 ~하다' 라는 표현이다. 대상은 서로 다른데 성질이 비슷한 경우에 주로 쓴다.

Ưu điểm cũng có mà nhược điểm cũng có.
[으우 디엠ㅁ 꿍ㅁ 꼬 마 느억 디엠ㅁ 꿍ㅁ 꼬] 장점도 있지만 단점도 있습니다.

◆ **동사 + thử**

'시도하다', '시험해 보다' 의 의미인 thử를 동사 뒤에 써서 어떤 사물이 어떠한지 알기 위해 검사, 시험해 본다는 표현이다.

Em mặc thử cái áo này được không?
[앰 막 트 까-이 아오 나이 드억 콩ㅁ] 이 옷을 한 번 입어 봐도 될까요?

★ 경우에 따라 〈동사 + thử〉는 〈동사 + xem〉 또는 〈동사 + thử xem〉의 형태로 바꾸어 쓸 수 있다. 의미는 '시험 삼아 한 번 ~ 해보다' 로 동일하다.

Em ăn thử xem món này ngon hay không.
[앰 안 트 쌤 몬 나이 응온 하이 콩ㅁ] 이 음식이 맛있는지 맛없는지 한 번 먹어 보렴.

Ngày 30

알아두기

식당 관련 표현

Tôi muốn đặt bàn cho 4 người. [또이 무온 닷 반 쪼 본 응어이]
4명 예약하고 싶습니다.

Cho tôi xem thực đơn. [쪼 또이 쌤 특 던] 메뉴판을 보여 주세요.

Cho tôi một bát phở và một cốc trà đá.
[쪼 또이 못 밧 퍼 바 못 꼭ㅂ 짜 다] 쌀국수 한 그릇과 아이스티 한 잔 주세요.

★ bát [밧] / tô [또]는 그릇·사발, cốc [꼭ㅂ] / ly [르리]는 컵·잔, đĩa [디어]는 접시를 의미하는 단어로 음식 앞에 써서 수량을 표현한다.

Tính tiền. [띵 띠엔] 계산할게요. = Thanh toán. [타잉 똰] (북부에서 주로 사용함.)

Cho tôi hóa đơn. [쪼 또이 화 던] 영수증을 주세요.

Anh cần hóa đơn thường hay hóa đơn đỏ?
[아잉 껀 화 던 트엉 하이 화 던 도] 일반 영수증이 필요하세요, 아니면 세금 영수증이 필요하세요?

맛을 나타내는 표현

ngọt [응옷]	달다	mặn [만]	짜다
đắng [당]	쓰다	chua [쭈어]	시다
cay [까이]	맵다	chát [짯]	떫다
ngon [응온]	맛있다	dở [저]	맛없다
nhạt [냣]	싱겁다	đậm [덤]	진하다

Tôi thích đồ ăn ngọt như là kẹo, bánh ngọt.
[또이 틱 도 안 응옷 느 라 깨오, 바잉 응옷] 나는 케이크나 사탕처럼 단것을 좋아한다.

Món ăn mặn quá không tốt cho sức khỏe.
[몬 안 만 꽈 콩ㅁ 똣 쪼 쓱 쾌] 아주 짠 음식은 건강에 해롭다.

Thuốc này rất đắng. [투옥 나이 젓 당] 이 약은 매우 쓰다.

Nhiều người Hàn thích món ăn cay.
[니에우 응어이 한 틱 몬 안 까이] 많은 한국 사람들이 매운 음식을 좋아한다.

Buổi sáng tôi thường uống cà phê đậm.
[부오이 쌍 또이 트엉 우옹 까 페 덤] 아침에 나는 보통 진한 커피를 마신다.

2차 학습

2차학습!!

A Anh muốn dùng gì ạ? 무엇을 드시겠습니까?
아잉 무온 중ㅁ 지 아

B Cho tôi một đĩa cơm rang với một ly sinh tố xoài.
쪼 또이 못 디어 껌 장 버-이 못 리 씽 또 쏴이
복음밥과 망고 주스 한 잔 주세요.

A Xin lỗi anh, hôm nay hết xoài rồi ạ.
씬 로이 아잉 홈 나이 헷 쏴이 조이 아
죄송합니다만 오늘은 망고가 떨어졌습니다.

Anh chọn món khác đi ạ. 다른 음식을 골라 주세요.
아잉 쫀 몬 칵 디 아

Hay là anh uống thử sinh tố mãng cầu.
하이 라 아잉 우옹 트 씽 또 망 꺼우
아니면 커스터드 애플 주스를 한 번 마셔 보세요.

B Không, trông mít có vẻ ngon nhỉ?
콩ㅁ 종ㅁ 밋 꼬 배 응온 니
아니에요, 잭플루트가 맛있어 보이네요.

Cho tôi một ly sinh tố mít.
쪼 또이 못 리 씽 또 밋
잭플루트 주스 한 잔 주세요.

📋 새 단어

- đĩa [디어] 접시
- ly [리] 컵, 잔
- xoài [쏴이] 망고
- mãng cầu [망 꺼우] 커스터드 애플
- có vẻ [꼬 배] ~처럼 보이다, 생각되다
- cơm rang [껌 장] 볶음밥
- sinh tố [씽 또] 주스
- chọn [쫀] 고르다, 선택하다
- mít [밋] 잭플루트

Ngày 30

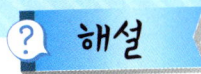 해설

◆ với

'~와 함께', '~에게', '~로'의 의미다. 본문에서는 볶음밥 한 접시와 함께 망고 주스 한 잔을 달라고 요청하는 표현으로 사용되었다.

Em bé chơi với con mèo. [앰 배 쩌-이 버-이 꼰 매오] 아이가 고양이와 함께 논다.

Anh đến đây với mục đích gì? [아잉 덴 더이 버-이 묵ㅂ 딕 지]
당신은 무슨 목적으로 여기에 왔습니까?

Áo này không vừa với tôi. [아오 나이 콩ㅁ 브어 버-이 또이]
이 옷은 나에게 맞지 않는다.

◆ Hay là ~

hay는 hoặc[확]과 마찬가지로 '또는', '혹은'의 의미이며 선택을 나타내는 연결사이다. hoặc은 평서문에만 쓸 수 있는 반면 hay는 평서문과 의문문 모두에 사용할 수 있다. hay là는 hay와 같은 뜻으로 사용되기도 하고, 어떠한 일이 발생할 가능성을 전제로 불확실한 의심을 품는 상황에 '혹시'라는 의미로도 사용한다. 또 어떠한 상황에서 다른 대안을 제시할 때 '아니면'이라는 의미로 쓴다. 본문에서는 세 번째의 의미로 쓰였다.

① 또는, 혹은

Tôi sẽ đi du học Mỹ hoặc Anh. [또이 쌔 디 주 혹ㅂ 미 확 아잉]
나는 미국 또는 영국으로 유학을 갈 것이다.

Em uống cà phê hay uống trà? [앰 우옹 까 페 하이 우옹 짜]
커피 마실래 아니면 차 마실래?

Chị mua áo màu trắng hay là áo màu đen?
[찌 무어 아오 마우 짱 하이 라 아오 마우 댄] 흰 옷을 살 거예요, 아니면 검은 옷을 살 거예요?

② 혹시

Dạo này anh ấy không liên lạc với tôi, hay là anh ấy giận tôi?
[자오 나이 아잉 어이 콩ㅁ 리엔 락 버-이 또이, 하이 라 아잉 어이 젼 또이]
요즘 그가 연락이 없네, 혹시 나한테 화가 났나?

③ 아니면

A : **Chiều nay chúng ta đi mua sắm nhé!**
[찌에우 나이 쭝ㅁ 따 디 무어 쌈 내] 오늘 오후에 우리 쇼핑하러 가요!

B : **Chiều nay tôi rất bận. Hay là chiều mai đi.**
[찌에우 나이 또이 젓 번. 하이 르라 찌에우 마-이 디]
오늘 오후엔 내가 너무 바빠. 아니면 내일 오후에 가자.

◆ **trông ~ có vẻ**

〈Trông + 명사 + 형용사〉 또는 〈명사 + trông + 형용사〉의 형태로, 말하는 사람이 자신의 주관적인 감정을 더해 사물이나 사람의 성질, 상태에 대해 겉모습을 보고 판단하는 표현으로 '~처럼 보인다'라고 해석한다. 회화체에서는 **có vẻ**를 추가하기도 한다.

Hôm nay trông cô Hương mệt. [홈 나이 쫑ㅁ 꼬 흐엉 멧]
오늘 흐엉 선생님은 피곤해 보인다.

Xoài trông có vẻ ngon nhỉ. [쏘아이 쫑ㅁ 꼬 배 응온 니] 망고가 맛있어 보이네요.
Trông anh ấy có vẻ khó tính. [쫑ㅁ 아잉 어이 꼬 배 코 띵] 그는 깐깐해 보인다.

Ngày 30

알아두기

베트남 과일

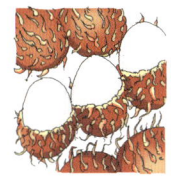
chôm chôm [쫌 쫌] 람부탄

vải [바-이] 리찌

na / mãng cầu [나 / 망 꺼우] 커스터드 애플

dừa [즈어] 코코넛

măng cụt [망 꿋] 망고스틴

thanh long [타잉 르롱ㅁ] 용과

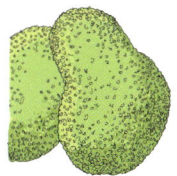
mít [밋] 잭플루트

ổi [오이] 구아바

sầu riêng [쩌우 지엥] 두리안

bưởi [브어이] 자몽

Từ đồng nghĩa
동의어

vui vẻ [부이 베] = hay / thú vị [하이 / 투 비]
기쁜, 즐거운

ốm [옴] = sút cân [쑷 껀]
여윈, 살이 빠진

nhỏ [뇨] = bé [배]
작은, 어린

xinh xắn = duyên dáng
[씽 싼]   [쥐엔 장]
예쁜, 고운

mệt mỏi = đuối sức
[멧 모이]   [두오이 쓱]
피곤한, 지친

nóng nực = nóng bức
[농ㅁ 늑]   [농ㅁ 복]
뜨거운, 무더운

lớn / to [런 / 또] **=** **cao** [까오]
크다

nhỏ / bé [뇨 / 배] **=** **thấp** [텁]
작다

nhảy múa **=** **khiêu vũ**
[냐이 무어]　　[키에우 부]
춤

học trò **=** **học sinh**
[혹ㅂ 쪼]　　[혹ㅂ 씽]
학생

siêng năng **=** **cần cù**
[씨엥 낭]　　　[껀 꾸]
부지런하다

vội vàng [보이 방] **=** **hấp tấp** [헙 떱]
서두르다

평가 테스트

빈칸에 알맞은 말을 넣으세요.

1. _____ mít _____ ngon. 잭플루트가 맛있게 보인다.

2. Hôm nay _____ xoài rồi ạ. 오늘은 망고가 다 떨어졌습니다.

3. Món Việt _____ ngon mà món Tây _____ rất đặc biệt.
   베트남 음식도 맛이 있는데 서양 음식도 아주 특별하다.

주어진 단어를 배열하여 올바른 문장을 만드세요.

4. anh / đi / món / chọn / khác
   _____ 다른 음식을 고르세요.

5. món Việt / muốn / hay / các anh chị / dùng / món Tây
   _____ 베트남 음식을 드시고 싶으세요, 아니면 서양 음식을 드시고 싶으세요?

6. ở / được / món nào / này / khách / nhà hàng / ưa thích / hơn
   _____ 이 음식점은 손님들이 어떤 음식을 더 선호합니까?

다음 문장을 베트남어로 만드세요.

7. 무엇을 드시겠습니까? _____

8. 잭플루트 주스 한 잔 주세요. _____

9. 아니면 망고 주스를 한 번 마셔 보세요. _____

정답

1. Trông, có vẻ   2. hết   3. cũng, cũng
4. Anh chọn món khác đi.   5. Các anh chị muốn dùng món Việt hay món Tây?
6. Ở nhà hàng này món nào được khách ưa thích hơn?   7. Anh muốn dùng gì ạ?
8. Cho tôi một ly sinh tố mít.   9. Hay là anh uống thử sinh tố xoài.

베트남어 발음부터 단어 · 기본 문법 · 회화까지
이것이 독학 베트남어 첫걸음이다!

초판 10쇄 발행 | 2025년 5월 15일

지은이 | 최영란 · Nguyễn Thị Hương Sen
편 집 | 이말숙
디자인 | 유형숙, 윤지선
일러스트 | 황종익
제 작 | 선경프린테크
펴낸곳 | Vitamin Book
펴낸이 | 박영진

등 록 | 제318-2004-00072호
주 소 | 07250 서울특별시 영등포구 영등포로 37길 18 리첸스타2차 206호
전 화 | 02) 2677-1064
팩 스 | 02) 2677-1026
이메일 | vitaminbooks@naver.com
웹하드 | ID vitaminbook / PW vitamin

ⓒ 2016 Vitamin Book
ISBN 978-89-92683-72-2 (13730)

잘못 만들어진 책은 바꿔드립니다.

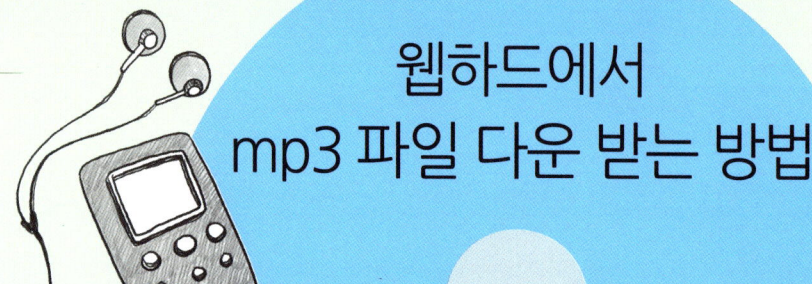

웹하드에서 mp3 파일 다운 받는 방법

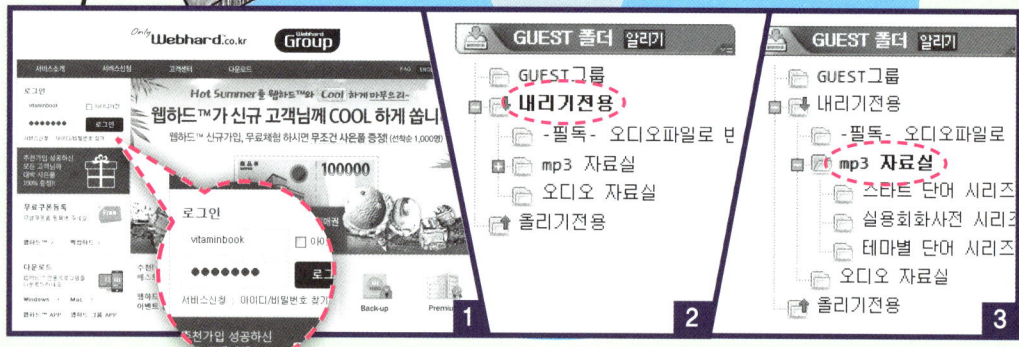

💬 **다운 방법**

STEP 01 웹하드 (www.webhard.co.kr) 에 접속
아이디 (vitaminbook) 비밀번호 (vitamin) 로그인 클릭

STEP 02 내리기전용 클릭

STEP 03 Mp3 자료실 클릭

STEP 04 이것이 독학 베트남어 첫걸음이다 ! 클릭하여 다운